학산 대원 대종사 법어집

진흙 속에서 달이 뜨네

학산 대원 대종사 법어집

泥 ——— 裏 ——— 月 ——— 出

진흙 속에서 달이 뜨네

불광출판사

학산 대원 대종사

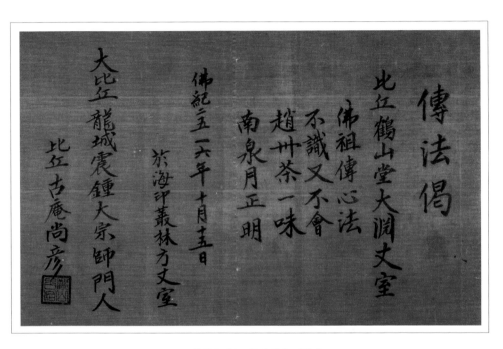

傳法偈

比丘鶴山堂大潤丈室

佛祖傳心法
不識又不會
趙州茶一味
南泉月正明

佛紀二五一六年十月二十二日

於海印叢林方丈室

大比丘 龍城震鍾大宗師門人

比丘 古庵尚彦

고암 큰스님으로부터 받은 전법게

傳 法 偈

佛祖傳心法
不識又不會
趙州茶一味
南泉月正明

불조가 전한 심법은
알지 못하고 알지 못함이라.
조주의 차 맛이 일미이거니
남전의 달은 정히 밝도다.

序

擘破鐵圍山
紅輪輝萬戶
綠水遶青山
石虎叫連霄

還知麼?

鷄龍穿飛全八道
錦江流出布萬物
莫嫌冷淡無滋味
一飽能消萬劫飢

喝云

驗人端的處
開口前知音

唒

서 문

철위산을 쪼개서 파하니
붉은 해가 만 세계에 비추고
푸른 물은 청산을 둘러 있는데
돌 호랑이는 푸른 하늘 보고 연달아 우는구나.

도리어 아시겠습니까?

계룡은 팔도를 뚫고 나르고
금강은 흘러서 만물에 베풀어 주는데
냉담하고 맛이 없다고 싫어하지 말라.
한 번 먹고 배부름이 만겁의 배고픔을 없애 주노라.

억 하고

증험한 사람의 단적처는
입 열기 전에 앎이라.

빙긋이 웃다.

[일러두기]
- 이 책에 실린 학산 대원 대종사의 수행기는 그동안의 법문과 인터뷰 등에서 회고하신
  내용을 모아 엮은 것입니다.
- 이 책의 내용 중 법어·법문은 저자의 어투를 가능한 한 그대로 살리기 위하여
  교정교열을 최소화하였습니다.
- 이 책에 수록된 법어 및 인터뷰·대담의 출처는 각 글 말미에 기재하였습니다. 재수록을
  허가해 주신 출판사와 신문사 및 작가, 기자 분들께 감사드립니다.
- 이 책에 수록된 법어 중 「인생의 여정을 어떻게 장식할 것인가?」(이재옥 엮음, 『산사의
  문을 두드리다』, 함찬재, 2010)는 발행처와 엮은이의 연락처를 확인할 수 없었습니다. 추후
  출판사로 연락 주시면 재수록을 위한 절차를 밟도록 하겠습니다.

차
례

서문 〰〰〰〰〰〰〰 8

학산 대원 대종사 수행기

출가 〰〰〰〰〰〰〰 22
행자 시절 별명 "대근기" 〰〰〰 25
첫 번째 오도 〰〰〰〰〰 40
일대시교를 이수하다 〰〰〰 46
두 번째 오도 〰〰〰〰〰 49
고암 스님 – "팔구에 바다도장에서 보세" 54
전강 스님 〰〰〰〰〰 60
금오 스님 〰〰〰〰〰 62
성철 스님 〰〰〰〰〰 64
군 입대 〰〰〰〰〰〰 74
세 번째 오도 〰〰〰〰〰 102
영운견도와 오매일여 〰〰〰 106
향곡 스님 〰〰〰〰〰 110
경봉 스님 〰〰〰〰〰 119
전법을 받다 〰〰〰〰〰 134
월산 스님 〰〰〰〰〰 139

계룡산 학림사 창건 인연 〰〰〰 142

| 상당법어 |

무슨 곳을 향해 이 세상에 출두함인가 ———— 156

일체중생이 존귀한 성현으로 다시 태어나는 날 — 159

하늘 위, 하늘 아래 오직 나 홀로 존귀하다 ———— 163

오두생모 ———— 166

진실하고 청정한 본심 ———— 169

본래 없는 것 ———— 176

마음 부처의 눈을 열어 성불하리 ———— 180

무엇이 성도인가 ———— 184

| 초청법회 법어 |

여러분이 다 부처입니다 ———— 192

수행으로 행복 찾기 ———— 201

확실히 살아 숨 쉬는 공부 ———— 209

한로축괴, 사자교인 ———— 235

선과 깨달음에서 본 인문학 ———— 246

머무른 바 없이 마음을 낸다는 것 ———— 262

절대 평등한 존재의 가치 ———— 284

주인으로서 복되게 사는 법 ———— 289

닦아서 얻어지는 게 아닌 것 ———— 294

| 도서 수록 법어 |

인생의 여정을 어떻게 장식할 것인가? ———— 316

본분소식으로 만천하를 다 응하고 쓰니
매일매일이 좋더라 ———— 333

화두란 현실에서 부딪히는 문제를 해결하는 것 — 352

| 주제 법문 |

화두 해결에 생명을 걸어 보자 ——————— 364

구모토각 ——————— 368

믿음은 도의 근원이요, 공덕의 어머니 ——————— 371

대승보살의 마음 ——————— 376

바로 알아차려라 ——————— 383

마음의 눈 ——————— 387

코로나19 사태와 인과법 ——————— 391

망념, 가장 무서운 병균 ——————— 393

무엇을 어디서부터 닦느냐 ——————— 401

모든 건 여러분의 생각입니다 ——————— 405

뜻대로 잘 사는 법 ——————— 409

三

학산 대원 대종사 인터뷰·대담

본래 깨끗한 마음 알아야 시비 없이 살 수 있어 — 423

수마 조복 받으면 공부 쉽고 자신감 생긴다 ——— 431

세상 시름 싹 날린 선승의 사자후 ——————— 442

학산 대원 대종사 수행기

사미 시절

竈內火光蓋天地
鼎中湯聲脫古今
拄杖三下是何法
目前歷歷只底是

부엌 안에 한 무더기 불빛 천지를 덮고
솥 안에 끓는 한 소리 옛과 지금을 벗어났음이라.
주장자 세 번 치면서 무슨 법이냐 하니
눈앞에 역력해서 다만 이것이로다.

사미 시절 구미 금강사 회주 정우 스님과 함께

1971년 해인사 안거 시절

大喝一聲倒乾坤
日月星宿失光明
遽然一步回頭看
露山溪水谷外流

크게 한 소리에 하늘 땅이 무너지고
해와 달과 별이 빛을 잃었네.
급히 한 걸음 나아가 머리를 돌이켜 보니
산은 드러나고 시냇물은 계곡 밖으로 흐름일세.

1965년 상원사 청량선원 동안거 시절

출가

1942년 음력 3월 13일, 나는 경북 상주시 서곡동 풍양 조씨 (豊壤 趙氏) 가문에서 부친 조봉구, 모친 고성 이씨(固城 李氏) 이달식의 넷째 아들로 출생하였다. 모친은 용이 등천하는 꿈을 꾸고 난 후 태기가 있었다고 한다. 어릴 적 이름은 남희(南熙)다.

어린 시절, 학교 가는 것은 뒷전이고, 길 가는 스님만 보면 그렇게 좋아서 따라갔다.

"너는 왜 학교 안 가고 따라오느냐?"

"저는 스님이 좋습니다."

"그래도 학교에 늦었으니까 학교를 가야지!"

그렇게 학교에 가면 지각이라서 선생님에게 종아리를 맞고는 했다.

어릴 때는 몸이 이유 없이 자주 아팠다. 그래서 병원을 찾아도 의사들은 병을 고치지 못한다 하고, 그건 한의원에서도 마찬가지였다. 네다섯 살 때 죽음 문턱까지 갔었는데, 어머니가 당신 손가락을 깨물어 나온 피를 먹여 다시 산 일도 있었다.

초등학교 5학년 때는 상주 동해사(東海寺)에 다니던 어머니를 따라 큰스님을 찾아갔다. 나는 마루에 앉아 있었고, 어머니는 방에 들어가 인사드린 뒤,

"밖에 있는 우리 아들은 왜 저렇게 아픈지 모르겠습니다. 어떻게 하면 좋을까요?"

공부 많이 하신 훌륭한 스님이셨던 주지스님이,

"저 아이는 세상에 살아야 할 인연이 없는 아이입니다. 이 세상에 살면 스물한 살을 넘기기 어렵습니다. 그러나 출가를 해서 부처님 제자가 되면 몸도 안 아플 뿐 아니라 도를 깨달아 일체중생을 제도할 큰 스승이 될 수 있습니다."

풍양 조씨 양반 집안 며느리인 어머니는 절에 가란 소리는 하지 않았지만 아들이 절에 가는 것을 망설이고 고민했다. 그래서 초등학교를 졸업하고 나 스스로 가출해서 상주 남장사(南長寺)에 들어갔다.

전생에 진리의 공부를 닦은 인연이 있었기 때문에 출가를 해야 한다는 주지스님의 말이 귀에 쏙 들어왔고, 이것이 내가 가야 할 길이라는 것을 스스로 마음 깊이 수긍해 받아들

이게 된 것이다.

남장사에 가 주지스님께 말씀드렸다.

"절에 있으려고 왔습니다."

"절에서 산다는 건 참으로 힘들고 어렵다. 살 수가 없을 것인데? 그만 집에 가거라."

"어려워도 살아 보겠습니다. 가라고 해도 안 갑니다."

"그러면 3일만 있어 보고 결정해라."

그래서 3일 동안 있는데, 새벽 3시에 일어나 밤 9시에 자야 하고, 밥과 반찬 장만하고, 도량 청소하고, 정신없이 바쁘고 고되었다. 그렇게 3일을 견디고 나니,

"어떻게 생각하느냐? 힘들어 못하겠지?"

"그래도 저는 있겠습니다."

"그러면 있어 보거라."

그렇게 1956년 만 14세에 남장사로 출가하였다.

행자 시절 별명 "대근기"

상주 남장사에서의 행자 시절, 고통과 시련을 이겨내며 얻은 나의 별명은 "대근기(大根機)"였다.

행자 때부터 5년 동안 공양주 노릇을 하면서 국과 반찬을 스스로 했다. 삶은 시래기에 된장을 짓이겨 뭉개 넣고 계속 주물러서 참기름을 넣는데, 주지스님이 처음에 참기름 한 병을 내주면서 한 달을 먹으라 했지만 아무리 아껴 먹으려 해도 일주일이면 떨어졌다. '다 먹었다고 하면 주겠지.' 하고 주지스님에게 가니,

"왜 왔어?"

"참기름이 떨어져서 왔습니다."

"뭐? 내가 한 달 동안 먹으라고 했는데?"

그러고 공책을 들춰 보더니,

"어? 일주일 됐네? 절 집안에 도둑놈이 들어온다는 말이 있는데, 네가 도둑놈이구나! 한 달 먹으라는 기름을 일주일 만에 다 먹은 건 네가 어디 감췄거나, 기름이 고소하니까 네 가 다 마셨지? 어디다 감춰 놨어?"

"저는 안 감췄습니다."

"이놈! 천하의 상놈의 새끼가 뭐 어째?"

"저는 상놈이 아닌데요? 부모님이 상주 풍양 조가는 양반 이라고 하던데요?"

"참 기가 막히네! 이 나쁜 놈아! 너 지금 어른이 묻는 말 에 변명하고 대꾸하는 거 집에서 부모가 가르쳐 줬지? 그러 니 네가 상놈이지!"

거기에는 대꾸를 못하겠고 하여 가만히 있었다.

"빨리 집에 연락해서 부모님 보고 나머지 값을 가져오라 하든지, 참기름을 한 달 먹을 걸 가져오든지 해!"

뭐라고 말만 하면 '상놈'이고 '나쁜 놈'이라 하니 입을 닫 고 가만히 있을 수밖에 없었다.

주지스님은 그 말을 하고서 문을 탁 닫았다. 그때는 겨울 이라 어찌 추운지, 내복도 없이 얇은 광목 바지와 저고리만 입고 기름병을 들고 있는데 마치 칼로 살을 도려내는 것 같았 다. 영하 10~15도 되는데 얼마나 시리고 추운지, 한 시간 서 있으니까 몸이 저려 오더니 이상하게 아무 감각이 없고 추위 도 느껴지지 않았다. 그때 주지스님이 문을 열고 보더니,

"가져 왔어?"

뭐라고 말할 수도 없고 해서 그냥 서 있으니,

"이거 시간이 없는데…. 오늘은 조금 내줄 테니 다음에 올 때 한 달 치 나머지 가져와!"

그러고는 조금 내주는 것이다.

그렇게 죽을 고비를 넘겼으니 다른 생각은 일체 없고 '어떻게 한 달을 먹을까?'라는 생각뿐이었다. 화두(話頭)가 그와 같이 된다면 우리는 도를 빨리 통할 것이다.

별 연구를 다 해 봤다. 손에 묻은 것을 닦아 봐도 많이 묻고, 별놈의 재주를 다 부려도 안 되니 잠이 안 왔다. '어떻게 한 달을 먹을까?' 그 생각뿐이었다. 그러다 일주일 만에 기름이 또 떨어지니 눈앞이 깜깜했다.

중간쯤 갔다가 다시 돌아오기를 다섯 번, 그렇게 가지 못하다가 결국 여섯 번 만에,

'죽으면 죽고…. 할 수 없다. 가 보자.'

"주지스님!"

"누구냐? 뭣 땜에 왔어?"

"기름이 떨어져서……."

"아이고, 야. 큰일 났네! 또 기름 내려 왔나?"

문을 왈칵 열고 쫓아 나오더니,

"나쁜 놈! 이놈! 당장 들어와! 너 여기 언제 왔지?"

"언제 왔습니다."

"그날부터 절에서 밥 먹은 것이 얼마, 물 먹은 것이 얼마, 숙박비가 얼마……."

엄청나게 많았다. 그러더니,

"너 집에 편지를 써! 편지 써서 이 돈 가져오라고 해! 절에 올 때 입고 온 옷 어디에 뒀어? 가져와! 먹물 옷 벗고 그 옷으로 갈아입어!"

참 난감했다. 보통 사람 같으면 벌써 갔지 이 어려운 걸 무엇하러 하겠는가? 그 절에서는 5년 동안 500여 명이 행자로 왔다가 도망갔다.

그런데 그때 번뜩 생각이 나서 일어나 삼배를 드리고 무릎을 꿇었다.

"제가 잘못했습니다. 참회 드립니다."

"네가 뭘 잘못했는데?"

"제가 어른이 한 달 먹으라고 하는 명령을 내렸으면 명령을 지켜야 되는데, 그 명을 지키지 못했습니다. 제게 책임이 있기 때문에 잘못했습니다."

"이것 참, 그걸 이제야 알았어? 야, 이놈아! 너 같이 머리가 돌대가리 같은 놈이 절집에 들어와서 뭐가 되겠나? 불교 집안에는 지혜가 출중하고, 대근기고, 하늘을 솟아나는 대기대용(大機大用)을 가진 사람이 들어와야 중생을 구하는 대 스승이 나오고 도인이 나오는데, 너같이 머리가 막히고……. 에라이!"하고 한 대 때리고,

"요놈아! 뭘 이제 와서야 잘못했다고 그래? 진작 잘못한 줄 알아야지. 처음에는 나를 원망했잖아? 나는 안 했는데 왜 저러는가 원망하지 않았느냐?"

"예. 처음에는 그래 생각했지만 지금은 아닙니다."

"그러니까 돌대가리같이 둔한 놈이야, 이놈아!"

그래서 또 삼배를 하고,

"잘못했습니다. 앞으로는 한 달 먹도록 하겠습니다."

"틀림없이 한 달 먹겠어?"

"예!"

그러고는 기름을 내주는데, 돌아서 가려다가 다시 기름병을 놓고 절을 하곤 무릎을 꿇어 청을 드렸다.

"스님, 저는 머리가 둔해서 도저히 한 달 먹는 것은 아무리 해도 안 되는데, 한 달 먹는 법을 가르쳐 주십시오."

"야, 이놈아! 그런 거는 가르쳐 주는 게 아니야. 이놈아! 네가 터득해서 알아야지. 그걸 가르쳐 줘서 돼?"

"아무리 해도 잘 안 되니 한 번만 가르쳐 주시면 다음부터는 알아서 잘하겠습니다. 스님, 한 번만 가르쳐 주십시오."

또 절을 하고 무릎을 꿇고 비니까,

"기가 차네. 따라와!"

채공간에 가서 시래기와 된장을 가져오라 하더니, 섞어서 손에 땟물이 나오도록 계속 주무르라 하고, 다시 기름병과 젓가락을 가져오라 해서 가져다 드렸다. 주지스님이 기름병에 젓가락을 쑥 넣었다 빼니 끝에 기름이 묻어 올라왔다. 그 젓가락 끝에 묻은 걸 시래기에 닦아서 섞는 것이었다. 기상천외한 방법이었다. 그걸 보고 나는 절을 했다.

"제가 터득했어야 되는데 몰랐습니다."

"앞으로는 네가 터득해서 하도록 해!"

"예!"

그렇게 젓가락 끝에 묻은 기름을 나물에 닦아서 먹으니 참기름 한 병으로도 한 달을 먹고 남았다.

처음에 절에 가니 쌀을 두 말 내주면서 닷새를 먹으라고 했다. 그런데 절 식구가 30명이었다가 50명이 되고, 또 20명이 되는 등 들락날락했다. 더욱이 급작스레 손님이 오면 쌀을 더 써야 하니 두 말로는 애당초 불가능한 일이었다. 그렇게 3일 만에 쌀이 떨어져서 쌀을 내러 가니,

"네가 쌀을 감췄지? 닷새 먹으라는 쌀을 사흘 먹었으니, 이틀 치를 어디에 감췄냐? 가져와!" 하고 문을 닫아 버리는데, 한겨울 밖에서 2시간을 서 있으려니 죽을 뻔했다.

나는 마당에서 수없이 절하며 잘못했다고 참회했다. 그러자,

"일단 오늘은 쌀을 내주는데, 다음에 이틀 치 쌀 감춰 놓은 거 가져와!"

그때부터 어떻게 해야 닷새 먹을 수 있을까 하는 걱정으

로 잠을 이루지 못했다. 그때 어떤 객스님이 지나가다,

"너는 무슨 걱정을 그렇게 하느냐?" 하고 묻자,

"쌀을 닷새 먹으라는데, 어떻게 먹나 고민입니다."라고 했더니 다른 말은 안 하고,

"관세음보살만 부르면 다 되느니라."

그러고는 그 객스님은 다음 날 아침 공양을 하고 떠났다. '이걸 어떻게 해야 하나?' 태산 같은 걱정이 머릿속에 꽉 차 있었는데 '관세음보살' 부르면 된다는 객스님의 소리가 쏙 들어왔다.

'아! 관세음보살을 부르면 된다!'

관세음보살이 저절로 되어서 잠자는 속에서도 관세음보살을 할 정도였다.

그러던 중 쌀이 또 3일 만에 떨어졌다. 도저히 어찌할 도리도 없고 쌀을 내러 가서 참회를 하니,

"네가 이틀 치 쌀을 또 감춰서 이틀 치가 늘어 나흘 치가 됐다. 다음에 나흘 치를 꼭 가져와!"

어느 날은 주지스님이 '사라'를 가져오라 하셨다. 그런데 '사라'가 무엇인지 모르면서도 감히 묻지 못하고 채공간으로 가 이것저것 닥치는 대로 가지고 갔다. 네 번이나 연거푸 그게 아니라고 꾸지람을 들었다. 그때 한 생각 난 것이 '사라가 다른 게 아니라 신묘장구대다라니에 나오는 '사라사라 시

리시리'의 그 사라를 말하는구나. 이제 알았다!' 하고 스님께 갔다.

"사라 가지고 왔느냐?"

"예! '사라사라 시리시리'가 아닙니까?"

"저놈이 미쳤구나!"

스님이 노발대발하며 다시 가져오라 하시는데, 다섯 번째에 '쟁반'을 가지고 가서야 합격한 일도 있었다.

그 시절에는 청솔가지로 불을 때서 가마솥에 많은 밥을 하니 밥이 눋지 않을 수가 없었다. 밥을 사람 수대로 30명 분, 50명 분을 해서 그릇에 담는데 눌은밥이 되면 내 몫은 없었다. 그래서 밥은 없고 눌은밥이라도 먹으려 솥을 밥주걱으로 두서너 번 긁는데 무언가 후려쳐서 불이 번쩍했다. 돌아보니 몽둥이를 들고 와서,

"요놈의 새끼가 절의 삼보 재산을 눌은밥을 해서 다 없애고, 절집 재산을 이놈이 다 망치네!" 하고 사정없이 때리는 거다. 그날 나는 눌은밥 긁던 밥주걱을 던져 버리고 도망가서 한참을 밖에 있다가 돌아왔다. 와서 보니 솥에는 물만 부어 놓고 눌은밥은 가져가 먹고 있었다. 나는 어쩔 수 없이 그냥 굶어야 했다.

그래서 가만히 생각한 게, '눌은밥 긁는 소리가 안 나게 물을 부어서 긁으면 될 걸 괜히 소리 나게 긁어서 들켰구나.'

했다. 그리하여 밥은 다 퍼 놓고 눌은밥에 물을 부어서 닳아 놓고 있는데 원주스님이 큰방에서 나오더니,

"공양주! 양푼에 눌은밥 다 긁어서 담아!"

양푼에 눌은밥을 긁어 담으니 큰방에 가지고 들어가 조실스님, 주지스님부터 한 숟가락씩 다 나눠 먹는 것이다.

'어떻게 해야 눌은밥이 안 생기나? 밥이 눋지 않으면 한 가지 걱정은 더는데…….'

그래서 '관세음보살! 관세음보살!', 일념으로 관세음보살을 지극히 했다. 그러던 어느 날 어떤 점잖은, 나이 오십 가까이 된 스님이 오더니,

"공양주! 눌은밥 안 되게 밥하는 법을 모르는가?"

"예. 잘 안 됩니다."

"내가 시키는 대로 하게. 불을 때서 물을 넘기지 말고, 넘으려고 하는 찰나에 얼른 불을 끌어내고 행주를 찬물에 적셔서 얼른 솥뚜껑을 닦아. 그러면 물이 넘지 않고 김이 밑으로 잦아 버리네. 그러면 밥이 팍 퍼지지. 그리고 조금 이따가 밑불을 다시 피워 놓아. 그러면 밥이 되지도 않고 눋지도 않고 잘 되느니라."

"예. 잘 알겠습니다. "

"그래, 추운데 고생이 많구나. 다른 놈들은 다 도망갔는데 너만 그래도 붙어 있구나."

그렇게 일러 준 대로 하니 밥이 눋지 않고 잘 되어 나도

밥을 먹게 되었다. 걱정이 하나 덜린 것이다.

　　얼마나 관세음보살을 열심히 했던지 환히 다 보였다. 자유당 말기 군 기피자들이 절에 많았는데, 순경이 그들을 잡으러 온다는 게 미리 보였다.

　　"기피자분들! 순경이 잡으러 옵니다."

　　행자가 그러니 별로 관심을 두지 않았다.

　　"내일 순경이 잡으러 올 테니까 숨어야 됩니다."

　　"야, 이 자식아! 네 할 일이나 해! 미친놈 다 보겠네." 하고 혼나기만 했는데, 이튿날 틀림없이 순경이 들이닥치니 마구 산으로 도망을 가서 숨어 있다가 순경이 간 뒤 나와서는,

　　"야! 순경이 오는 게 보이더냐?"

　　"예. 순경 오는 게 알아집니다."

　　"그래? 참 희한하네."

　　그 뒤로는 내가 말하면 미리 숨었다.

　　또 신도가 10명 온다, 5명 온다, 20명 온다는 게 미리 보여서 주지스님에게,

　　"스님! 오늘은 쌀을 더 내주셔야 되겠습니다."

　　"뭣 땜에 쌀을 더 내야 되느냐?"

　　"손님이 아마 10명이 올 것 같습니다."

　　"저 자식이 쓸데없는 소리 하고 자빠졌네. 웃기는 놈 다 보겠다. 가서 밥이나 해!"

"스님. 그러면 밥을 또 해야 됩니다."

"참 기가 차는 놈이네!"

그래서 할 수 없이 그냥 밥을 하면 밥 먹을 때 되어 손님이 들이닥쳐 새로 밥을 해야 했다.

"야! 오늘 손님이 10명이 오는 걸 어떻게 알았어? 누가 너한테 이야기했더냐?"

"모르는데 그게 나타나서 보입니다."

그것뿐 아니라 스님들한테 신도들이나 속가로부터 편지가 오는 게 사흘 전 미리 보였다.

"스님, 편지가 옵니다."

"나한테 편지 올 데가 없는데?"

그러면 편지가 틀림없이 왔고, 돈이 온다고 하면 정말 돈이 수표로 와서 현금으로 바꿔다 주곤 했다.

주지스님이 주지실 바로 바깥 기둥에 벨을 달아 놓았는데, 새벽 2시 50분에 세 번을 누르면 '따르릉' 하고 소리가 났다. 그러면 멀리 후원에서 자다가 "예!" 하고 크게 대답을 하고, 빨리 세수하고, 도량석을 하고, 아침 종성과 예불을 해야 했다.

그런데 어쩌다 자다 보면 벨 소리를 듣지 못할 때가 있다. 그러면 노장이 혼자 도량석을 하면서 후원까지 한 바퀴 돌아오지 않고, 자기 방 앞 대웅전에서만 살살 도량석을 한 뒤 예불까지 살짝 해 마쳤다. 그 후 물푸레나무 회초리와 물 조리를 가지고 살금살금 후원에 와서 미닫이문을 열고는 물 조리로 자는 이에게 물을 확 뿌려서 깨면 사정없이 때렸다.

"이놈의 새끼들! 여기가 잠자러 오는 데야? 어디서 절에 와서 잠을 자려고 해!"

그때는 문과 벽을 하얀 창호지로 발라서 밤에는 구별이 잘 안 되었다. 정신없이 때리니까 도망간다고 문이라고 내다 박으면 벽이라서 주저앉고, 그러면 또 때리고, 다시 기어가 문을 찾아서 박차고 도망가곤 했다.

지금 봉암사에 있는 법련 스님도 거기 같이 있었다. 우리가 벨 소리를 들어야 일어나는데 저물도록 일하지, 100명, 200명 수학여행 오면 밥해 줘야지, 새벽 3시에 일어나면 밤 9시까지 땅에 궁둥이 붙일 여가가 없으니 밤에는 정신없이 쓰러져 자다 보니까 벨 소리를 못 듣는 것이었다. 그래서 우리끼리 방안을 생각해냈다.

"학교에서 배운 대로 컵에 실을 매달아 놓으면 소리가 잘 울려서 들릴 텐데, 우리가 그걸 몰랐구나!"

그래서 셋이 같이 만들어 하나는 벨 앞에, 또 하나는 우리 귓가에 대 놓고 잤다. 하지만 자다 보면 다 굴러가 버리는 걸 모르고 마음 놓고 자다가 셋이서 줄창 두드려 맞은 적도 있다.

그 후 법련 스님은 골이 아프다고 하더니 걸망을 지고 나가고, 다른 사람들도 다 가고 나만 남게 되었다.

혼자서 밥하고, 국 끓이고, 반찬 만들고, 다 했다. 밥 안쳐 놓고, 나물 한 번 털어 넣고, 저쪽 국 솥에 가 국을 안쳐서 한 번 불을 넣고, 채공간에 뛰어가서 찬상 내놓고, 무나물 채 썰고, 동김치 썰고, 고추 같은 반찬 만들어서 차리고, 국 솥의 불 확인하고 하다 보면 정신이 없었다. 그렇게 하고서 방에 가니,

"두 놈은 어디 갔어?"

"모르겠습니다. 아침에 일어나니까 없습니다."

"요놈의 새끼들 도망갔구나. 그놈들은 아무 쓰잘 것 없는 놈들이야! 너는 왜 안 갔느냐? 참 희한하네."

그래서 혼자 있는데, 그 시절에는 쌀을 일면 돌이 한 움큼씩 나왔다. 쌀을 찬물에 조리로 아무리 일어도 안 되고, 이렇게 저렇게 해도 돌이 들어갔다. 그런데 매번 하필이면 조실스님이나 주지스님 밥에서 돌이 나와 치아에 깨물렸다.

"이놈아! 너 이리 와 봐. 아이고, 밥에 바위가 들었네. 지게로 바위를 져내야겠다. 지게 가지고 와!" 하는 추상같은 호령에 어찌할 수가 없어서 머뭇머뭇 지게를 지고 방에 들어가려는데,

"저놈 봐라! 야, 이놈아! 여기 어디라고 지게를 지고 들어와? 저렇게 머리가 둔한 놈이 어디 있나. 하기야 이 문중에 머리가 아주 둔한 놈 아니면 아주 특별한 놈이 들어와야 도를

통하지, 어사중간치는 도를 못 통한다고 하긴 하지. 그런데 저놈이 아주 막힌 놈이네? 이놈아! 지게 지고 서서 뭐 하는 거야?"

"예. 지게를 가져오라고 해서……."

"도로 갖다 놔!"

갖다 놓고 오니 꿇어앉게 해 놓고,

"치아가 절단 나서 치료를 해야 되니까 네가 변상을 해야 되니 집에 연락을 해. 편지지 가져와!"

집에 편지를 쓰라는 거다. 편지 쓰는 법을 배워야지 하면서,

"아버지는 부주님 전, 어머니는 자모님 전이라고 해. 전상서라. 제가 이렇게 해서 돌을 넣어서 이를 부숴서 이 치료비가 절에서는 필요하니 집에서 변상할 돈을 가져오라고 합니다…"

다 쓰고 다시 주지스님이 주소를 쓰라 하더니 총무스님 한테 주고는 오늘 부치라고 했다. 총무스님은 "예." 하고 대답했다.

'어떻게 하면 돌이 안 들어갈까? 관세음보살만 부르면 다 된다는데, 먼저도 객스님이 와서 밥 안 눈게 하는 법을 가르쳐 줬는데 요번에도 돌 안 들어가는 법을 가르쳐 주려나?'

나는 관세음보살 염불을 일념으로, 잠자는 속에서도 했다. 잠 깰 때까지 관세음보살 염을 했는데, 일념이 그렇게 중

요한 것이다. 그러던 어느 날 점잖은 객스님이 오더니,

"밥하는데 돌이 안 들어가게 하는 걸 못 하는가?"

"예. 아무리 일어도 안 됩니다."

"그래! 내가 가르쳐 줄 테니 그렇게 하거라. 저녁에 불 땔 때면 장작불 땔 밑불이 많지 않느냐? 가마솥에 물을 부어 놓으면 밑불에 의해서 아침까지 물이 따뜻하니라. 그러면 아침에 찬물에만 쌀을 일지 말고 마지막에 따뜻한 물을 부어서 저어 일면 찬물에는 쌀보다 가벼운 돌이 위로 뜨고, 따뜻한 물에서는 돌이 쌀 밑으로 처지느니라."

그래서 그분이 가르쳐 준 대로 하니까 정말 밥이 되거나 질지도 않고 돌도 안 들어갔다.

그러던 어느 날, 남장사 조실 만옹(滿翁) 스님께서 공양실에
오시더니,

"네가 요새는 밥을 참 잘하는구나. 돌도 안 들어가고 되
지도 않고 질지도 않고 잘하네."

그러고는 귀한 새 양말을 한 켤레 주셨다.

"내가 특별히 주니 신어라. 그래, 너 새벽에 쌀 일 때 안
추우냐?"

"예. 추운 줄을 모릅니다."

"내가 보니 관세음보살님이 치마 같은 옷을 가지고 너를
감싸 주더라. 그러니까 안 추운가 보지? 너는 요새 밥하면서
하는 게 있느냐?"

"예. 관세음보살을 하고 있습니다."

"그래! 관세음보살을 하니 어떠냐?"

"관세음보살을 하니까 내가 도를 통했는가, 환히 다 보이고 아는 게 나왔습니다."

"뭐? 아는 게 나와? 뭘 알았는데?"

"신도가 며칠 전에 몇이 오는 게 보이고, 스님들한테 편지 오는 게 다 보이고, 기피자들 잡으러 순경이 오는 게 미리 보이고……, 다 보입니다. 그리고 저 사람은 심리가 어떻고 하는 게 다 보입니다."

"아! 그렇게 알아졌어?"

"예. 그게 견성(見性)한 건 아니겠지요?"

"견성했다는 건 말도 안 되는 소리고, 절 집안에 아주 삿된 고약한 무당이 하나 나오겠어. 이거 큰일났네!"

"그게 잘못됐습니까?"

"잘못된 게 아니라 무당이 나와. 무당은 업을 지어서 무간지옥(無間地獄)을 가는 거야. 좀 이따가 점심 먹고 내 방으로 내려와!"

그래서 설거지를 해 놓고 내려갔다.

"그렇게 환히 알아져서 아는 게 보여?"

"예. 아는 게 보입니다."

그러자 조실스님께서 주장자를 탕! 탕! 탕! 세 번 치시더니,

"방금 이걸 봤어? 이 소리 들었어? 방금 이게 무슨 법문

을 했느냐?"

다른 것은 환히 아는 게 나타났는데 그것은 캄캄하고 알수 없었다. 그러니 조실스님이 대번 어깨를 주장자로 몇 대 내리치시면서,

"잘 안다더니 이것은 왜 모르느냐? 대답을 해!"

몇 대 맞으니 환히 보이고 아는 게 모두 없어졌다.

"내가 그게 삿된 사도라고 하지 않았느냐. 다시 올라가서 내가 묻는 걸 알아 가지고 와!"

그러고 나왔는데 밥하고 일하면서도 오직 '이게 무슨 법문인가?' 하는 생각이 일사천리로 들었다.

그러던 어느 날 부엌 아궁이에 불을 때는데 어느 순간 부엌도 없고, 집도 없어지고, 활활 타는 불이 우주에 꽉 차고, 밥물 끓는 소리가 '푸르르 푸시시' 났다. 불이 고무신에 붙는 바람에 따끔해서 정신을 차리니, 천근만근 짊어졌던 짐이 없어진 듯 아주 시원하고 가볍기가 허공에 나는 것 같았다. 그 순간 홀연히 깨달음이 있었다. 그래서 총무스님을 찾아가 간청하였다.

"제가 이상한 경계가 있는데 이게 뭔지 한문을 모르니까 좀 적어 주셨으면 합니다."

"행자가 말이 많아. 일이나 해."

이튿날 다시 간청했다.

"스님. 이상한 게 있습니다."

"뭐가 나타났는데?"

"불이 환히 타는 순간 불이 고무신에 붙어서 따끔해 정신을 차리는데, 천근만근 짐을 내려놓은 것 같이 시원한 속에 '이거구나!' 하는 생각이 들었습니다."

"그럼 내가 한문으로 적을 테니 이야기를 해 봐."

부엌 안에 한 무더기 불빛 천지를 덮고
솥 안에 끓는 한 소리 옛과 지금을 벗어났음이라.
주장자 세 번 치면서 무슨 법이냐 하니
눈앞에 역력해서 다만 이것이로다.

竈內火光蓋天地(조내화광개천지)
鼎中湯聲脫古今(정중탕성탈고금)
拄杖三下是何法(주장삼하시하법)
目前歷歷只底是(목전역력지저시)

총무스님이 이렇게 한문으로 옮겨 적어 주고 나서,

"나는 모르겠으니 조실스님께 가 보아라."

조실스님을 찾아가 절을 하고 오도송을 보여 드리니,

"어허! 절 집안에 들어와서 수십 년을 절밥 처먹어도 밥만 썩히지, 이런 말 한마디 하는 놈이 없었는데, 행자 네가 밥 값을 했네! 참 좋은 일이로다!

그래, 네가 깨달았다니 다른 것도 통과하는지 물어보자. 두 스님이 길을 가는데, 앞에 가는 스님이 칼을 차고 걸어가다 보니 철거렁 철거렁 소리가 나니까 뒤에 가는 스님이 "야! 칼 소리 난다." 하니 앞에 가는 스님이 말없이 발걸음을 멈추고 품 안의 손수건을 꺼내서 뒤의 스님에게 주었다. 칼 소리 난다 했는데 왜 손수건을 주었는가?"

"아이고, 아이고."

"뭣 땜에 곡을 해?"

"동쪽에서 초상이 나니 서쪽 사람이 조문을 합니다."

"네가 참으로 한 소식을 했구나! 앞으로 많은 사람을 제도하겠구나. 더 열심히 공부를 하거라."

만옹 조실스님이 칭찬을 하시며 '한암(閑庵)'이라는 호를 내리셨다.

행자 시절 나를 혹독하게 다룸으로써 오도(悟道)의 기연을 만나게 한 주지스님인 은사 월호 혜선 스님이 환속을 하심에 따라, 이후 고암 스님을 새로운 은사 스님으로 모시게 되었다.

나는 어릴 때 절에 들어와서 주지스님이 갖은 구박을 하고 모질게 경책했지만, 아무리 그렇게 해도 '저분은 도인이다.' 하는 믿음을 가지고 살았다. 만약 '저 스님이 가짜 땡초 아닌가?' 이런 생각이 있었다면 거기서 견디며 살지 않았을 것이다. 그때 남장사에 행자로 들어왔다가 견디지 못하고 떠난 사람이 수백 명이 넘었으니 그 어려움이 가히 짐작될 것이다.

　나는 그때 5년 동안 많은 어려움을 겪는 속에 중생심(衆生心)이 몰록 녹아 없어짐으로써 깨달음을 얻을 수 있었다. 그런 어려움이 없었더라면 얻지 못했을 것이다. 그래서 혹독한 경책으로 숨은 진면목을 밖으로 드러나게 이끌어 주신 과거 은사 월호 스님의 은혜에 늘 감사하고 있다.

일대시교를 이수하다

1962년 만 20세에 하동산 스님에게서 구족계(具足戒, 비구계)를 수지하고, 1966년까지 부처님의 일대시교(一代時教)*를 두루 이수하였다. 남장사에서 청봉 스님께 초발심과 치문을 배웠고, 서장, 선요 등 사집은 청암사에서 고봉 스님에게, 능엄경은 통도사에서 성능 스님에게, 기신론과 원각경은 호경 스님에게서 수료하였다. 이후 남장사에서 혼해(混海) 스님께 화엄경과 금강경을 배우고, 혼해 스님으로부터 전강을 받았다. 또한 직지사 관응 스님께 유식과 선문염송을 배우기도 하였다.

1960년, 청암사 극락전 고봉 스님 회상 강원에 입방해 있었는데, 그 당시에 우룡 스님과 고산 스님께서는 화엄경을 보고 계셨다.

3일 정도 있었을 때 고봉 스님께서 아침에 쇄송을 해 보라 해서 하게 되었는데 '목소리도 좋고 잘한다' 하시면서 '우룡 스님께 점검을 받으라' 하여 살게 되었다.

당시는 먹을 것이 부족해 많은 사람을 받을 수가 없어서 있는 학인도 수를 줄여야 할 사정이었다.

고봉 스님께서 나와 다른 학인 두 사람을 불러서 말씀하시길,

"지금 내가 물어서 대답하는 사람은 남고 대답하지 못하는 사람은 부득이 떠나야 되겠다." 하시며 묻기를,

"선요의 고봉 스님 사구게°° 가운데 일구가 있으니 그 일구를 바로 알면 일생의 참선을 다해 마쳤다고 하리라 하는 말이 있는데 그 가운데 어떤 것이 일구이냐?"

두 학인은 답을 하지 못하고 있는데 나는 그때 일어서서 주먹을 번쩍 들고 손뼉을 세 번 치고 문을 열고 나가 버렸다.

● 석가모니 부처님이 성도한 뒤 멸도할 때까지 베푼 가르침.

●● 海底泥牛唧月走(해저니우함월주)
　　바다 밑 진흙 소 달을 물고 달아나고
　　巖前石虎抱兒眠(암전석호포아면)
　　바위 앞 돌 호랑이 새끼 안고 졸고 있네
　　鐵蛇鑽入金剛眼(철사찬입금강안)
　　쇠 뱀은 금강 눈을 뚫고 들어가고
　　崑崙騎象鷺絲牽(곤륜기상로사견)
　　곤륜산 코끼리 타니 백로가 고삐를 끌고 가네

나중에 고봉 스님께서 "너는 여기서 나한테 공부하고 있거라." 하셨다.

하루는 고봉 스님께서 "지금까지 넌 무엇을 배웠느냐?" 물으셔서 "남장사에서 청봉 강사스님께 치문을 배웠습니다." 하니, "그러면 여기서 나한테 서장, 선요를 배워라." 해서 고봉 스님으로부터 서장, 선요를 배우게 되었다.

당시 방사도 부족해서 고산 스님께서는 지대방을 쓰고 계셨는데 '같이 지내자' 해서 지대방을 같이 쓰게 되었다.

1961년에 청암사 큰절 대처승 정화운동으로 서로 다툼이 있어 대처승의 고발로 경찰을 피해 걸망을 지고 통도사 강원에 가게 되었다. 통도사에서는 호경 스님으로부터 원각경을 배웠다. 다시 또 나와서 남장사로 갔는데 순천 선암사 석롱 강백스님을 남장사로 모시고 와서 도서, 절요, 기신론을 배웠다.

남장사에서 혼해 스님을 모시고 경전을 배울 때였다. 금강경을 다시 배우라고 하셔서 다시 보는 중이었는데, 혼해 스님은 어떤 때 나를 하늘같이 치켜세워 주시면서,

"이 세상에 사람으로 태어나기 어렵고, 사람으로 태어나도 대장부 몸 받기 힘들고, 대장부 몸 받아도 불법(佛法) 만나기 힘들고, 불법 만나도 정법을 깨닫기 힘들고, 선지식 스승 만나기 힘들다. 그런데 너는 장부로 태어나 부처님 경전을 다 보았으니 이 세상 최고로 복 있고 최상이다."

그런 말씀에 자부심이 한껏 생기려고 하면 또 여지없이 경책을 내리셨다. 어느 날 아침 종성을 하고 오니 나를 불러 물으셨다.

"종성을 했느냐? 네가 화엄경을 이수하고, 명색이 중강이

라고 애들을 가르치고 있는데, 하나 물어보자."

"예. 하문(下問)하십시오."

"종성에서 '청산첩첩미타굴(靑山疊疊彌陀窟) 창해망망적멸궁(滄海茫茫寂滅宮) 물물염래무가애(物物拈來無罣碍) 기간송정학두홍(幾看松亭鶴頭紅)'•이라 했는데, 너는 학 머리 붉은 것을 보았느냐?"

"저는 학 머리가 붉다는 것을 듣기는 들었는데 직접 보지는 못했습니다."

"이 세상에 태어나 이것을 알지 못하면 밥 먹을 자격이 없을 뿐 아니라 저 쓰레기 같은 인간보다 못하다. 시주의 은혜가 얼마나 큰데 네가 이 문중에서 밥 먹을 자격이 있느냐? 진정 이것을 알고, 이 공부를 하는 자만이 시주를 받을 자격이 있다. 그런데 너는 지금까지 거기에서 캄캄하니 헛살았고 헛밥 먹었다!"

사정없이 밟아서 무시하니 아무 말도 하지 못한 채 방으로 돌아왔는데 생각하니 잠이 오질 않았다.

스님께서 다음날 강의를 마친 후 다시 불러 백장야호(百丈野狐) 공안(公案)을 들어 물으셨다.

● 청산은 첩첩해서 아미타불의 굴이고, 푸른 바다는 망망해서 적멸궁이라. 모든 물건을 다 잡아서 걸림이 없는데, 소나무 정자의 학 머리 붉은 것을 몇 번이나 봤던고.

"전백장은 불락인과(不落因果)라고 했는데 왜 여우 몸에 떨어졌고, 후백장의 불매인과(不昧因果)라는 한마디에 왜 여우 몸을 벗어났는고?"

내가 대답하니 그걸로는 아직 안 되었다는 것이다.

"너는 행자 때 공부해서 한 소식 한 게 있었다는데, 지금 와서 뭐라 하는 것을 봐서는 아직은 아니다. 그래 가지고는 밥값을 했다고 볼 수가 없지. 차라리 양잿물을 먹고 수챗구멍에 처박혀 죽는 게 낫지, 그걸 가지고 뭘 알았다고 한다는 건가? 너는 오늘 점심 공양하지 마라. 밥 먹지 마!"

사정없이 그러니 분통이 터지지 않을 수 없었다.

저녁에 가만히 앉아 생각하니 어찌나 돈독히 생각이 떠오르던지 저녁에 책을 펴 놓고서 앉아 있었던 것 같은데, 새벽에 도량석을 하는 목탁 소리가 울린 것이 잠깐 사이였다.

그 찰나 손이 따끔한 게 뭔가 무는 것 같았다. 옛날에는 초가 없어서 촛물이 흘러내려 굳은 덩어리를 녹여 양재기에 심지를 꽂아 그걸 켜고 공부했는데, 그 양재기가 넘어져 촛물이 손에 닿은 것이었다. 양초 불빛이 하나의 광명이 되어 방 안을 꽉 채우는 순간, 마음에 막혔던 것이 열리며 환희심이 일어나 그 느낌을 게송으로 지었다.

夜中暗室密觸膠(야중암실밀촉교)
上光下光一圓然(상광하광일원초)

어두운 방 가운데에 흐르는 촛물이 손에 닿으니
그 광명이 둥글게 하나로 비추네.

　혼해 스님에게 달려가 고하니, 스님께서 "학문은 안 하고 참선 공부만 했는가 보네." 하고 더 열심히 할 것을 당부하셨다.
　한번은 시간의 흐름도 잊은 채 사흘간을 스님의 물음에 대한 답을 구하는 속에서 일념이 되었는데, 뒤에서 혼해 스님이 큰소리로 "사자는 뒤를 돌아보지 않지!" 하는 말에 홀연히 깨달은 바가 있었다. 깨닫고 손뼉을 치고 웃으니,
　"네가 무엇을 알았길래 그러느냐?"
　"불락인과라 할지라도 여우 몸에 떨어지지 않는 것을 알았습니다. 불매인과라 해도 여우 몸에 떨어질 수 있습니다!"
　"그래. 네가 해결이 됐네!"
　그때 깨달은 견처를 드러내는 송을 짓기를,

大喝一聲倒乾坤(대갈일성도건곤)
日月星宿失光明(일월성수실광명)
遽然一步回頭看(거연일보회두간)
露山溪水谷外流(노산계수곡외류)

크게 한 소리에 하늘 땅이 무너지고

해와 달과 별이 빛을 잃었네.

급히 한 걸음 나아가 머리를 돌이켜 보니

산은 드러나고 시냇물은 계곡 밖으로 흐름일세.

그리고 혼해 스님으로부터 '태허(太虛)'라는 호를 받았다.

고암 스님

― "팔구에 바다도장에서 보세"

부처님의 일대시교 배우는 것을 마치고 다른 데 가서 뭘 좀
더 배워 볼까 하는 생각으로 서울로 올라갔다.

종로3가에 대각사가 있는데 용성(龍城) 스님께서 창건하
신 절이다. 용성 스님 제자인 회암(檜庵) 스님이 주지를 하고
있었다.

저녁에는 대각사 객실이 꽉 찼다. 지방에서 올라온 스님
들이 서울에서 잘 데가 없으니 거기로 모이는 것이었다. 그때
는 스님들이 철저히 계행을 지키려고 해서 어떻게든 절에 들
어와 자고 새벽 예불에 참석하려 했다. 요새는 스님들이 호텔
같은 곳도 이용하지만 그때는 돈도 없었고, 있다고 해도 그런
데서 자지 않았다. 그래서 대각사 객실에 사람이 꽉 찼는데,
사람이 어찌나 많은지 저 사람 다리가 나한테 들어오고, 내

54

다리가 저 사람한테 들어가고, 서로 꽉 끼어서 움직일 수 없을 정도였다.

대각사 주지스님은 고암(古庵) 스님을 큰스님이라 예우하여 혼자 누우면 딱 맞는 방을 드렸다. 하지만 스님께서는 그 방에 안 계시고 객실로 오셨다. 그래서 사람들이 억지로 자리를 만들어 드리니 앉으셨는데,

"큰스님! 저 방에 주무시지 여기는 복잡한데 무엇하러 여기 오십니까?"

"여러분이나 저나 똑같은 객입니다."

"스님은 이 절 어른이신데 무슨 객이라 하십니까?"

"우리가 다 열반(涅槃)의 세계에 함께 가고 있지 않소? 나나 여러분이나 똑같은 처지에서 같이 가고 있는데 누가 다르게 있소?"

객실에 앉아 있다가 9시 삼경 종이 세 번 울리면 빨리 누워야 자리가 있었다. 조금이라도 늦으면 누울 자리가 없는데, 동작이 번개같이 빨라야 된다. 종이 한 번 울릴 때 누워야지, 세 번 다 울릴 때까지 기다리고 있으면 누울 자리가 없어서 앉은채로 밤을 지내야 했다. 누울 자리를 만들려고 발로 억지로 밀어내면, "야, 인마! 못 누웠으면 앉아 있지 뭘 발로 밀어!"

그중 젊은 스님은 나이 많은 스님 앞에 꼼짝도 못하고 앉아 있었다.

나도 얼른 반쯤 누우려 하는데 벌써 누가 그 자리에 눕는 바람에 억지로 비집고 옆으로 누웠다. 답답한 데다가 뒤에 있던 스님이 나를 끌어안고 그래서 11시쯤 숨이 막혀 일어났다. 그런데 캄캄한 데 누가 앉아 있기에 가만히 보니 고암 스님이 공부하고 계셨다.

잠도 못 자고 아침에 일어나 절에서 주는 죽을 먹고 주지 스님한테 인사를 하니까,

"서울이 복잡한데 여기 어찌 왔느냐?"

"공부를 좀 해 볼까 싶어서 왔습니다."

"경을 다 안 봤는가?"

"경은 다 마쳤습니다."

"그럼 뭘 더 하려고 하는가?"

"학원에 좀 다녀볼까 올라왔습니다."

"여기는 방사가 없네. 저 서울 변두리에 가면 절이 많아서 부전(副殿) 봐 주면서 얼마든지 학원도 다니고 하고 싶은 대로 할 수 있으니까 그리 가 보게."

그래서 할 수 없이 가려고 나오는데,

'가려면 큰스님께 인사나 하고 가야지.'

그래서 들어가 보니까 조그만 방에 고암 스님이 밤색 옷을 입고 앉아 계셨다.

"어떻게 왔는가?"

"여기서 부전이나 보면서 학원을 좀 다녀 볼까 했습니

다.”

“그래? 여기 학원에 다니는 사람이 몇 있긴 있는데 아주 못마땅하네. 출가해서 절에 들어와 공부를 하려면 참선을 해야 되는데 학원에 다니니, 난 못마땅하네.”

그러고 가만히 보시더니,

“자네는 보니 선방에 가는 게 좋겠어. 선방에 가게.”

나는 고암 스님이 큰스님이고 자비심이 많으니 주지스님이야 가라고 했지만 큰스님은 여기 있으라고 하실 줄 알고 말씀드렸는데 그게 아니었다.

“다 소용없네. 생각해 보게. 문장 가지고 될 것 같으면 문장이 좋은 학자가 절에 들어와서 가르치면 되는데, 여기는 글 많이 안다고 되는 것도 아니고, 무슨 재주가 많다고 되는 것도 아니고, 말 잘한다고 되는 것도 아니야. 여기선 그것 가지고 되는 게 아니야.”

“그럼 뭘 가지고 합니까?”

“여기서는 공부해서 도를 통해야 되지. 다른 게 다 소용없어. 그러니까 참선을 하게. 얼른 일어나!”

그래서 할 수 없이 일어나니 문을 여시면서,

“얼른 나가!” 하고 문 앞까지 따라 나오시면서,

“얼른 가. 빨리 가야 되네.”

대문 밖에 나와 내가 여쭈길,

“선방에 가서 어떻게 공부를 해야 하는 겁니까?”

"선방에 가서 공부를 하려면 어떻게 해야 되느냐 그거지? 그래, 조주 스님한테 학인이 묻기를 '조사가 서쪽에서 온 뜻이 어떤 거냐?' 물으니까 조주 스님이 '뜰 앞의 잣나무'라 했어. 왜 뜰 앞의 잣나무라 했는고?"

나는 아무것도 아닌 걸 물으시는구나 생각하고 맨땅에 절을 한 번 하고는 서서,

"뜰 앞의 잣나무라 한 것이 별것이 아니고 이것이 뜰 앞의 잣나무라는 소식입니다."

"집어치워! 되지도 않는 소리 하고 있네. 저 사람이 이상한 사람이네. 당장 가!"

나는 '자네 참 대단하네.' 하고 칭찬할 줄 알았는데 '앗, 뜨거라.' 하고 가려고 하다 다시 돌아서서,

"스님 한 말씀 더 여쭤도 되겠습니까?"

"뭐야? 아직도 딴생각이 있나?"

"언제 와서 또 스님을 뵐까요?"

"팔(8)구(9)에 바다도장에서 보세."

그리고 들어가셨다.

"팔구에 바다도장에서 보세." 한 그게 무슨 뜻인지 뜰 앞의 잣나무보다 더 궁금했다. 언제 어떻게 만난다는 뜻인지 알 수가 없었다.

그러다 이러다가는 아무것도 안 되겠다 싶어서 다 버리고 '뜰 앞의 잣나무' 화두를 계속했다. 절을 하고 나서 '이거

아닙니까?' 하였더니 아니라고 하시니 '분명히 뭐가 있는 모양인데.' 하는 생각을 하면서 참선을 했다.

전강 스님

인천 용화사에 전강(田岡) 스님을 찾아갔다. 그런데 거기는 무당이 쓰던 집이라서 공부할 수 있는 방사가 없고, 새로 집을 뜯어서 수리하느라 스님은 의정부 쌍용사에 가 계신다고 했다.

쌍용사에 가니 선방에 스님들이 많이 있었고, 조실스님 친견을 기다리는 사람들이 밀려 있었다.

"조실스님 친견할 시간을 좀 주십시오."

그랬더니 다음 날 아침 공양하고 몇 시에 잠깐 뵙고 나오라고 해 다음날 가서 인사를 하니,

"어디서 왔는가?"

"어디서 왔습니다."

"뭣 하러 왔느냐?"

"선방에 공부하러 왔습니다."

"화두는 무슨 화두를 하느냐?"

"저는 화두가 없으니, 화두를 하나 내려 주십시오."

"학인이 조주 스님께 '유정무정(有情無情)이 개유불성(皆有佛性)이라 했는데, 개도 불성(佛性)이 있습니까, 없습니까?' 하니 조주 스님이 '무(無)!'라고 그랬어. 왜 '무'라고 했을까?"

"그건 귀에 딱지가 앉도록 들어서 별로 신비스럽게 들리지 않습니다. 스님의 화두를 하나 주십시오."

이렇게 말하니 스님께서 자세를 잡고 날 다시 보시더니,

"다른 사람은 그렇게 묻는 사람도 잘 없는데 어떻게 그렇게 물을 줄도 아느냐? 내 화두를 달라는 것이여? 그럼 내가 화두 하나 주지."

그러고 가만히 앉아 계시다가, "무!"

"예. 지금은 스님께서 주시는 화두 같습니다."

시자가 밖에 사람들이 기다리고 있다고 재촉하니,

"다음에 말하고 오늘은 그만 올라가게."

금오 스님

청계사에 갔더니 금오(金烏) 스님이 계셨다. 금오 스님은 주장
자를 옆에 놓고 있다가 오면 후려갈겼다. 절하는 놈을 막 때
리니 절하다가도 삼십육계 줄행랑이었다. 내가 들어가니 금
오 스님께서 앉아 계셨는데, 체구도 크고 눈도 뚱그렇고 보기
만 해도 무서운 분이었다. 절을 하니까,

"너 어디서 왔느냐?"

"스님께서는 저를 어디서 보셨습니까?"

"이놈 봐라. 그래, 금강경에 응무소주(應無所住)라 머무른
바 없다 했거늘 너는 지금 어디에 머무르느냐?"

나는 뒷걸음질을 세 번 하고 절을 한 번 하고 서서 "저는
이와 같이 머무릅니다." 하고 말씀드리자 금오 스님께서,

"이 절 집안에 와서 몇십 년을 밥을 처먹고도 저렇게 못

하는데, 저놈이 대답을 하네! 월탄아! 여기 차나 한 잔 갖다
주어라!"

　지금 원로의원인 월탄(月誕) 스님이 시자를 하고 있었다.
그래서 차를 먹고 오대산에 갔다가, 성철(性徹) 스님이 파계사
성전암에 계시다 문경 김룡사에 와 계신다고 하여 찾아갔다.

성철 스님

1965년, 성철 스님이 계신 김룡사에 가는데, 점촌에서 근 40리 가량으로 버스가 하루에 한두 번 다닐 때라 걸어가고 있었다. 마침 버스가 와서 타고 보니 차 안에 스님이 두 분 있었는데 동진(東鎭) 스님과 현경(玄鏡) 스님이었다. 나중에 동진 스님은 김룡사에서 교무를, 현경 스님(전 해인사 주지)은 재무를 맡았다.

두 스님과 김룡사에 닿으니 마침 큰스님께서 방갓을 쓰고 지팡이를 짚고 내려오시는데, 첫눈에 보아도 기걸 찬 기풍이 드러났다. '저분이 성철 큰스님인가 보다.' 했는데, 큰스님은 우리를 보고서도 아무 말 없이 그냥 올라가셨다.

김룡사에 방부를 들이려 하니, 능엄주를 일주일 동안에 다 외우고, 법당에서 삼천 배를 해야 입방을 받아 준다고 했다. 그래서 기를 쓰고 능엄주를 일주일 만에 외우고 입방하였다.

성철 스님도 사람만 오면 두들겨 패서 옆에 아무도 가지 못했다. 주장자를 옆에 딱 놓고 있다가 가만히 들어와 절을 하면 그 절하는 놈을 후려친다. 그래서 아무도 거기에 가지 않고 주로 방에 혼자 앉아 계셨다. 내가 찾아가 방문을 두드리니,

"누구냐?"

"스님 뵈러 왔습니다."

"들어오너라."

그래서 들어가 문 앞에 서서는,

"조사가 서쪽에서 온 뜻을 일러 주십시오."

"여기 와서 앉아 말을 해!"

가면 몽둥이로 사정없이 때리는데, 맞으면 몸이 절단 나는 거다.

"저는 앉고 서고 하는 걸 물으러 여기 온 것이 아닙니다. 조사서래의(祖師西來意)를 물으러 왔습니다."

"안 앉으려면 가든지……."

내가 계속 서 있으니 스님은 가만히 계시다가,

"안 앉으려면 가든지, 왜 서서 있어?"

"앉고 서고 하는 걸 물으러 온 게 아니라니까요."

"그럼 여기 와서 앉아서 물어!"

"앉고 서고 하는 걸 물으러 온 게 아니라니까요."

"나도 너한테 앉고 서고 하는 걸 말한 게 아니야! 너 아직 모른다. 나가라!"

물러나와 가만히 생각하니 참 묘한 분이었다. 다음 날 오후 2시에 다시 찾아갔다. 다른 스님한테 가자고 하니 거절하는 바람에 결국 나 혼자서 방문을 두드렸다.

"누구냐?"

"대원입니다."

"왜 왔어?"

"좀 미심쩍은 것이 있어서 다시 왔습니다."

그러니 들어오라고 하시기에 들어갔다.

"왜 왔어?"

"조사가 서쪽에서 온 뜻을 일러 달라고 했는데, 어제 안 일러 주셨잖습니까?"

"그래. 조사가 온 뜻을 너한테 어떻게 일러 줘야 네가 알아들을지 모르겠네. 네가 어찌 그렇게도 말귀를 못 알아듣고 그래? 여기 와서 앉아서 이야기하라고 했는데 왜 거기 서서 있어?"

그래서 절을 하고 앉았다. 절을 하다 때리려고 하면 도망가려고 가만히 눈치를 보면서 절을 했는데 안 때리시기에 '이상하다! 날 안 때리네. 날 특별히 여기는가?' 하는 생각이 들었다.

"그래. 조사가 서쪽에서 온 뜻을 묻는다고 했는데, 내가 너에게 대답을 해도 너는 자꾸 또 해달라 해달라 하니 그건 그만두고 내가 하나 물어보자.

향엄 스님이 천길이나 되는 높이의 나뭇가지를 입으로 물고 대롱대롱 매달려 있어. 밑에서 누가 찾아와서 '조사가 서쪽에서 온 것이 어떤 뜻이오?' 하고 물었는데, 입을 벌리고 대답을 하면 천길만길 되는 절벽에 떨어져 죽을 것이고, 대답을 안 하면 상대방이 묻는 뜻을 어기니, 너는 어떡하겠느냐?"

"무르익은 과일은 만인에게 선보이고 쓰이게 되지 나무 위에 있지 않습니다."

그러니 가만히 계시더니 다시 물으시길,

"그러면 나뭇가지를 입에 물고 매달려 있다는 의지는 무엇이냐?"

"묘불성화불취(描不成畵不就)라. 새기려고 해도 새겨내지 못하고, 그리려 해도 그릴 수 없습니다."

그렇게 대답을 하니 잘했다, 못했다 소리도 안 하고 가만히 앉아 계시더니,

"오늘은 그만 갔다가 다음에 시간을 내서 하자."

다음에 또 갔더니,

"또 뭐 궁금한 게 있느냐?"

"97개 원상(圓相)*이 역대 조사가 전해 내려온 게 있다는

데, 왜 97개 원상을 전해 내려왔습니까?"

"그래, 오늘 밭하고 논에 풀을 매야 되는데, 도감이 일을 시켜야 되는데 도감이 어디 갔다지?"

그때 김룡사에는 논밭이 많아서 저물도록 일을 해야 했다. 낮에는 여름 염천에 나가서 논밭에 풀 매고 밤에만 참선을 했다.

"도감이 갔는지 안 갔는지 잘 모르겠는데요?"

"그럼 한번 가서 알아봐. 도감이 있나 없나."

내가 묻는 데 대답하지 않으시고 왜 도감을 이야기하느냐 이거다. 그래서 밖에 나와서 원주스님을 찾아가 물었다.

"도감스님이 어디 갔어요?"

"도감은 왜 물어?"

"도감스님이 어딜 갔다면서요?"

"가긴 어딜 가?"

그때 내가 노장에게 속았다는 걸 알았다. 어찌나 분이 나던지…. 이튿날 2시에 다시 갔더니,

"너 왜 자꾸 오느냐?"

"어제 하신 걸 보니까 미심쩍어서 왔습니다."

●   97종 묘상(九十七種妙相): 금불, 목불, 이불(泥佛)이 각기 32상을 갖췄으니 합이 96상이며, 진불(眞佛)의 1상을 합하면 97종의 묘상임.

"뭐가? 아직도 도감이 없더냐?"

"스님. 그 말이 아니잖습니까?"

"도감이 있다는 말이야, 없다는 말이야? 뭐야? 어찌 됐어? 확인했어?"

"스님! 오랫동안 사람을 속이고 그러시면 됩니까? 그래선 안 되지요."

"나는 너를 속인 일이 없다. 속고 안 속고는 네가 그런 짓을 했지, 내가 언제 널 속였느냐?"

새로 김룡사 조실채를 지을 때, 일도 많이 했다. 기와도 이고, 흙도 져다 날라서 지붕에 올렸다. 선방 스님들이 죽 서서 전달해 주고, 지게로 지고 올라가 나르기도 했다.

그때 성철 스님이 조그만 방에 나와 지내셨는데 나를 제외하고는 아무도 찾아가지 않았다. 30년을 눕지 않고 장좌불와(長坐不臥)하신다길래 어느 날 2시에 입선해 놓고 2시 20분쯤에 나와서 조용히 성철 스님 방에 가 문틈으로 안을 들여다보니 누워서 다리를 얹고 계셨다. 내가 노크를 하니,

"누구냐?"

"접니다."

"그래, 왔어? 들어오너라."

그래서 여러 가지 많은 문답을 했다.

군 복무 시절

도자기를 굽다가 작품이 잘못되면
도자기를 구워내는 도공은 잘못된 작품을
가차 없이 꺼내서 버리고 새로 도자기 작품을 구워냅니다.

새로 만들어야지요.

그러면 되지 뭐가 어려울 게 있습니까?

1970년대 초 정우 스님 전역 기념 사진

군
입
대

1966년 문경 김룡사에 계시던 성철 스님께서 해인사에서 총
림을 하니(1967년 개설) 같이 가자고 하시기에,

"제가 군에 안 갔다 와서 영장을 계속 기피하다 보니까
순경만 오면 숨어야 되고 해서 불안합니다."

"아직 군에 안 갔다 왔나? 그럼 갔다 와야지. 군에 갔다
와서 꼭 해인사로 오너라. 나는 해인사로 간다."

성철 스님은 그해 가을 해인사 백련암으로 가셨고, 나는
군에 입대하게 되었다. 수도경비사로 배치를 받았는데, 경복
궁 안에 있는 30대대로 청와대 경호부대였다. 나중에 제5공
화국 대통령이 된 전두환이 당시 대대장이었고, 장세동이 인
사과장, 안현태가 1중대장이었다. 신병 훈련을 받고 나서 처
음 위병소에 가 합격해야 그 다음 배치를 받는데 거기서 불

합격하면 전방 오지로 쫓아 버렸다.

처음 위병소에 가서 위병소장한테 물었다.

"위병소장님! 대통령이 나오면 어떻게 해야 합니까?"

"많은 수행원하고 같이 오는데, 대통령한테만 '근무 중 이상 무!' 하면 되지 다른 수행원한테 다 그렇게 할 필요 없다." 하기에 '아, 그렇구나!' 하고 있었다. 그때 청와대에서 자가용이 한 대 들어왔다. 가만히 서서 보니 육영수 여사가 먼저 차에 수행원을 태우고 나오는데, '대통령한테만 경례하라고 했는데 이걸 해야 되나, 안 해야 되나' 망설이다가 육 여사가 손을 흔들기에 엉겁결에 나도 따라서 손을 흔들었다. 그러고 싹 지나가는데 전두환 대대장과 장세동 인사과장이 죽 서서 큰 소리로 경례를 붙였다. 그런데 전두환 씨가 눈치 빠른 사람이라 대번 알아차리고 아직 대통령이 들어오지 않은 상황에서,

"야! 위병소장 이리 와!"

위병소장이 가니 대번에 때리고 들고 차더니,

"저놈은 어디 놈이야? 너 이 새끼가 어떻게 가르쳤길래 저런 놈이 다 있어?"

내가 꼼짝없이 지적을 당했다.

"대통령 나오겠다. 안 되겠다. 좀 이따 다시 보자!"

이러니 위병소장이 다시 뛰어오면서 나를 노려봤다.

"너 이 새끼 두고 보자!"

조금 있으니 봉황판 달린 대통령 차량이 나오는데, "근무

중 이상 무!" 절도 있고 우렁찬 경례 소리와 함께 대통령이 부대로 들어와 시찰을 하고 나서 다시 청와대에 돌아갔다.

그러고 나서 유도가 5단, 태권도가 5단에 검도가 몇 단인 위병소장이 "야! 들어와!" 해서 들어갔더니, 대번에 차고 때리고 들고 던지고 하는데, 어찌된 건지 하나도 아프지 않고 다친 데도 없었다.

상부에서 인사과로 연락해 '그거 어느 중대 놈이냐'고 그런다기에, '이제 전방으로 쫓겨 가는구나.' 생각했는데 재교육 명령이 떨어졌다.

'재교육'이란 15일간을 기합으로 시작해서 기합으로 끝나는 것이었다. 차라리 전방으로 바로 보내졌으면 오히려 만사만생(萬死萬生)하는 무간지옥의 고통을 받지 않는 건데, 밭에 기어가기, 물속에 원산폭격 등등 150여 가지 기합을 매일 받았다.

경복궁 안에 있는 향원정(香遠亭) 못의 얼음을 깨고 거기에 옷 벗고 들어가라고도 한다. 추울 때 몸 전부 들어가라고 하면 차라리 나은데, 반만 들어가라고 하곤 자기 손가락을 보라고 한다. 그때도 손가락 법문을 하더랬다.

"이것 봤어?"

손가락을 까딱하고 내리면 물에 들어갔다, 까딱하고 올리면 나와야 하는데 칼로 살을 도려내는 것 같았다. 그뿐 아니라 변소 청소 담당자가 있는데도 나보고 하라고 지시했다.

여름에 재래식 변소 청소를 하는데, 바깥에는 아무리 청소를 잘해도 변소 구멍 옆에 어쩌다 똥이 조금 묻어 있으면 와서 보고는 "이리와 엎드려! 핥아!" 하고 똥을 핥으라는 것이다. 그렇게 별별 기합을 다 받았다.

'아하! 내가 무간지옥이 어딘가 했더니, 여기가 무간지옥이구나!' 하는 생각이 들었다. 재교육이 끝나고 나자,

"요번에 나가서 네가 불합격하면 전방 오지에 가서 죽었다고 복창해라!"

그래서 다시 나가 위병을 섰는데 이번에는 합격했다. 그러고 나서 청와대 경호실로 파견을 나갔다. 경호실에서 근무하면서 다시 사복을 입었고, 권총을 안에 차고, 정보 파견을 나가기도 했다. 군에 가서는 정말 요만큼도 한만하게 딴생각할 여가가 없었다. 항상 정신을 바짝 차리고 있어야 했다.

나는 군에 가서도 화두를 놓치지 않았다. 어느 날 밤에 간첩이 온다고 하여 산에 파견 나가 보초를 서면서 화두 참구를 했다. 그런데 밤에 주번 사관이 순행을 돌면 "정지!" 하고 수화를 해야 되지만 화두 드느라 주번 사관이 오는지 몰랐다. 그가 옆에 와서 자는가 보고는 가만히 있으니 한 대 때렸다. 맞고는 정신 번쩍 차리고 총을 들어 자세를 잡으려니 목에 뭘 갖다 대면서 "넌 죽었어, 인마!" 하는 거다.

그런데 화두가 제대로 골똘하게, 정말 정신 초롱초롱하게 알 수 없는 의정(疑情)이 돈발(頓發)해서 가만히 있을 때는

주변 사관이 건드리지 않고 그냥 지나가 버렸다. 그런데 공부가 되는 건지 망상(妄想)인지 어중간하게 있으면 반드시 옆에 왔다. 제대로 공부가 되면 아무 탈 없이 그냥 지나가고 무사했다. 그래서 일상생활 속에 초롱초롱한 살아 있는 화두가 중요하다.

또 최전방에 가서 특수훈련을 받는데, 철책선에 호(壕)가 있어 당시 그 호에서 자면 적이 뚫고 들어와 목을 끊어가 버리거나 자살해 죽거나 했다. 그래서 그 호에 아무도 가지 않으려 했는데 중대장이 내게 거기 가라고 지시했다. 나는 '내가 가지 뭐.' 하고 갔는데, 자면 죽는다는 얘길 들었지만 아무리 눈을 크게 떠도 자꾸 졸음이 왔다. 그래서 가만히 앉아 반야심경을 세 편 하고는 '무엇인고…' 하고 돌이켜서 화두를 참구했다. 지극하게 화두를 참구하고 지나갔는데, 나는 아무 일이 없었지만 바로 옆 호에 있던 사람이 죽었다. 그 다음에는 그 호에 간 사람은 아무도 죽지 않았다. 그 호에 붙어 있던 죽은 영혼이 천도된 것이다. 내가 반야심경 세 편하고 '무엇인고…' 하고 화두를 드는 데서 일체가 다 무너지고 없는 것이다. 귀신도 무너지고, 원혼도 무너지고, 선악도 시비도 무너지고, 부처도 조사도 무너지고, 천당도 지옥도 무너진다. 이 '무엇인고' 하는 화두 하나가 일체를 다 녹이고, 일체를 다 살려내는 것이다.

1968년, 군 복무 막바지에 이르러 제대 특명을 받아 놓고 있는데, 갑자기 북한에서 박정희 대통령을 암살하기 위해 무장 간첩단을 서울로 침투시켰던 '김신조 사건(1.21 사태)'이 일어나는 바람에 제대하지 못 하고 복무 기간이 석 달 연장되었다. 그때 새로 생긴 유격 훈련을 받으라고 해서 받았는데 무간지옥의 맛을 아주 톡톡히 봤다. 게다가 군기가 엄청나게 센 전두환 씨가 대대장으로, 공수부대에 있다가 온 분이라 지독하게 훈련을 시키는데 쓰러져 죽어도 관계없다는 정도였다.

"여기서 죽는 건 장부가 아니다! 장부가 여기서 죽을 수 있느냐? 헤쳐 나가야지!"

이러면서 훈련을 시키는데, 배낭을 짊어진 채로 물에 원산폭격을 시키니 코로 물이 다 들어가고, 절벽을 타는 훈련을 하면서 별별 기합을 다 받았다. 밥도 조금밖에 안 주니 허기가 져서 산에 있는 풀도 뜯어서 씹는 판이었다.

그런 훈련장에도 장사꾼들이 들어와 빵 같이 먹을 걸 얼른 팔고 도망가곤 했는데, 내 앞에 가던 친한 친구가 얼른 빵을 사서 혼자 먹는 걸 보고 가서 "내가 좀 얻어먹을 수 없을까?" 하니, "안 되겠다. 내가 죽는데 어쩔 수 없다. 미안하다." 이러는 것이다. 그러니 내가 숨이 넘어가 죽을 지경을 당해서 만약 이걸 먹으면 산다고 할 때, 누가 옆에서 그걸 달라고 하면 '나는 죽을 테니 너는 이걸 먹고 살아라.' 하고 척 내 주는 사람이 누가 있겠는가. 자신은 생각하지 않고 '네가 이걸 먹고 살아서 편안해진다면, 나는 죽더라도 너에게 준다.'는 그

런 대심(大心)의 마음을 가진 사람이라면 일체중생을 안을 수
있을 것이다.

내가 군 복무를 하던 청와대 경비대대 대대장 전두환 씨
가 나중에 대통령을 하고 나서 백담사에 가 있을 때, 다시 만
나 4시간을 독대하고 이야기를 한 일이 있었다.

그때 그분이 말하길, 자기가 청와대에 있을 때 밑에 비서
를 보고 "이름은 조남희인데, 그때 그 사람이 어디에 가 있는
가?" 물으니까 어디 스님이 됐다면서 잘 모른다 하더란다. 그
래서 그러고 말았는데, 왜 자기가 청와대에 있을 때 연락하거
나 찾아오지 않았냐는 것이다.

"진작 내가 스님을 만났었더라면 불교도 발전이 있었고
나에게도 도움이 됐을 텐데요."

"그렇다고 해서 찾아가고 그러면 못씁니다."

내가 그때 백담사에 가니 법당 정문은 스님만 들락거리
는 문인데 정문에 신발 두 개가 있고, 양쪽에 권총을 찬 비서
가 문 앞에 서 있었다. 그래서 내가 말하길,

"정문은 스님들이 다니는 곳인데 여기 왜 속인 신발이 있
느냐?"

"조용히 하세요!" 하면서 손으로 권총을 뺄까 말까 이러
는 걸 내가 한 대 때리고,

"이놈아! 여기 절 법도 모르고 여기 있어? 절의 법이 어떤

법인데 절 법을 무시하고 그래?”

“조용히 하세요!”

그래서 내가 정문을 확 열고 들어가니까, 전두환 전 대통령이 탁자 앞에 먹물 두루마기를 입고 앉아 있다가 움찔했다. 거기 정문 열고 들어간 사람이 아무도 없었는데 내가 과감하게 문을 열고 들어가니 놀랐을 것이다. 그러고 나왔는데 주지 도후(度吼) 스님이 그분을 모시고 와 인사시켰다.

“학림사 조실스님이시고, 고암 스님의 전법(傳法)을 받으신 훌륭한 큰스님이십니다. 저에게는 사숙이 됩니다. 인사를 하십시오.”

“스님은 어디서 오셨습니까?”

“나는 두륜산에서 왔어요.”

“두륜산? 두륜산은 처음 들어 보는 산인데 그게 어디 있는 산입니까?”

내가 얼굴을 아래위로 보면서 말하길,

“위에도 산이고, 밑에도 산일세요.”

그랬더니, “예. 알겠습니다.” 하면서 가 버렸다. 조금 이따가 총무스님이 오더니,

“요번에 오신 김에 전두환 각하하고 서로 좋은 대담이나 하면 어떨까 바라고 있었는데, 저를 보고 오라고 해서 갔더니, “도대체 어디서 온 중이야?” 옆에 있던 비서는, “혹시 그스님이 약간 이상한 사람 아닌가요?” 하고, “점심 오찬이나 함

께하려고 했더니 이상한 말을 하고 정신 이상하지 않아?"그런 말을 합니다."

"그래? 그럼 가서 이야기해! 나는 전두환 거사를 소인으로 보고 대한 게 아니고 대인으로 보고 상대했어. 그런데 대인이 그와 같이 이야기한다면 이해가 안 가네. 달마 스님이 양무제를 만나서 서로 소통을 못하고 소림굴로 돌아간 일이 있지만, 오늘 그와 비슷한 짝이 나네. 내 말을 못 알아듣는다면 참 안됐네. 가서 그렇게 이야기를 해 줘!"

그러니 가서 전하길,

"스님이 각하를 대인으로 보고 상대했답니다. 소인으로 보고 상대한 게 아니랍니다. 대인이라서 그런 말을 했지, 소인이라면 그런 말을 안 한답니다."

"그래? 그런 말을 했어?"

"달마 스님이 양무제를 만나서 소통을 못 했다는 걸 각하께서도 아시지요?"

"나도 들은 게 있지."

"오늘도 그런 비슷한 일이 벌어졌다고 이럽니다."

"그래! 오늘 점심때 그 스님과 공양을 같이 해야겠다. 가서 승낙을 받아오면 어떻겠소?"

그래서 주지스님이 찾아와 이야기하기에 같이 점심 공양을 하기로 하였다. 사시예불을 마치고 나서 조그만 방에 겸상으로 전두환 전 대통령, 이순자 여사, 나, 그리고 주지스님, 이렇게 네 사람 분을 차려 놨다. 그래서 함께 밥을 먹는데, 전두환 전 대통령의 이야기가 몇 시간을 끊어지지 않았다. 이야기를 그만둬야 내가 뭐라고 이야기를 하는데, 상대방이 말할 수 있는 기회를 주지 않고 자기만 계속 이야기하는 것이다. 그렇게 두세 시간 하더니 "아…" 하고 한숨을 돌리는 순간 내가,

"잠깐 한 말씀 드릴 게 있는데요."

"예. 뭡니까?"

"여기서 백일기도하셨다는데, 백일기도 마쳤습니까?"

"어제 내가 백일기도 마쳤습니다."

"어제 백일기도 마치셨다면, 세조대왕은 아시잖습니까?"

"예, 알지요. 역사에 나오는 분 아닙니까?"

"그분이 오대산 상원사에 가서 일주일 기도를 해서 문수동자를 친견하고 몸에 창병이 다 나았는데, 그렇다면 거사님께서는 백 일 동안 기도를 했다면 관세음보살을 친견했나요?"

그러니 동작을 딱 멈추더니,

"아, 친견 못 했습니다."

"그러면 백 일 동안 기도를 헛했네요?"

"친견을 못 했으니 헛했다고 봐야지요."

"그러면 세조대왕은 일주일 해 가지고 친견을 했는데, 백 일을 해서도 친견 못 했다면 거사님께서는 참으로 잘못된 게 많네요. 앞으로 백 일을 더 하세요."

"해야 되겠지요."

"대장부로 태어나서 별 네 개 달기도 어렵고, 별 네 개 달고 나서 나라의 대통령 하기도 어려운 일이고, 대장부로 태어나서 할 일은 다 했잖습니까? 그렇게 하고도 여기 백담사를 왜 왔습니까?"

"……"

"그래도 이 성지(聖地)에 와서 머무르게 된 것은 전생에 인연이 있어서 온 것 같은데요. 그러나 한번 깊이 생각해 봐야 됩니다. 왜 여기로 왔는지, 그걸 알려면 거사님의 본래면목(本來面目)을 알아야 하는데, 거사님의 본래면목을 아시오?"

"본래면목이라…. 본래 내 얼굴이라 이 말입니까?"

"그렇지요. 거사님의 본래 얼굴이 어떤 게 본래 얼굴이오?"

"그건 아직 잘 모릅니다."

"그걸 몰랐기 때문에 여기 백담사에 온 거요. 자기의 진면목을 바로 아는 사람이라면 여기 올 일을 만들지 않지 왜 여기 오겠습니까?"

그러자 대번 자세를 고치더니,

"예. 지금까지 많은 스님들, 종단의 큰스님들 다 오셔서 저한테 이야기를 했는데, 이런 말을 한 분이 아무도 없었습니다. 아주 좋은 말씀을 해 주셔서 감사합니다."

"나의 진면목을 바로 안다면 일을 마치고 나서도 이 세상 모든 천하인이 하늘같이 받들지 왜 여기에, 물론 여기 성지에 오는 건 좋습니다. 그러나 여기에 거사님이 온 동기, 그 원인은 이 세상 천하인이 받들고 무탈한 속에서 온 것이 아니잖습니까? 그랬다면 '저분이 불심(佛心)까지 훌륭하네.' 하고 칭찬하겠지요. 그러나 그게 아닌 입장에서 여기 온 거 아닙니까? 그러니 정말로 이제 남은 여생이라도 나의 진면목이 무엇인가를 돌이켜 보세요. 그래야 남은 생활도 헛되게 시간을 소비하지 않고 사는 것입니다."

"좋은 말씀 해 주셔서 감사합니다."

나는 이런 말도 했다.

"10.27 법란 때 군인들을 절에다 투입시켜서 아무 죄 없이 삼청교육대 붙들려 가 억울하게 당한 스님들도 있었습니다. 그 스님 내가 아무 죄가 없는 걸 아는데, 누가 개인적으로 감정을 가지고 고발을 해서 붙들려 가 그랬는데, 그런 것도 잘못된 것 아닌가요? 왜 스님들을 함부로 잡아갔습니까?"

그러니까 하는 말이,

"내가 청와대에 있어 보니까 밑에 사람들이 서류를 올리는데, 좋은 건 없고 천하에 나쁜 것만 올려서, 사회를 정화하는 차원에서 이걸 어떻게 해야 되겠냐 물으니, "다 싹 쓸어버려야 합니다." 하고 보고하는데, 내가 정치도 처음 들어와서 하는 거고, 불교에 대한 것도 모르고 해서 정 나쁘다면 알아서 정화하라고 했는데, 그것도 내가 더 상세히 살피지 못한

허물이 있지요." 하고 그런 말을 했다. 그러면서 간절히 알고 싶다면서 묻길,

"지금 노태우가 대통령이 됐지만 여소야대라서 정국이 정말 어렵게 됐는데 앞으로 어떻게 되겠습니까? 거기에 대한 방책은 없겠습니까?"

그래서 내가 말을 해 주길,

"수해가 나서 큰물이 내려가는 데는 집도 떠내려가고, 사람도 떠내려가고, 모조리 다 쓸어버립니다. 그 흐르는 물의 위세에 감히 앞에 설 수가 없습니다. 그러나 그 물이 흘러가다가 작은 물이 되어서 졸졸 흐르는 물은 지나가는 사람도 겁을 안 냅니다."

"예. 지금 그렇게 됐습니다. 앞으로 어찌해야 됩니까?"

"도자기를 굽다가 작품이 잘못되면 도자기를 구워내는 도공은 잘못된 작품을 가차 없이 꺼내서 버리고 새로 도자기 작품을 구워냅니다. 새로 만들어야지요. 그러면 되지 뭐가 어려울 게 있습니까?"

그러면서 묻는 것들에 답을 해 주었다.

"스님 말씀을 잘 알겠습니다."

그런 뒤 한동안 새해와 초파일, 추석에 자기 비서를 내게 인사하고 오라며 보냈다. 자기는 나오지 못하니 비서가 여기 와서 하는 말이,

"누구한테도 세배하고 오라고 하는 일이 없는데 스님께

는 세배를 하고 오라고 했습니다.”

　내가 청와대에서 군 복무를 하던 때 박정희 씨가 대통령
이었다. 박정희 전 대통령은 서민적이고, 먹는 것도 된장국과
막걸리를 좋아했으며, 고기는 잘 먹지 않았다.
　청와대 뒤에 빨랫줄이 있었는데 육 여사의 기운 고쟁이
를 널어 놓은 걸 보았다. 육 여사가 아주 검소한 분이라 좋은
옷이 아니고 꿰맨 옷을 입고 그랬다.
　박 전 대통령은 밤중에 나와서 초소에 가는데, 초소에 선
사람이 놀라 “근무 중 이상 무!” 큰 소리로 경례를 하면 조용
히 하라고 하면서,
　“추운 데 고생이 많아. 자네나 나나 똑같은 입장이야. 나
라를 위해서 하는 거지, 내 개인을 위해서 하는 게 아니지 않
느냐?”
　“예, 그렇습니다. 각하!”
　“추운 데 고생이 많네. 내가 소고깃국을 끓여 놨으니, 안
에 가서 먹고 나와.”
　“근무 중 이탈 못 합니다!”
　“총 이리 내놔! 내가 잠깐 서 있을 테니까 가서 먹고 와!”
　박정희 전 대통령은 그런 분이었다. 오늘날 박정희 전 대
통령이 나라와 국민을 위해 잘한 것은 칭찬하고 좋은 건 살려
야 하는데, 그러지 못하는 건 잘못된 것이다. 국민교육헌장도

내용이 너무 좋은데 그걸 왜 없앴는지 안타까운 일이다.

그렇게 군에 가서도 나는 공부의 끈을 놓치지 않았다.

제대를 할 때 청와대나 중앙정보부에 바로 취직을 하라고 권하는 걸,

"저는 거기 취직 안 하고 제대하고 가겠습니다."

"가서 뭘 하려고 그래?"

"저는 들어갈 곳이 있습니다."

"아참! 스님이시지? 또 절로 가려고 그래? 좋은 데 취직해서 살면 좋을 텐데 그러나……."

시내 사무소에 제대 신고를 하고, 제대증을 받으려고 속가에 갔는데 좋은 아가씨가 있다고 선을 보라고 했다.

청와대에서도 취직하라고 하고, 친구가 자기 여동생 소개해 줄 테니 결혼하라고 권해도 하지 않았었다.

"내가 제대하고 온 게, 집에서 살려고 온 게 아닙니다."

그리고 제대 신고를 하고 제대증 받고 나서 바로 범어사로 갔다.

1971년 합천 해인사 법보전에서

합천 해인사에서 도반 재문 스님과 함께

忽聞栢頭手放語
廓然銷覺疑團處
明月獨露淸風新
凜凜闊步毘盧頂

홀연히 잣나무 꼭대기서 손 놓고 한 걸음 나아가라는 말을 듣고
확연히 의심 덩어리 녹아 깨달았네.
밝은 달은 홀로 드러나고 맑은 바람은 새로운데
늠름하게 비로자나 이마 위를 활보함이로다.

佛祖傳心法
不識又不會
趙州茶一味
南泉月正明

불조가 전한 심법은
알지 못하고 알지 못함이라.
조주의 차 맛이 일미이거니
남전의 달은 정히 밝도다.

1971년 해인사 하안거 _ 고암 큰스님과 함께

1971년 해인사 동안거 해제 _ 성철 큰스님과 함께

1972년 남장사 법희 스님과 함께

만약 지극히 생각으로 화두를 지어 가다가
얻어지는 오매일여라면,
그 오매일여 자체가 조작이 됩니다.
지어서 얻어지는 것은 한계가 있는 것이어서
영원한 것이 아닙니다.
오매일여는 조작으로 얻어지는 것이 아닙니다.

오매일여는 만들어 이루어지는 것이 아니라,
본래 스스로 오매일여가 되어 있는 것을 깨달음만이
영원한 오매일여라 말할 수 있습니다.

1973년 해인사 하안거 _ 해인사 퇴설당에서

1974년 송광사 하안거 결제 _ 구산 큰스님과 함께

1974년 통도사 동안거 결제

1975년 동화사 동안거 _ 향곡 큰스님과 함께

1980년 통도사 극락암 _ 경봉 큰스님과 함께

1969년에 범어사 선방에서 지내고 그 후 다시 해인사에 갔
다. 당시 산중에 '방구들 사건'이라는 불미스러운 일이 일어
나 성철 스님이 방장을 내놓고 백련암으로 올라가셔서 공석
이었다. 해인사의 안정을 위해서는 방장을 모셔야 했고, 종정
인 고암 스님을 2대 방장(1970~1972)으로 모셔서 종정과 방장
을 겸하셨다.

　고암 스님께 인사를 드리려고 들어갔는데 그때가 1972
년이니, 비로소 예전에 대각사에서 고암 스님이 '팔(8)구(9)에
바다도장에서 보자'고 하신 뜻을 알게 되었다. '8×9=72'이니
1972년에 해인사에서 만난다는 뜻이었다.

　고암 스님께서 물으시길,

　"그동안에 어디 있었던가?"

"군에도 갔다 오고, 범어사에서도 지내고, 사방에서 공부하고 지냈습니다."

"그래. 그럼 몇 년이 지났나? 그동안에 정전백수자(庭前栢樹子, 뜰 앞의 잣나무) 화두는 해결이 됐는가?"

"아무리 해도 잘 안 됩니다."

"안 돼? 그러면 잣나무에 올라가게."

"잣나무에 올라가요?"

"그래, 올라가! 꼭대기에 손을 잡을 수 없는 잣나무 끝까지 올라가!"

"끝까지 올라가서 어찌합니까?"

"거기서 한 발 내딛고 나갔을 때, 그때를 당해서 어떤 것이 너의 본래면목이겠느냐?"

거기서 홀연히 한 생각 깨달았다. 내가 박장대소를 하면서 웃으니,

"뭘 알았기에 박장대소를 하느냐? 한마디 하여라!"

"이걸 한마디 하라 하시지만, 한마디로서 이걸 다 이를 수 없습니다!"

"그것만 가지고 되는 게 아니고, 한마디 해 보아라."

"천언만구(千言萬句)를 다 일러도 여기서는 상신실명(喪身失命)할 뿐입니다."

그러니 고암 스님께서 주장자로 원상을 그리시더니,

"여기 들어가도 서른 방(棒)이고 나가도 서른 방이라. 어

떡하겠는가?"

그래서 나는 좌복을 들어 머리에 이고,

"이것이 안에 있는 것입니까, 밖에 있는 것입니까?"

그러자 고암 스님이 "아니야." 하면서 주장자로 때리려고 하시기에 좌복을 들어 스님에게 던지고 물러 나왔다. 그러니 고암 스님께서,

"납자난만(衲子難瞞)이라. 눈이 열린 납자는 속이기가 어렵구나. 깨달은 바에 대해서 송구를 지어 보게."

그래서 게송 하나를 지었다.

忽聞栢頭手放語(홀문백두수방어)

廓然銷覺疑團處(확연소각의단처)

明月獨露淸風新(명월독로청풍신)

凜凜闊步毘盧頂(늠름활보비로정)

홀연히 잣나무 꼭대기서 손 놓고 한 걸음 나아가라는 말을 듣고

확연히 의심 덩어리 녹아 깨달았네.

밝은 달은 홀로 드러나고 맑은 바람은 새로운데

늠름하게 비로자나 이마 위를 활보함이로다.

그 이튿날 오라고 해서 갔더니 '학산(鶴山)'이라는 호와

함께 아래 전법게(傳法偈)를 내려 주셨다.

佛祖傳心法(불조전심법)
不識又不會(불식우불회)
趙州茶一味(조주다일미)
南泉月正明(남전월정명)

불조가 전한 심법은
알지 못하고 알지 못함이라.
조주의 차 맛이 일미이거니
남전의 달은 정히 밝도다.

영운견도(靈雲見桃)와 오매일여

1973년경 해인총림 선원에서 동안거를 지내는 도중 성철 스님을 찾아뵙고 문답하는 도중 스님께서 물으셨다.

"내가 하나 묻겠다. 영운 조사가 30년간 위산 선사 회상에서 정진하다가 복사꽃이 만발한 것을 보고 도를 통하고서 오도송을 지었다.

30년간 진리의 보검을 찾던 객이여.
몇 번이나 잎이 떨어지고 가지가 돋아났던고
복사꽃을 한 번 본 후로
지금에 이르도록 다시 의심이 없도다.

이 오도송을 위산 스님이 보시고는 시절인연이 도래해서

106

깨달은 것은 영원불변(從緣悟達 永無退失)이라면서 인가를 했다. 그런데 당시에 현사 스님이라는 분은 영운 스님이 제대로 깨닫지 못했다고 했다(諦當甚諦當 敢保老兄未徹在). 둘 다 큰 선지식인데 한 사람은 인정을 하고, 한 사람은 견성을 못했다고 못을 박았으니, 어느 스님 말이 옳으냐?"

거기서 이런 말 저런 말 했다가는 성철 스님한테 두들겨 맞는다. 사정없이 때리니 웬만한 사람 같으면 묻지도 못한다. 거기서 뭐라고 대답을 해야 허락을 할까, 이게 난점이다. 그때 나는 웃으면서,

"저는 현사와 위산은 그만두고, 오늘 이 자리에 스님을 서른 방을 내리겠습니다."

"뭐? 내가 무슨 허물이 있어?"

나는 좌복을 바닥에 던져 엎어 버리고 나가 버렸다. 이튿날 스님께서 나를 부르셔서 가니, 그전에는 묻지도 않던 것인데 '무슨 화두를 어찌하느냐', '누구한테 공부를 지도받았느냐', '지금까지 대답을 그렇게 한 사람이 없었는데 공안에 깨친 바가 있었느냐' 하고 공부에 대해 자세히 물으시기에 대답을 해 드리고 여러 가지 말씀을 나눴다.

성철 스님께서 늘 오매일여(寤寐一如)를 강조하셨는데, 오매일여에 이르러도 다함이 아니니 화두를 주야장천(晝夜長川) 놓지 말고 해야 한다고 하셨다. 어느 날 목욕을 하다가 거울을 보는 순간 그 말씀에 계합(契合)이 되었다. 그래서 성철 스

님이 내게 오매일여가 되느냐고 물으시기에 말씀드렸다.

"방장스님께서 항상 강조하시는 말씀이 오매일여인데, 어떻게 하는 것이 오매일여입니까?"

"화두가 생시와 잠잘 때와 꿈꿀 때와 깊이 잠들었을 때 항상 지속이 되어 끊어지지 않는 그런 시절이 되어야 오매일여라고 하는 것이다. 즉 말하자면 생시에 여여(如如)하고, 잠잘 때 여여하고, 꿈꿀 때 여여하고, 잠 깨고 나서도 여여해야만 한다는 말이다."

"저는 의심되는 바가 있습니다."

"의심되는 바가 있다고? 그게 뭔데?"

"화두를 열심히 참구하면 장시간 지속이 되는 것은 없지는 않으나 언젠가 그것은 변하게 됩니다. 3일이 가든, 일주일이 가든 여여한 일념삼매에 있어도 언젠가는 다시 깨어납니다. 깨어나기 전에는 고요적적한 마음이 그대로 지속되지만, 언젠가는 생각이 바뀌어서 깨어나게 됩니다. 만약에 생각이 바뀌어서 깨어나지 않는다면 굳은 돌덩이처럼 십 년이고 백 년이고 그대로 굳어 있어야 하지 않습니까? 만약 지극히 생각으로 화두를 지어 가다가 얻어지는 오매일여라면, 그 오매일여 자체가 조작(造作)이 됩니다. 지어서 얻어지는 것은 한계가 있는 것이어서 영원한 것이 아닙니다. 오매일여는 조작으로 얻어지는 것이 아닙니다."

그러자 성철 스님께서 물으시길,

"그럼 너는 오매일여를 어떻게 정의 내리겠는가?"

"오매일여는 만들어 이루어지는 것이 아니라, 본래 스스로 오매일여가 되어 있는 것을 깨달음만이 영원한 오매일여라 말할 수 있습니다."

"그럼 네가 오매일여에 대해 한마디 일러 보아라."

"푸른 하늘은 예나 지금이나 항상 푸르른데, 진흙 속에서 해와 달은 항상 뜨고 있습니다."

이렇게 대답하니 성철 스님께서 흔쾌히 손을 잡으시면서 기뻐하셨다.

"그나마 오매일여와 씨름하고 자기 목소리로 그런 말을 할 줄 아는 놈은 너뿐이다!"

그때 시자가 그걸 보고 눈이 둥그레져서 쳐다보고 있었다.

"잘 만났어! 우리가 앞으로 종종 만나서 이야기 좀 해 보자. 여기서 떠나지 말고 공부하도록 하고. 그래, 누구한테 입실한 데는 있는가?"

"저는 고암 스님께 입실을 했습니다."

"아! 사숙님한테 입실했구만. 그러면 뭐 잘됐으니까, 그대로 공부 열심히 하여라."

그래서 성철 스님께 자주 참문(慘聞)하였다.

향곡 스님

1975년경 동화사 금당선원을 새로 짓고 개원할 때 거기서 안거를 지냈다. 그때 주지는 서운(瑞雲) 스님이었고, 조실은 향곡(香谷) 스님이었다.

당시 나는 선방에 선덕(禪德)으로 있었는데, 중간에 입승(立繩) 스님이 나가는 바람에 입승 소임을 같이 하게 되었다.

성도재일을 맞아 일주일 용맹정진을 했는데, 용맹정진 마지막 날은 사부대중이 함께 철야정진을 해서 회향했다. 회향하는 날 아침에 조실스님께서 대중한테 물었다.

"오늘이 성도재일이니, 성도(成道)를 맞이해서 일주일 용맹정진했으니 대중은 성도에 대해서 돌아가면서 한 마디씩 일러라!" 하고 의무적으로 차례차례 이르라 하셨다.

나는 입승이니 체면을 봐서 나까지 이르라고는 안 하실

줄 알고 태평하게 마음 놓고 있었는데, 마지막에 조실스님이 이쪽으로 돌아보시면서,

"이제 입승스님 차례입니다. 한 마디 하시오."

그래서 이르기를,

"성도에 대해 조실스님께서 일러라 하시니, 순서로 따지면 성도하기 이전을 먼저 조실스님께서 일러 주시고 그 다음에 성도에 대해 일러라 하셔야 맞지 않겠습니까? 성도하기 이전 소식을 조실스님께서 먼저 말씀해 주십시오! 그러면 제가 성도한 소식을 말씀드리겠습니다!"

그랬더니 향곡 조실스님께서 이르길,

"창천 창천(蒼天 蒼天)!"

"제가 성도하기 이전 소식을 물은 뜻은 꿈에도 보지 못하셨습니다. 다시 말씀하십시오."

그러니 향곡 스님께서 이르시길,

"관(關)!"

"그렇다면 성도하기 이전 소식을 말씀하셨으니 제가 성도한 소식을 말씀드리겠습니다. 눈이 내린 속에 오동나무 꽃이 만발하였고, 천년 묵은 해골은 눈동자가 맑게 빛납니다(桐花雪中開滿發 千年髑髏眼晴光)." 하고 할을 하고 밖으로 나갔다 다시 들어오니 조실스님께서 아무 말씀을 않으시기에,

"이번 성도재일에 조실스님을 모시고 대중이 정진을 잘했습니다. 조실스님께서 경책도 매일 와서 해 주시고 해서 잘

회향을 했습니다."

그런 후 아침 공양을 마치고 있는데, 시자가 찾아와서 조실스님이 빨리 오라 하신다고 하여 조실스님 방에 들어갔다.

"아침에 보니 제법 이야기하는데, 내가 하나 물어봐야겠어!"

"무슨 말씀을 하려고 하십니까?"

"내가 공안에 대해서 좀 물어봐야겠어." 하시며 남전 스님이 고양이 목을 칼로 벤 남전참묘(南泉斬猫) 화두를 들어서 물으셨다.

"조주가 신짝을 머리에 얹고 간 의지를 일러 보게."

"대우가 평정한 자리에 현대는 집을 우뚝 세웠습니다."

향곡 스님께서 또 향엄상수(香嚴上樹) 공안을 물으셨습니다.

"어떤 사람이 천길 벼랑 끝에 서 있는 나뭇가지를 입에 물고 매달려 있는데, 밑에서 어떤 사람이 묻기를 "어떤 것이 조사가 서쪽에 온 뜻입니까?" 하니, 답을 하게 되면 천길 벼랑에 떨어질 것이요, 답을 하지 않으면 상대방의 묻는 뜻을 어기는 것이니, 이럴 때는 어떻게 해야 옳겠는가?"

"일구(一句) 이전에 알아차려야지 일구 이후에 알아차리면 상신실명(喪身失命)합니다."

"그러면 그 의지가 어떤 것인가?"

"산 사람 둘이서 죽은 송장을 매고 가서 묻었는데, 돌아올 때는 죽은 송장이 산 사람 둘을 매고 돌아옵니다."

"지금까지 만나본 수좌가 이런 사람이 없었는데, 참 대답을 잘하는구나!"

거기 동화사에서 해제를 하고 향곡 스님께서 나에게 월래 묘관음사로 가자고 하셔서, 붙들려 가다시피 차에 같이 타 묘관음사로 갔다.

묘관음사에 가서 대중의 의견도 묻지 않고 나에게 입승을 맡기셨다. 그래서 입승을 보며 산철결제를 했는데, 한철 내내 조실 방에 불려 올라갔고, 그렇게 불려 가면 계속 모든 공안에 대해 물으셨다. 어느 날 향곡 조실스님께서,

"내가 또 하나 묻겠는데, 취암(翠巖) 스님이 여름 안거 해제하는 날 법상 위에서 한 말씀하시기를 "부처님 말씀에 '많은 말을 했으니 눈썹이 빠진다.'는 말이 있는데, 내가 여름 동안 대중에게 많은 말을 했으니 내 눈썹이 지금 있느냐 없느냐?" 하니, 그 대중 가운데 취암 스님 도반인 장경 스님, 보복 스님, 운문 스님이 함께 자리했는데, 다른 대중이 아무 답이 없자 보복 스님이 먼저 한 마디 하기를 "도둑의 마음은 허하다."라고 했다. 장경 스님은 "생야(生也)."라 했고, 운문 스님은 "관(關)."이라고 했는데, 운문 스님의 '관'에 대해서 한 말씀 일러 보게."

내가 대답하기를,

"무공철추(無孔鐵鎚, 구멍 없는 쇠뭉치)!"

향곡 스님께서

"다시 한 번 일러 보게."

"상한 수레에 약봉지를 걸었습니다."

향곡 스님께서 웃으시며,

"오늘은 이만하고 다음에 또 보세."

그래서 절을 하고 물러 나왔다.

반 살림을 지나고 향곡 스님께서 조실채로 불러 또 물으시길,

"암자 안에서 어떻게 암자 밖에 일을 보지 못하는고? 일러 보게."

"주장자를 횡으로 잡고 쇠가시 넝쿨을 모조리 쳐서 걷어 냈습니다."

향곡 스님께서 아무 말씀이 없이 계시다가,

"내 또 하나 묻겠네. 조주 스님 회상에서 수좌가 "한 철을 지내고 제방에 한 바퀴 돌아보고 오겠습니다." 하고 인사를 하니 조주 스님께서 "부처가 있는 곳에 머무르지 말고 부처가 없는 곳을 가거든 급히 지나가서 삼천리 밖에 이르러 사람을 만나거든 그릇되이 드러내지 말게." 그러자 납자가 하는 말이 "그렇다면 가지 않겠습니다." 하니, 조주 스님께서 "적양화 적양화(摘楊花 摘楊花, 버드나무 꽃을 따고, 버드나무 꽃을 땄다)."라고 하셨다. '적양화 적양화'의 의지가 무엇인가?"

"금강은 섬돌 아래에 걸터앉아 있는데, 신령스러운 거북

이는 불 속을 달립니다."

향곡 스님께서 크게 웃으시며 아주 기뻐하셨다.

또 사흘이 지난 뒤에 조실스님께서 불러 물으시기를,

"운문 스님께 어느 학인이 묻기를 '부처를 뛰어나고 조사를 넘어가는 한 말씀(超佛越祖之談)을 해 주십시오.' 하니, 운문 스님이 답하기를 '호병(胡餠, 호떡).'이라 했는데, '호병'에 대해서 한 말씀 일러 보게."

내가 즉시 일어나 여인 배(拜)를 하고 밖으로 물러 나오니, 향곡 스님이 "하하하." 하고 웃으셨다.

다시 사흘 지난 뒤에 부름을 받고 조실스님 방에 올라가 절을 하고 앉으니 향곡 스님께서 묻기를,

"덕산 스님 회상에서 어느 날 점심때가 됐는데도 공양 종을 치지 않으니, 덕산 스님이 발우를 들고 식당을 향해서 걸어가는데 공양주인 설봉 스님이 보고는, "종도 치지 않고 북도 치지 않았는데 발우를 들고 어디를 갑니까?" 하니, 덕산 스님이 아무 말 없이 머리를 숙이고 방장실로 돌아갔다. 설봉 스님이 이 일을 암두 스님에게 전하자 암두 스님이 "보잘것없는 덕산이 말후구(末後句)도 모르는구나." 덕산 스님이 그 말을 전해 듣고 암두를 불러서 "네가 나를 긍정하지 않느냐?"고 하니, 암두 스님이 덕산 스님 귀에다 대고 은밀히 속삭였다. 다음 날 덕산 스님이 법상에 올라 법문을 하는데 그 전과 달리 눈을 부라리고 노기등천한 모습으로 법을 설하고 내려오

니 암두 스님이 덕산 스님의 손을 잡고 "정말 반갑고 즐겁습니다. 이제 스님의 법은 천하 사람이 당하지 못합니다. 그러나 3년밖에는 세상에 머물지 못합니다." 하니 덕산 스님은 과연 3년 후에 입적을 했다. 암두가 밀계(密啓)한 의지가 무엇인가(嚴頭密啓意志如何)?"

내가 이에 대답하기를,

"드러내려고 해도 드러낼 수 없고 숨기려야 숨길 수 없습니다."

"다시 한 마디 일러라."

"후백(侯白)이는 천하를 속이지만, 후흑(侯黑)이는 속지 않습니다."

향곡 스님께서 아무 말 없이 있다가 다시 물으시길,

"이와 같은 고준한 공안을 누구하고 거량하고 점검한 일이 있었던가?"

"지난날에 고암 스님, 전강 스님, 혼해 스님, 고봉 스님 회상에서 공부하면서 점검을 받고 거량을 하고 인정받은 일이 있습니다."

"그런 일이 있었던가? 오늘은 이만하고 또 다음에 보세."

보름을 지나서 조실스님의 부름을 받고 올라가 문을 열고 들어가 인사를 하려고 하는데, 좌복에 앉아 있던 조실스님이 갑자기 일어나셔서는 큰 의자에 가 앉으시고는 눈을 크게 뜨고 나를 주시하셨다.

내가 그 앞에 가서 벌떡 드러누웠더니, 조실스님이 의자에서 내려와 옆에 드러누우시기에 다시 벌떡 일어나 문을 열고 내려오니, 조실스님께서 "입승스님! 입승스님!" 하고 부르시는데, 뒤도 돌아보지 않고 곧장 내려왔다.

보름을 지나 또 부르셔서 올라가니 향곡 스님께서 말씀하시기를,

"내 이제 마지막으로 이 한 가지만 물어보고 더 이상 묻지 않겠다." 하시면서 말씀하시기를,

"암두 스님이 도를 통하고 공부를 마치고 중생을 제도하려 강가에 가서 조그마한 나무배를 하나 만들어 양쪽 강둑에 판때기와 망치를 놓고, 배를 타러 온 사람이 이 판때기를 치면 암두 스님이 삿대를 들고 춤을 추면서 손님을 맞이하고 태워 강을 건네주고 세월을 보냈다. 어느 날 한 여인이 아이를 안고 와서 망치로 판을 통통 치니, 암두 스님이 배 안에 누웠다가 일어나서 삿대를 들고 춤을 추며 나왔는데, 그 여인이 아기를 안고 서서 하는 말이 "그 춤 추는 것은 그만두고 내 하나 묻겠소."라고 했다. 여인이 "이 아기가 어디서 나왔는고?" 하고 물으니, 암두 스님이 답하여 삿대로 뱃전을 세 번 쾅쾅 쳤다. 여인이 하는 말이 '내가 지난날 아이 여섯을 낳았지만 선지식을 만나지 못해 여섯 아이를 다 없앴는데, 이 일곱째 아이도 역시 만나지 못했구나.' 하고 아이를 강물에 던지고는 뒤도 돌아보지 않고 떠나갔다."

향곡 스님께서 묻기를,

"암두가 대답한 그 허물이 어디에 있기에 여인이 아이를 버리고 갔는가? 그 허물구를 일러라."

내가 답을 하니 향곡 스님께서 다시 물으시되,

"그럼, 너 같으면 '이 아이가 어디서 나왔느냐?'고 물을 때 어떻게 대답하겠느냐?"

그러자 내가 향곡 스님을 확 밀어 버리고 밖으로 나가니 향곡 스님께서 "하하하." 웃으셨다.

내가 밖에서 다시 들어오자 다시 물으셨다.

"여인이 아이를 버리고 간 의지를 아느냐?"

"예! 삿대를 놓고 훨훨 떠나가겠습니다."

향곡 스님께서 크게 웃으시면서,

"눈 푸른 납자는 속이지 못하겠구나. 내 이제 너 대원 수좌는 더이상 건드리지 않겠다. 십자거리에서 엿장수를 하든, 푸줏간에 가서 백정을 하든, 방장 조실을 하든 너 대원이 알아서 할 일이다." 하시고 이튿날 외출하시면서 대중들에게 말씀하시길,

"공부에 궁금하고 물을 일이 있으면 입승 대원 스님께 물어라."라고 하셨다.

경봉 스님

경봉(鏡峰) 스님은 1962년 성능(性能) 스님과 호경(湖鏡) 스님이 통도사 강사를 하실 때, 내가 강원에서 5개월가량 공부를 한 일이 있어서 통도사에 가게 되면 극락암에 올라가 뵐 수 있었다. 하지만 그때는 별말씀을 듣지 못했고, 경봉 스님께서 큰스님이라 겁이 나기도 해서 얼른 인사만 드리고 나왔다.

그 후 강원을 졸업하고 나서 선방에 다니다가, 1970년에 고암 스님이 종정이 되시고 범어사에서 '세계고승법회'를 할 때, 내가 고암 스님 시자로 차를 올리는 소임을 잠깐 맡게 되었는데 거기에 경봉 스님께서 오셨다. 경봉 스님께서 고암 스님께 물으시길,

"오늘이 무슨 날입니까? 여기서 뭘 합니까?"

"코끼리가 지나간 자리에 사자가 울부짖고 있습니다."

"그건 그렇고, 오늘 내가 여기 온 것은 왜 온 것인지 아십니까?"

"그러면 큰스님께서는 여기 어떻게 오셨습니까?"

"오늘 내가 여기에 온 것은 봄날에 개구리 우는 소리가 요란해 내가 잠시 일어나서 봄바람도 좋고 하여 차나 한 잔 나눌까 해서 왔지요."

"네, 잘 오셨습니다. 시자야! 차 가지고 오너라."

그래서 차를 대접하였더니 경봉 스님께서 차를 드시고 얼마 후에 떠나셨다.

그 후 여러 선방을 다니다가 1980년에 통도사 극락암 선방에 입방하려고 가서 며칠 후 경봉 스님 방에 들어갔다. 나는 큰 절은 안 올리고 한 발을 앞으로 쑥 내밀었다. 그러자 경봉 스님께서 "악!" 하고 할을 하시기에 얼른 다시 발을 모으고 서 있으니,

"뭣인고?"

"낮은 것을 만나면 낮은 것을 밟고, 높은 것을 만나면 높은 것을 밟습니다."

"너는 어찌 높은 것을 만나서 낮은 줄을 알지 못하고, 낮은 곳에서 높은 곳을 알지 못하느냐?"

그래서 얼른 절을 하고,

"큰스님, 시하(時下)에 법체 안강(安康)하셨습니까?"

"그래, 그것만 가지고는 너를 입방시켜 줄 수 없다."

"그러시면 제가 스님이 앉아 계신 곳에 같이 앉아 있을 것이고, 스님이 가시면 같이 갈 것이며, 스님께서 머무르시면 같이 머무르겠습니다."

"나는 자체가 없고 무늬가 없고 모양이 없거늘, 너는 어디서 나를 따라온다는 말이냐?"

"바로 저도 스님과 다르지 않습니다."

"미흡해, 미흡해!"

"그러면 스님께 제가 한 말씀 더 드리겠습니다."

"말해 보라!"

"예, 관(關)에서 스님과 함께하겠습니다."

그러자 스님께서 잠시 가만히 계시다가,

"그럼 한 철 살거라!"

그래서 극락암에 입방을 해서 두 철을 지냈다.

어느 삭발목욕일에 포행을 하며 산내 토굴인 '아란야'에 내려갔는데, 경봉 스님께서 내려오셔서는 샘에서 약숫물을 드시고 계시기에 내가 옆에서 물었다.

"스님! 옛 조사스님들은 무슨 선을 하셨습니까?"

"왜? 조사전(祖師殿)에 가서 물어보거라."

"그러면 스님께서는 조사선을 하셨습니까? 여래선을 하셨습니까?"

"나는 경봉이다!"

"예. 잘 알겠습니다."

"뭘 알았노?"

"예. 스님께서 오늘 하시는 말씀을 들어 보니 오늘은 영축산(靈鷲山)이 새롭게 보입니다."

경봉 스님께서 아무 말씀을 안 하시고 올라가시기에 나도 스님을 따라가다가 "등지문(等持門)"이라고 써 있는 것을 보고 물었다.

"큰스님! 왜 등지문이라고 해 놓으셨습니까?"

"그렇기 때문에 그렇지!"

나는 스님께 절을 하고 합장하며 "잘 알겠습니다." 하고 방으로 들어갔다.

어느 날 내가 입승을 보는데 스님께서 잠시 보자는 연락이 와 방으로 갔더니 물으시길,

"무슨 화두를 하느냐?"

"무자(無字)를 합니다."

"그래. 무자 십종병(十種病)에 걸리지 않는 것으로 한 글귀를 일러 보아라. 무자를 잘한다면서 못하느냐?"

"예. 눈은 허공에다가 걸어 놓고 손에는 신령스러운 검(劍)을 잡았습니다."

그랬더니 아무 말씀을 안 하고 있으시다가,

"오늘 내가 너에게 글을 하나 써 주겠다. 다른 사람한테는 안 써 주는데, 너는 내가 글을 써 주겠다." 하시고 대여섯 점의 글을 써 주셨는데, '종사초불조(宗師超佛祖)', '무진장(無盡

藏)', '향운만실(香雲滿室)' 등은 나중에 선방 스님들이 달라고 해서 다 주고, '청록만지홍일점 동인춘색불수다(青綠滿枝紅一點 動人春色不須多)'● 한 폭만 남은 것을 액자로 만들어 지금 내 방에 걸어 놓았다.

그 다음 반 살림이 지나서 나를 불러 물으시길,

"암두(巖頭)가 뱃사공을 하는데 어떤 여인이 아이를 안고 와서 물었다. '이 아이가 어디에서 나왔습니까?' 그러자 암두 스님이 삿대로 뱃전을 통통 내리쳤다. 그 여인이 이르길 이전에도 사람을 못 만나서 아이 여섯을 물에 던졌는데, 이번에도 만나지 못했다 하고 아이를 물에 던지고 떠나갔다. 대원 수좌 같으면 어떻게 답을 하겠는가?"

"저 같으면 삿대도, 배도, 여인도, 아이도 모두 던지고 훨훨 손을 털어 버리고 춤을 추고 가겠습니다."

"너는 누구한테 공부를 배워서 점검을 받았느냐?"

"혼해 스님을 모시고 점검을 받았고, 전강 스님에게 의정부 쌍용사로 가서 점검받고, 고암 스님에게 참문했고, 향곡 스님과 성철 스님에게도 점검을 받았습니다."

"아, 그러냐? 그래, 내가 사진은 잘 안 찍는데, 너하고 사

● 온통 푸르른 가지 속에 붉은 점 하나 있으니 사람을 움직이는 봄의 경치는 더 많을 필요가 없도다.

진이나 하나 찍자!"

그래서 경봉 스님을 모시고 사진을 찍었다. 그때 나에게 "공부를 하려면 내 밑에서 한 3년만 살거라. 확실히 이 공부를 해 마치려면 3년만 살거라." 하셔서 대답은 하였지만 두 철만 살다가 다른 곳으로 가게 되었는데, 스님은 얼마 후인 1982년에 열반하셨다.

고암 큰스님과 함께

1986년 고암 큰스님께 전법을 받다

적양화에 대한 의지를 말로 한다면,
저는 이렇게 확실히 알고 있습니다.

금강은 섬돌 아래 앉아 있는데,
신령스런 거북이는 불 속을 달립니다.

1986년 옛 학림사에 방문하신 고암 큰스님과 함께

1988년 10월 31일 고암 큰스님 사리 수습 후

그 당시에 내가 조주 스님을 보았다면
서른 방을 내리겠습니다.

그렇다면 이것은 상을 주는 방이라고 보겠습니까,
벌을 주는 방이라고 보겠습니까?

1983년 불국사 동안거 _ 월산 큰스님과 함께

경주 남산에서 정진대중들과 함께

법주사 복천암 복천선원 하안거 시절

전법을 받다

1982년에 선방에서 해제를 하고 서울 대각사에 계신 고암 스님께 인사를 드리러 가니 그 절의 소임자가 맞이하면서,

"객실에 들어가서 기다리시면 스님이 출타하셨다가 오실 것입니다."

그래서 추운 냉방에 2시간가량을 앉아 떨며 기다렸다. 그때 스스로 많은 어려움이 있었지만 그래도 그것을 참고, 그동안 선지식스님에게 공안에 대해서 점검받았지만, 이번에도 꼭 점검을 받아야겠다는 생각으로 일구월심으로 기다렸다.

한두 시간이 지나자 소임자가 문을 열고 보더니,

"아마 오늘은 큰스님께서 안 오시는 것 같습니다. 갔다가 나중에 다시 오든지 하셔야겠습니다."

그래서 할 수 없이 그렇게 하겠다 하고 밖에 나와서 가

만히 서 있는데 의심스러운 생각이 들었다. 조실채에 연결된 작은 문이 있는데, 문빗장과 연결된 줄을 밖에서 당기니 빗장이 풀렸다. 그래서 그 안에 들어가 보니 거기 큰스님이 앉아계셨다.

큰스님께서 일부러 안 만나려고 하신 게 아니라, 큰스님을 보호하기 위해서, 아무나 만나지 못하게 하기 위해서 살림을 맡아 보는 분이 무조건 제지하는 것이다. 과잉 제지를 하는 바람에 참으로 공부에 대해서 말하고자 하는 납자들이 못 만나는 경우가 많았다.

밖에서 내가 외쳤다.

"스님! 저 왔습니다."

"어, 왔는가? 어서 들어오게."

옆에 있던 시자가 그다지 좋지 않은 인상으로 뛰어나오면서,

"어떻게 오셨어요?"

"내가 해제하고 스님께 인사를 올리고, 공부에 대해 몇 가지 여쭙고자 해서 온 겁니다."

"좀 기다리세요." 하고 들어가서 스님께 뭐라고 묻는데,

"당장 들어오라고 해라!"

그래서 들어가 삼배를 올리고 큰스님께 여쭈었다.

"조주 스님 회상에서 수좌가 조주 스님께 "이제 행각을 하면서 불법을 배워 보겠습니다." 하니, "부처가 있는 곳은 머

무르지 말고, 부처가 없는 곳은 지나가라. 삼천리 밖에서 사람을 만나거든 그릇되게 드러내지 말라.", "그러한즉 가지 않겠습니다."라고 하니 조주 스님이 "적양화 적양화로다."라고 하였는데, 조실스님! 적양화에 대한 소식의 의지가 어떤 것입니까? 한 말씀 일러 주십시오."

이 공안이 어려운 것이다. 예전에 이 공안을 가지고 향곡 스님과 성철 스님이 서로 멱살을 잡고 이르라 하며 거량하는 것도 보았다.

내가 이것을 묻자 고암 스님께서 말씀하시길,

"어른한테 먼저 일러라 하지 말고, 납자가 찾아왔으면 본인이 소견이 있으면 먼저 드러내서 '저는 이렇습니다.' 하고 그 다음에 '스님께서는 어떠신지 일러 주십시오.' 해야지 그리해서 되겠는가? 자네가 아는 게 있으면 먼저 일러 보게!"

나는 대답하였다.

"적양화에 대한 의지를 말로 한다면, 저는 이렇게 확실히 알고 있습니다. 금강®은 섬돌 아래 앉아 있는데, 신령스런 거북이는 불 속을 달립니다."

그러니 고암 스님께서 크게 웃으시면서,

"그건 선방에서 누구한테 물어본 데가 있는가?"

● 금강 : 금강역사(金剛力士)

"향곡 스님이 묻기에 제가 그렇게 대답했습니다."

"향곡이 뭐라 하더냐?"

"아주 기뻐했습니다."

"선방에서 헛밥은 먹지 않았구만 그래. 자네가 참으로 공부를 많이 했고 잘했네. 과거에도 만나서 점검을 많이 했지만 요번에는 아주 특별하네. 그러니 내가 오늘은 아주 흡족하다."

그런 말씀을 하시는데 스님께 물었다.

"그럼 저도 하나 여쭤보겠습니다. 스님께서는 적양화의 의지를 어떻게 보십니까?"

"자네 밥 먹었는가?"

"예. 먹었습니다."

"바리때 닦았는가?"

"예. 바리때 닦았습니다."

"닦았으면 가서 차나 한 잔 먹고 쉬게!"

"스님, 그건 마음에 썩 닿지 않습니다. 달리 한마디 간단하게 해 주실 수 없습니까?"

"눈동자 안의 사람이 수(繡)놓은 꽃신을 신었느니라."

"오늘 스님께 새로운 좋은 말씀 잘 들었습니다."

"이 말은 어디 가서도 자랑하지 말아라. 극히 고준한 공안이니 누구한테 가서 자꾸 말을 해 봐야 못 알아듣고 괜히 빈축이나 사면 안 되니까 아껴야 되느니라."

'눈동자 안의 사람이 수놓은 신을 신었다.'는 그런 답은 처음 들었기 때문에 과연 고암 스님은 선(禪), 교(敎), 율(律)이 출중한 분이구나 하고 더욱 존경하게 되었다. 그리고 절을 하고 물러나왔다.

그 후 고암 스님께서 만년에 미국에서 포교 여행을 하시다 귀국해서 입원을 하셨을 때 병실을 찾아 스님께 물었다.

"이때를 당해 한 말씀 보여 주십시오."

고암 스님께서 다리를 들어 보이셨다.

"다시 분명하게 한 말씀 일러 주십시오."

고암 스님께서 눈을 크게 뜨고 눈동자를 한 번 굴린 뒤 주먹을 불끈 쥐고 위로 들어 보이셨다.

"예, 스님." 하고 삼배를 올리자 주먹을 거두셨다.

1986년, 고암 스님이 세수 아흔을 바라보면서 서울 대각사에서는 대중을 모은 뒤 정식으로 전법의식(傳法儀式)을 거행하였다. 고암 스님은 법장과 불자, 가사와 발우 등을 신표(信標)로 전해 주셨다.•

그 후 고암 스님은 1988년 양력 10월 25일(음력 9월 15일)에 해인사 용탑선원에서 입적하셨다.

● 법맥 : 환성 지안 → 용성 진종 → 고암 상언 → 학산 대원.

138

월산 스님

1983년 겨울, 불국사에서 성림 월산(聖林 月山) 조실스님을 모시고 입승 소임을 보면서 동안거를 지냈다.

어느 날 삭발목욕일에 월산 스님과 바깥에서 거닐다가, 월산 스님이 주련의 게송 '飮光不是微微笑(음광불시미미소) 無限淸風付與誰(무한청풍부여수), 가섭이 미소를 짓지 않았더라면 한량없는 청풍을 누구에 전해 주었겠는가?'를 보시고 내게 물으셨다.

"어떤 것이 청풍(淸風)인고?"

"오늘 삭발목욕일에 조실스님께서 삭발목욕을 하신 모습을 보니 빛나고 아름다워 보입니다."

이렇게 문답을 한 후 월산 스님과 방에 들어갔는데, 월산 스님께서 다시 물으셨다.

"또 하나 묻겠다. 조주가 어느 암주가 있는 곳을 방문해서 물었다. "암주 있는가?" 그러자 암주가 주먹을 들어 내보였다. 조주가 말했다. "물이 얕아서 배를 댈 수가 없구나!" 그러고 떠나서 다른 암주가 있는 곳에 가서 똑같이 물었다. "암주 있는가?" 그 암주도 역시 주먹을 들어 내보였다. 조주가 "능히 놓고, 능히 빼앗고, 능히 죽이고, 능히 살리는구나!"라고 하였다. 대원 수좌에게 묻겠다. 똑같이 주먹을 내밀었는데, 어째서 한 암주는 아니라고 부정하고, 한 암주는 칭찬을 했는가? 여기에 대해 한마디 해 보게."

"그 당시에 내가 조주 스님을 보았다면 서른 방을 내리겠습니다. 그렇다면 이것은 상을 주는 방이라고 보겠습니까, 벌을 주는 방이라고 보겠습니까?"

월산 스님은 거기에 대해 아무 말씀을 하지 않으시고,

"이번 겨울에 입승스님이 와서 죽비를 잡고 잘 이끌어 주니 참 고맙네."

그 후 해제에 임박한 즈음에 나를 부르시더니 말씀하셨다.

"나는 이제 나이가 많으니, 앞으로 자네가 여기 불국사 조실을 하게."

나에게 금오 스님의 법맥을 이어서 불국사 조실을 하라는 것이었다. 그때 나는 대답은 하였지만 해제를 하고 바로 법주사 복천선원으로 가서 살았다.

어느 날 월산 스님이 장대비 속에 복천선원으로 나를 찾아오셨다. 마침 삭발목욕일이라 내가 절에 없어서 2시간을 기다리다 돌아가셨다.

월산 스님이 두 번째 찾아오셨을 때 만났는데 스님께서,

"해제 때 선원장(禪院長)과 선덕(禪德)을 함께 보내면서 자동차를 보낼 테니, 여기서 해제를 하고 불국사로 와서 조실을 맡아 주게." 하고 간곡히 말씀하셨다.

법주사 복천선원에서 살다가 계룡산에 와서 학림사를 창건하고 지내는데, 월산 스님이 수소문 끝에 1년 만에 학림사를 찾아오셨다. 그렇게 생전에 학림사를 네 번이나 방문하셨다.

월산 스님은 내가 '금오문중(金烏門中)'인 당신의 뒤를 잇기를 바라셨지만, 나는 이미 '용성문중(龍城門中)'의 고암 스님으로부터 법을 전해 받았기에 그분의 요청을 받아들이기 어려웠다.

월산 스님은 불국사에서 20여 년 이상을 주석하며 후학을 지도하시다가 1997년에 입적하셨다.

계룡산 학림사 창건 인연

꿈에 나타난 노승

어느 노인이 '계룡산 어느 곳에 옛 절터가 있는데 참으로 명당이다.' 하는 말을 듣고 지금의 학림사 터를 탐방해 보니 과연 좋은 자리였다.

그러나 나는 재정적으로나 여러 사정이 여의치 않아 아쉬움을 남기고 그날 계룡산 갑사에 가서 묵었는데, 저녁에 정진하는 도중 비몽사몽간에 예사롭지 않은 노스님 한 분이 주장자를 짚고 나타나 따라오라고 하기에 기이하게 생각하고 따라나섰다. 한참을 따라가 노스님이 멈춘 곳을 보니 바로 그날 왔다가 간 그 자리였다.

노스님께서 주장자를 짚고 사방을 돌아보고 하시는 말씀이,

학림사 대들보 상량

"이 자리에 도량을 세워 수행정진하면 많은 도인이 배출된다오."

그러면서 사정이 여의치 않은 나의 마음을 간파한 듯,

"스님이 뜻이 있으면 반드시 소원을 이루게 될 것이니 걱정하지 마시오."

나는 그 노스님께 물었다.

"스님께서는 누구시옵니까?"

"이름을 알아 뭣하겠는가?" 하시면서,

"나는 자장이라 하네."

그리고 홀연히 눈앞에서 사라졌다.

정신을 차리고 보니 꿈같은 것이었으나 생시처럼 생생하여 불보살의 현시(現示)로 예사롭지 않게 생각되었다.

또한 그 골짜기의 옛 명칭이 불교의 제석천왕에서 유래한 '제석골'이며, 백제 의자왕이 '제석사'라는 절을 창건했다는 설이나, 신라의 자장 율사가 삼국 통일의 영감을 받아 이곳에 사찰을 창건하고 얼마 동안 주석하셨다는 구전이 있었다. 학림사 창건 시 평토 작업을 하는 중 많은 기와나 도자기 조각 등이 출토된 점에 미루어 이곳이 옛 제석사 터임을 짐작할 수 있었다.

계룡산 산신 할머니가 터를 점지하다

그 후 법주사 복천선원에서 지내고 가을에 포행 삼아 갑사로 넘어가려고 계룡산에 들어섰다. 학림사 부지에 감나무와 밭이 있고 바위가 있어서 걸망을 부려 놓고 쉬려고 하는데, 밭에서 일하던 할머니가 나와 정중히 인사를 하며 나를 맞이했다.

"할머니는 여기 동네에 사십니까?"

"예. 이 동네에 삽니다."

"제가 오는 걸 어떻게 알고 나오셨습니까?"

"하늘의 제석천신께서 저를 보고 이 자리를 잘 지키고 있다가 훌륭한 스님이 오니 잘 맞이하라고 해서 제가 여기서 기다리고 있었습니다."

"저는 여기서 살려고 하는 마음을 낸 일도 없는데 어째서 그런 말씀을 하십니까?"

"스님께서는 이 자리에 사시며 많은 중생을 제도할 수 있는 그런 분으로, 앞으로 여기서 살게 될 것입니다."

"그래요? 그럼 이 자리가 좋습니까?"

"제석천신께서 저에게 이 자리를 지키고 있으라 했다면 이 자리가 얼마나 좋은지를 스님께서 생각해 보면 아시지 않겠습니까?"

"그럼 여기에 앞으로 많은 사람들이 살 수 있습니까?"

"스님은 10년 동안 아무 말 없이 조용히 계세요. 안 그러면 허사가 돼요. 그 다음에 많은 공부를 할 수 있는 분이 올 것이고, 이곳은 도인이 나올 수 있는 훌륭한 자리입니다. 그

학림사 대웅전 공사 현장에서 신도들과 함께

런 자리를 제가 지키고 있던 것이지요."

그런 대화를 하고서 사방을 둘러보고 나니 그 할머니가 사라지고 없었다.

이상한 생각이 들어 주위 사람들에게 물으니, 이 동네에는 그런 할머니가 없다는 것이다. 어떤 분이 하는 말이 계룡산 산신이 여 산신인데 할머니라고 했다. 조금 전에 만났던 할머니는 바로 계룡산 산신으로 학림사 터를 점지해 준 분이다.

땅이라고 해야 불과 293평이지만, 나는 걸망을 지고 다니는 사람이라 이걸 살 돈이 없었다. 그래서 예전에 선방에 있을 때 대중공양을 왔던 대전의 보덕화 보살님이 전화번호를 주면서 "대전에 지나갈 일이 있으면 전화 좀 주세요." 하는 부탁을 받은 일이 있었기에 이 터를 사기 위해 보덕화 보살님에게 전화를 해서 전후 사정을 말씀드렸더니,

"스님께서 쉬시고 공부할 수 있는 자리라면 토굴을 하나 지어야지요."

그래서 보덕화 보살님의 보시로 땅을 구입할 수 있었다.

그 후 고암 큰스님을 모시고 다시 이곳을 탐방하였는데, 이곳을 보신 고암 스님께서 탄복하며 명당 중의 명당이라 수행 도량으로 손색이 없다고 극찬을 하셨다. 그러시면서 계룡산 일대에 선 수행 도량이 없으니 이곳에 사찰과 선원을 다시 창건하라는 말씀을 하셨다.

또한 불국사와 법주사의 조실을 역임하셨던 월산 스님께서도 당시에 이곳을 둘러보시고는 사찰을 재창건할 것과 아울러 선원을 개원할 것을 부촉하셨다.

그래서 일차적으로 작은 토굴을 창건하여 고암 스님을 모시고 부처님 점안식을 봉행해 그때부터 이곳에 주석하게 되었다. 이후 1986년 정식으로 사찰을 재창건하고 옛 제석사의 명칭을 개칭하여 "학림사(鶴林寺)"라 이름하였다.

점차 가람을 갖추어 드디어 1995년 학림사에 '오등선원(五燈禪院)'을 건립하고 사부대중 천여 명이 운집한 가운데 개원식을 거행하였다. 그때 부지가 협소한 관계로 대웅전과 선원을 옆으로 나란히 붙여서 짓게 되었다.

'오등시민선원'을 건립한 계기는, 1999년 5월경 숭산 스님의 초청을 받아 미국 시애틀에 있는 선 센터에서 법문을 하고 오면서 많은 생각을 하게 되었다.

미국에서 뉴에이지 열풍에 따라 교포들과 미국인들이 정신문화에 대한 큰 관심을 가지게 되면서 미국 전역에 불교가 퍼지고, 참나로의 회귀사상인 선의 열풍이 부는 것을 목격하였다.

그러나 1,700년의 불교 역사를 간직한 우리나라의 국민들은 대다수가 의식이 타락되었다. 오천 년 역사의 정신문화가 매몰되어 본래 깨끗한 본성인 불성을 등지고 물질주의와 쾌락주의 일변도로 나아가는 현실을 통탄하지 않을 수 없었다.

시급히 인간의 본성을 회복하고 타락된 의식을 정화하여 이 땅에 도덕과 자비가 넘치는 사회를 건설하는 것은 참나를 발견하는 선 수행을 통해서만 이룰 수 있다는 확신을 가지고, 2001년 11월에 '오등시민선원'을 개원하였다.

　　오등시민선원에서는 2002년 월드컵 기간에 불교문화 체험 프로그램을 운영함으로써 오늘날의 템플스테이가 최초로 시행된 곳이라 할 수 있다.

　　오등선원은 365일 잠을 자지 않는 용맹정진을 계속 이어가고 있으며, 오등시민선원 또한 인근 대전 충남은 물론 전국에서 대중이 모여 주말 철야정진을 비롯해 결제와 산철을 가리지 않고 정진하는 최고의 참선 수행 도량으로 자리매김하고 있다.

二

학산 대원 대종사 법어 · 법문

本來淸淨眞自性
不假修證不費力
人人卽用直此心
卽是如來慈悲行

본래 청정해서 참 자성이기 때문에
닦아 증득함을 빌리지 않고 힘을 소비할 것이 없다.
사람 사람이 바로 이 마음을 밖으로 드러내어 쓰면
곧 이것이 여래의 자비행이라고 할 수 있다.

무슨 곳을 향해
이 세상에
출두함인가

陞座 拄杖 三下云 會麼?

　直下承當契合 一切衆生

　眞佛出現 釋迦來 塵塵黃金 吐光明

　其或未然 那吒擎鐵柱 胡猻繫露柱 畢竟如何?

　三三五五여 長安萬般이로다.

　會也麼?

　見色明心 墮坑落塹 聞聲悟道 辜負平生

　直饒聲色純眞 塵塵入妙 坐在光影裏 未爲究竟 直須
萬機休罷

　千聖不攜 撒手那邊 跳出窠臼 到這裏 亦無人 亦無佛

　大天沙界海中漚요 一切聖賢如電拂

　且道!

釋迦老子 向甚麼處出頭?

良久日

放逸一著　黑波裏現月이라.

拄杖三下 下座하다.

(법좌에 올라 주장자를 세 번 내려치고 이르셨다.)

아시겠습니까?

직하에 계합하면 일체중생이 오늘 부처로 함께 탄생하는 날입니다.

참 부처님이 출현하니 석가모니 부처님이 오셨도다!

티끌 티끌마다 황금이요, 광명을 놓음이로다.

만약 그렇지 못하다면 나타(那吒)가 철주(鐵柱)를 들고,

원숭이는 노주(露柱)에 매여 있네!

필경에 어떤 것인가?

삼삼오오(三三五五)여, 장안에 만반(萬般)이로다.

아시겠습니까?

색을 보고 마음을 밝히면 구덩이에 떨어지고 함정에 떨어짐이로다.

소리를 듣고 도를 깨달으면 평생을 등짐이로다.

바로 넉넉히 성색(聲色)이 순수한 진리이고, 티끌 티끌이 묘법에 들어가고 앉음에 광명 그림자 속에 있으나, 이는 구경이 되지 못함이니, 모름지기 바로 만 가지 기틀을 놓아 버리니

일천 성인도 이끌지 못함이니, 손으로는 나변을 흩어 버리고 과구(窠臼, 우리)를 뛰어나니, 이 속에 이르러서는 또한 사람도 없고, 또한 부처도 없고, 대천세계가 바다 가운데 거품이요, 일체 성현이 번갯불 치는 것과 같음이라.

또 일러라!

석가모니 부처님이 무슨 곳을 향해 이 세상에 출두함인가?

(조금 이따가 이르시기를)

한번 착 하는 것을 놓아 버리니,
검은 파도 속에 달이 나타남이라!

(주장자 세 번 치시고 자리에서 내려오시다.)

불기 2560년(2016) 음력 4월 8일, 석가탄신법회 법어

일체중생이
존귀한 성현으로
다시 태어나는 날

(법좌에 올라 주장자를 세 번 치신 후)

아시겠습니까?
직하에서 바로 알아 깨달으면 석가모니 부처님이 상주법
계 일일현신(常住法界 日日現身)이로다.

금일 대중은 아시겠습니까?
만약 알지 못할진댄 또 말씀드리겠습니다.

석가모니 부처님께서 초생하시(初生下時)에 한 손은 하늘
을 가리키고 한 손은 땅을 가리키며 두루 일곱 걸음 걸으시고
사방을 돌아보시고 말씀하시길 하늘 위나 하늘 아래에 나 홀

로 높다고 외치셨습니다.

오늘 불기 2563년을 맞이하여 모든 인류는 홀로 높다는
이 뜻을 아시겠습니까?

(잠시 묵묵히 있다가 주장자를 들어 보이고 이르시길)

開眼堂堂入鑊湯(개안당당입확탕)하니
火裏蓮花處處開(화리연화처처개)로다.

눈을 뜨고 당당하게 확탕지옥에 들어가니
불 속에 연꽃이 곳곳에 피었구나.

오늘 대중께서는 도리어 아시겠습니까?

만약 모르신다면 다시 한 말씀 더 드리겠습니다.

신(身), 구(口), 의(意)가 청정하면 이것을 이름하여 부처님
이 세상에 오시는 것이고, 신, 구, 의가 깨끗하지 못하면 이것
을 이름하여 부처님이 세상에 계시지 않는 것이니라.

이 뜻을 아시겠습니까?

삼십 전 돈을 가지고 검은 할머니에게 장가들었는데, 할머니가 머리를 빗지 않고 얼굴도 씻지 않았는데도 저 노파가 범부인지 성인인지 아는도다.

부처님께서 일체중생에게 중생이 가장 존귀하다는 가치를 일깨워 주셨습니다. 고통의 바다에서 해탈(解脫)하여 영원한 편안과 행복을 누리고 사는 존귀한 성현으로 태어나는 날이 오늘입니다. 이 얼마나 아름답고 경이롭습니까?

우리 모두 부처님께 감사의 예배를 올립시다. 일깨워 주신 부처님께 은혜를 갚아야 합니다. 은혜를 갚자면 각자 자신이 무엇인지, 누구인지 바로 보아 자신을 알아야만 합니다. 그래야 부처님의 은혜를 갚는 사람입니다.

부처님오신날 등불을 밝히는 것은 중생의 어두운 마음과 삿된 마구니와 외도들의 근원을 격파(擊破)하고 영원한 한 가족 한 몸이 되어, 불생불멸(不生不滅)의 복락(福樂)을 누리고, 처처(處處)에 무애(無碍)한 뜻과 같이 활발발하게 살아가는 것입니다.

오늘날 우리나라의 어려운 문제는 얼음 녹듯이 풀리고, 경제부국과 국태민안, 그리고 평화통일을 성취하여, 이 땅에 전쟁과 공포가 없는 나라로 만들기 위하여 우리 모두 등불을 밝히고 기도합시다.

우리 모든 분들 가정에도 불은(佛恩)이 충만하여 만사여의(萬事如意) 성취하시길 우리 모두 불을 밝히고 축원합시다.

珊瑚枕上兩行淚(산호침상양행루)여
半是恩君半恨君(반시은군반한군)이로다.

산호 베개 머리 위에 두 줄기 눈물이여
한 줄기 눈물은 그대를 은혜하고 또 한 줄기 눈물은 그대를 한탄함이로다.

악!

(주장자를 세 번 치고 하좌하시다.)

불기 2563년(2019) 음력 4월 8일, 석가탄신법회 법어

하늘 위, 하늘 아래
오직 나 홀로
존귀하다

陞座 拄杖 三下云 會麼? 卽下契合大悟 日日佛出世 若不然
이면
　鬼窟裏野狐精靈生이라 今日大衆 其或未然이면 且道
　佛具淸淨法身 因甚年年四月八日 將水灌沐 諸人若向
者裡透得
　本來與佛同生 亦能作獅子吼 其或未然 莫怪海門漏泄
　且道하라 作麼生漏泄 天天上下唯我獨尊이라.

　能爲萬象主 不逐四時凋
　行時頭項載 坐則挂高壁이로다.

喝 拄杖三下 下座하다.

(법좌에 올라 주장자를 세 번 내려치고 이르시되)

아시겠습니까?
즉하에 계합하여 크게 깨닫는다면 날마다 부처님이 세상
에 나옴이요,
만약 그렇지 못할진댄 귀신 굴 속 야호의 정령이로다.
금일 대중이 만약 그렇지 못할진댄 또 이르리라.

부처님은 청정법신을 갖추었거늘 어찌하여 향수로 목욕
공양을 올리는가?
여러분들이 만약 이곳을 뚫어낸다면 본래부터 부처님과
같이 나옴이며 또한 능히 사자후를 지음이라.

혹시라도 그렇지 못하다면 해문(海門)이 새는 것을 괴이
하다 여기지 말라.
또 이르리라.

무엇이 누설(漏泄)인가?
하늘 위와 하늘 아래 오직 나 홀로 존귀함이로다.

부처님오신날을 맞아 우리 모두 불성을 깨달아 부처로
살아갑시다.

능히 삼라만상이 주인공이라
사계절을 지내도 시들지 않도다.
다닐 때는 머리에 이고 다니고
앉을 때는 벽에다 걸어 놓음이로다.

악!

(주장자 세 번 내려치고 하좌하시다.)

불기 2564년(2020) 음력 4월 8일, 석가탄신법회 법어

오두생모

(법상에 오르시어 묵연히 앉으셨다가, 주장자를 들어 세 번 치고 들어 보이시고)

아시겠습니까?

모든 부처님이 중생을 위하여 말씀하셨지만 식은 밥 한 뭉치를 남기셨고, 조사스님들이 또한 세력을 더하였지만 찬 국물에 쉬어 빠진 반찬을 더하였을 뿐이로다.

후래 학자들이 반찬과 식은 밥을 달게 먹고 즉시 알아 계합하여서 개중에 한 사람은 부처의 지견을 얻었고, 개중에 한 사람은 조사의 안목을 갖추었다. 다시 한 사람이 있으니, 부처의 지견도, 조사의 안목도 싹 쓸어버리고 총히 얻지 못한 자이니라.

이 세 사람 중에서 어떤 사람이 정안을 갖추었는지, 한 사람을 가려내서 스승을 삼아야 할지니, 대중은 일러 보시오.

(대중이 말이 없자)

부득이 산승(山僧)이 다시 이르되 한 사람을 가려내어 판명해 내리라.

(주장자를 한 번 치고 이르시되)

烏豆生毛(오두생모)

검은 팥알에 털이 났느니라.

요사이 공부인이 혹간 편리 위주를 따르고, 의식이나 약 등에 의지하여 머무르고, 병고 등 제반사를 쉬지 못하여 걱정, 고민하여 정진에 해태(懈怠)하니 가히 애석함이로다.

공부인은 일체의 내외사를 인연에 맡기고 관계치 말며 쉬어감에 오직 화두를 이끌어 공부를 지어 의심해 오고 의심해 가되, 한 생각이 만년이 가게 하여 바로 그 참된 기틀이 자발하여 의단을 타파한 후에는 반드시 선지식을 찾아 묻고 점검을 받아 결판을 내야 할지니라.

시회 대중은 아시겠습니까?

가난한 집의 흰쌀밥이 좋기는 하지만
잡곡밥은 당뇨병에 더욱 좋다네.
한 조각 붉은 단풍잎이 담장을 넘어 수를 놓았고
백두산 천지 못은 팔도에 두루 통함일세.

억!

(주장자를 세 번 치시고 법좌에서 내려오셨다.)

___

불기 2541년(1997), 학림사 오등선원 동안거 결제 법어

진실하고
청정한 본심

陞座拄杖三下云會麼?

一段風光藏不得 分明獨露空劫前
四四二面開一目 元正啓祚萬物新

二千萬佛子 五千萬同抱 這道理 還知麼?
若不知 且廳山僧注脚
昨日去年去 今日今年來 去年去不去 今年來不來
偏野盈尺雪 大地亡纖埃
無名無字 何處新舊在那 人擧目聊徘徊 新舊有耶無耶
一句作麼生道 良久

乾坤一合地胡餠 日月兩輪天毬

會麼?
甲申年 三藏法師願力智德 孫悟空神通自在年
智德悟空 神通妙用 執金剛如意棒 一打
八角磨盤空裏轉 解粘斥邪去縛明 明了自性 免逐輪迴
不爲邪欲迷識所使 若不被他喚住

九九一四四二面 萬年金花開芬芳
石人井底吹笛歌 金鷄早報五更春

到底裏 世界人類與微生 共生共存 共益共樂 太平歌
國家公務員 從慈悲之道 公心淸貧爲財產
今世人人 物質萬能主義 墮落意識享樂 國民精神污染
社會混濁 在迎混亂 於父母子息間 相互背信殺傷自行
天上天下嘉奬尊貴生命 天地與何物 不換此生命
今時人此生命 賤視賤待 衆生迷惑錯覺 因污染意識
爲姿態 尊貴生命無價之寶 爲善保存 如佛如聖之慈業餘
去 不是賤薄
邪惡之生活 何人莫論 眞實淸淨本心 爲箇箇自身眞主
人
迅速意識轉換 隨處作主 正命 奉仕精神 實踐菩薩行

到來此時節 須彌頂上 溢智德幸福

橋下乞客 障碍者 養老院家 建高臺廣室 溢玉飯

正月正初風物遊場 無南北 無男女老少 無貴賤班常

萬民同心同體抱擁舞 無始無終 五音六律歌樂 蓋天地

到玆裏 宗教各問破散 佛祖聖神 千里退去隱身

頭頭物物 華嚴華藏世界 毘盧遮那 世界一圓家 各姓
萬民

相互贊成 建設極樂天國 白牯貍奴 了無向配

阿阿阿 會也麼?

無孔鐵牛飛天邊 塵塵吐光照大千

樹林枝枝全撑金 人天盡聽玉珊瑚

拄杖三下下座

(법상에 올라 주장자를 세 번 치시고)

아시겠습니까?

(잠시 침묵한 후 주장자를 들어 보이고 이르시되)

일단의 풍광을 감추지 못하며

분명히 공겁 전에 홀로 드러났네.
사사이면(四四二面)에 한 눈을 여니
새해 아침에 복이 열리고 만물이 다 새로움이로다.

이천만 불자와 오천만 동포께서는 이 도리를 아시겠습니까?
만일 알지 못할진댄 다시 산승의 설명을 들을지니라.

어제는 묵은해가 가고 오늘은 새해가 왔음이라.
묵은해가 갔지만 간 것이 아니요,
새해가 왔지만 온 것이 아니라.
두루두루 들녘에 한 자의 눈이 쌓이고,
대지에는 가는 티끌 하나 없음이라.
이름도 없고 글자도 없으니,
어느 곳에 새해와 묵은해가 있겠는가?
사람이 눈을 들어 부질없이 두리번거리는구나.
새해와 묵은해가 있는 것인가, 없는 것인가?
한 글귀를 어떻게 이르겠는고?

(잠시 침묵한 후 이르시되)

건곤이 한번 합하니 땅이 호떡이요,

해와 달 모두 둥그니 하늘 기운도 둥글도다.

아시겠습니까?

갑신년은 삼장법사의 원력과 지덕을 의지해서 손오공이 신통을 마음대로 걸림 없이 쓰는 해입니다.

지혜의 덕과 손오공의 신통묘용으로 금강여의봉을 잡고 한번 침에, 여덟 모 난 맷돌이 허공에서 돌아가니, 끈끈한 집착은 풀리고, 삿된 마음을 물리치고 속박에서 벗어나게 하고, 자성(自性)을 밝게 요달하여 윤회(輪廻)의 따름을 면하게 하였으며, 삿된 욕심과 우미한 의식에 부림받는 바가 되지 않으며, 다른 이의 부름을 받는 것에 머무르지는 않느니라.

이 자리에 이르러서는,

구구(九九)의 하나와 사사(四四)의 두 면에
만년의 황금 꽃이 아름답게 피었고,
돌 사람이 샘 밑에서 구멍 없는 피리 불고 노래하니,
금 닭은 아침에 오경(五更)의 봄소식을 알리도다.

이 속에 이르러서 세계 인류와 작은 벌레까지 함께 나고, 함께 존재하고, 함께 이익을 나누고, 함께 즐거움을 누리며, 태평의 노래를 부르니, 국가의 공무원은 자비의 도를 좇아 희생정신과 청빈한 마음을 재산으로 삼음이로다.

요사이 물질만능주의로 향락에 떨어져서 국민의식에 더러운 물이 들어 사회가 모두 혼탁하고 크게 혼란한 때를 맞이하고 있습니다.

부모 자식 간에 서로 죽이는 것을 보통으로 알고 행하며, 서로 불신을 합니다.

하늘땅을 주고도 바꿀 수 없는 가장 높고 귀중한 이 생명을 천하게 보며 천하게 대하여 생활하는 것은 큰 착각과 오염된 의식에서 시작된 작태라 아니할 수 없습니다. 존귀한 이 생명을 존귀하게 여기며 가치 있게 살아가야지 천박하게 살아가서는 안 됩니다.

진실하고 청정한 본심이 우리의 참 주인입니다.

하루속히 우리의 의식을 전환하여 참 마음, 참 주인이 되어 바른 생명(正命)을 가지고 참 봉사정신으로 보살행을 하며 살아갈 때, 수미의 높은 봉우리에는 지혜와 덕과 행복이 흘러넘치고, 다리 밑에 각설이 타령 하는 거지와 장애인, 그리고 양로원에 고대광실(高臺廣室)의 집이 들어서고 흰쌀밥이 흘러넘치는 도다.

정월 정초에는 동민이 모여 한마당 놀이를 하니, 여기에는 남북이 없고, 남녀노소의 차별이 없으며, 귀하고 천하고 양반 상놈이 없으며, 만민이 동심·동체로 서로 얼싸안고 한바탕 춤을 추니, 시작과 끝이 없는 오음육률(五音六律)의 노랫가락이 천지를 덮네.

여기에 이르러서는 종교마다 문이 파산하고, 불조(佛祖)와 성신(聖神)도 천리나 물러가서 몸을 숨기네.

두두물물이 화엄화장세계라, 세계가 하나의 둥근 집이니, 각성(各姓)바지 만인이 서로서로 돕고 극락 천국을 이루니, 흰 암소와 표범이 서로 교미를 하는 도다. 허허허! 알겠는가?

콧구멍 없는 쇠 소가 하늘을 날고
티끌마다 광명을 토하니 대천세계가 빛나도다.
나뭇가지마다 금이 주렁주렁 열리니
천상 인간이 다 옥산호(玉珊瑚)를 들음이로다.

(주장자를 세 번 치신 후 하좌하시다.)

불기 2548년(2004), 신년 정초 법어

본래 없는 것

鷄鳴萬方開新年(계명만방개신년)
千門萬戶慈光明(천문만호자광명)
一切衆生脫舊衣(일체중생탈구의)
太平福樂歌無盡(태평복락가무진)

닭 울음소리가 만방에 새해를 여니
천문만호에 자비의 광명이라.
일체중생이 옛 옷을 벗어던지니
태평 복락의 노래가 끝이 없네.

　갑신년이 가고 을유년을 맞이하였지만 본래는 옛과 지금
이 없는 것입니다. 옛과 지금이 없기 때문에 옛과 지금을 무한
히 만들어 가고 사는 것이 인류의 역사입니다. 특히 닭은 시간

을 알려 주는 아주 영특한 축생으로 금년에는 우리 모두 어떻게 보람 있는 시간을 보내느냐 하는 큰 문제가 대두됩니다.

금년에는 나날이 새롭게 좋은 일만 만들어 가고 사는 국민이 되어야 합니다. 세계 인류가 자성의 청정한 마음을 밖으로 드러내었을 때 그 마음이 곧 자비심을 행하는 대보살이요, 부처님이라 할 수 있습니다.

本來淸淨眞自性(본래청정진자성)
不假修證不費力(불가수증불비력)
人人卽用直此心(인인즉용직차심)
卽是如來慈悲行(즉시여래자비행)

본래 청정해서 참 자성이기 때문에
닦아 증득함을 빌리지 않고 힘을 소비할 것이 없다.
사람 사람이 바로 이 마음을 밖으로 드러내어 쓰면
곧 이것이 여래의 자비행이라고 할 수 있다.

이런 마음을 쓸 때 닭이 곧 봉황새와 같으며 여우가 바로 사자가 된다 하셨습니다. 이때 우리는 소유함이 없는 삶을 영위하게 되며, 소유하지 않는 행을 할 때 비로소 소유를 지향하지 않는 무소유적인 정치인, 참다운 사명감이 있는 학자 그리고 타인과 더불어 공유하는 기업인이 될 것입니다.

가정과 사회가 매일매일 행복의 콧노래를 부르고 살아가려면 우리 모두의 때 묻은 의식을 털어 버려야 됩니다. 의식이 전환되어 본래 깨끗한 마음, 태양보다 밝고 달보다 더 원만한 이 마음을 확실히 회복하면 머무른 바 없는 마음을 쓸 수 있습니다. 머무른 바 없는 마음이란 금강경에 '머무른 바 없이 마음을 일으킨다(應無所住 而生起心).'라는 말과 같습니다. 머무른 바 없는 마음을 알려면 무아(無我)의 도리를 알아야 합니다. 무아란 내가 없는 나를 바로 보아야 된다는 것입니다.

모양 아닌 모양(非相之相)의 근본을 알게 될 때 우리는 엄청나게 변화하고 엄청난 위력을 발휘하게 됩니다.

모든 사람이 맑고 깨끗하고 밝은 마음의 에너지 기운을 밖으로 드러낼 때 천하 만인이 다 좋아하게 됩니다.

이번 을유년 새해에는 우리 모두 묵고 썩은 의식은 털어 버리고 본래 청정하고 밝은 마음, 부처님을 드러내어 쓸 수 있는, 부처님으로 다시 태어나는 사람이 됩시다.

그렇게 되면 이 사바의 오탁악세(五濁惡世)가 바로 극락 세계요, 천국이 이 땅에 정착되는 것입니다. 이런 차원에서 청산은 문수의 지혜요, 흐르는 물소리는 관음의 묘음(妙音)이라. 허공과 바다는 비로 보현의 행원(行願)이요. 여러분의 행원입니다. 그래서 울울황화(鬱鬱黃花)가 반야(般若)요, 나는 새와 기는 짐승 모두가 평화의 불찰(佛刹)세계입니다.

그러나 나의 존재를 한 생각에 바꾸는 것은 그리 쉬운 것이 아닙니다. 그러므로 우리 모두 금년에는 자신의 맑고 깨끗한 마음을 되찾는 참선 명상을 합시다.

학림사 오등시민선원은 모든 사람들의 오염된 마음을 세탁하는 세탁소입니다. 누구나 참선정진하면 마음의 평화와 행복을 되찾을 수 있습니다. 생명의 한 토막인 하루하루를 결코 보람 없이 보내서는 안 됩니다. 내일의 삶이 나의 노력에 달려 있다는 것은 너무나 당연한 진리인 것입니다. 찰나라도 참 마음을 놓치지 마세요. 항시 돌이켜 보고 행하십시오. 육바라밀을 행하기 위해 멋지게 몸을 던질 줄 알면 멋지고 크게 창조할 수 있습니다.

智慧無邊際(지혜무변제)
了達一切法(요달일체법)
普入於法界(보입어법계)
示現自在力(시현자재력)

지혜는 한계가 없어서
일체 법을 깨달아 마치네.
널리 진리의 세계에 들어가서
걸림이 없는 힘을 나타내어 보이시네.

———
불기 2549년(2005), 신년 정초 법어

마음 부처의
눈을 열어
성불하리

(주장자 삼 타 후 들어 보이고)

오늘 학림사 대적광전 불보살 봉안 점안식에 참석하신
사부대중께서는 아시겠습니까?

직하에 계합을 하여 바로 알아차리면 불조의 관문을 투
과하여 부처님과 더불어 함께 행하는 분이 됩니다.

만약 이렇지 못할진대 이 산승이 다시 게송으로 한 말씀
을 드리겠습니다.

踏破一切開鐵壁(도파일체개철벽)
自家寶藏用不盡(자가보장용부진)
一片白雲不拘係(일편백운불구계)

玉殿光含千界月 (옥전광함천계월)

일체를 밟아서 파하니 철벽을 엶이로다.
자기 집 보물을 영원히 써도 다하지 못함이라.
한 조각 흰 구름은 잡아맬 수가 없고
옥전의 광명은 천 개의 달을 삼킴이로다.

금일 대중이여! 도리어 아시겠습니까?

청정한 자비문에서는 찰찰미진수(刹刹微塵數) 세계가 한 가지로 여래의 묘상(妙相)이니, 낱낱의 모든 모양이 그러하지 않겠습니까?

이런고로 보는 자가 만족하여 싫어함이 없도다.

여래의 눈에는 대인의 모습이 있으니, 육안(肉眼), 천안(天眼), 혜안(慧眼), 법안(法眼), 불안(佛眼)을 갖추어 자유자재로 두루 보아서 많은 묘한 보배를 장엄하고, 마니주 보배 빛이 청정하여 밝게 통하여 일체를 두루 봄에 모두 장애가 없습니다.

이와 같을진대는 오늘 무엇 때문에 점안법회를 합니까?

점안법회 봉불의식의 출처를 살펴보자면, 어느 때 부처님께서 도솔천궁에 하루 법회를 초청받아 가셨습니다.

도솔천에 하루 법회를 하시는 동안 인간 세상에는 석 달 열흘이 흘러갔습니다. 이때에 우진국왕이 최고가는 장인에게 부처님의 형상을 조성케 하여 모셔 놓고 백성들과 더불어 부처님 계실 때와 다름없이 기도법회 의식을 게을리하지 않았습니다. 그러자 모든 중생의 의식이 퇴락되지 않고 향상되고 깨어나서 나라가 복되게 바뀌어 태평성대를 이뤘습니다. 부처님께서 천상에서 지상으로 내려오셔서 우진국왕을 칭찬하시면서 말세의 중생들이 이와 같이 행한다면 모두가 영원한 행복과 평화를 누리는 향기로운 삶을 살아가게 된다고 하셨습니다.

지금 이 점안법회는 부처님 말씀을 받들어 행하게 되는데, 우리가 어떻게 부처님을 점안하겠습니까? 미혹한 중생들은 눈이 어두워서 참 마음의 부처를 모르고 살아갑니다. 이들에게 참 마음의 부처를 깨우쳐 알게 하여 부처님처럼 걸림 없이 영원한 행복과 평화를 누리고 살아가도록 하기 위하여 점안법회를 봉행하는 것입니다.

그러면 필경에는 어떤 것입니까?

고개를 급하게 들어 샛별 뜬 것을 보라할진댄
이 때문에 눈에 병이 들면 헛된 꽃을 봄이로다.

(주장자를 한번 들어 보이고)

오늘 그 옛날의 광채를 되돌리나니
푸른 눈이 밝게 빛나 티끌 같은 세계를 비춤이로다.

금일 동참한 대중들은 이차 인연 공덕으로 마음 부처의 눈을 개안(開眼)하여 생전에 복락을 누릴 것이고, 필경에는 모두가 성불할 것입니다.

(일 할을 하고 허좌하시다.)

불기 2562년(2018) 11월 11일, 대적광전 점안법회 법어

무엇이
성도인가

이 산승이 방금 주장자를 들어서 보인 이 소식을 아시겠습니까?

직하에서 바로 계합해서 바로 알면 싯달태자께서 성도한 의지를 바로 투과할 것이고, 싯달태자의 깨달음과 여러분의 깨달음이 다르지 않습니다.

여러분이 대광명을 항상 대천세계에 놓을 것이고, 또한 만물이 윤택해서 영원히 영생을 합니다.

그렇다면 여기에 있어서 무엇을 더 바라고 말을 할 게 있겠습니까?

만약에 이렇지 못할진대는 또 말씀을 드리겠습니다.

황면노자(黃面老子, 석가모니)께서 6년 동안을 고행정진을 해서 콧구멍을 찾아서 얻으니 눈동자를 잃어버렸도다.

그러면 그 의지가 어느 곳에 있습니까?

(주장자를 한번 치시고)

설산에는 정각 낮 12시에 하나의 별이 하늘에서 빛난다.

도는 본래 형단이 없고 이름도 없어서 그 무너지는 걸 들은 바가 없으니, 항상 황면노자의 진면목을 떨치고 이루고 있고, 요괴스러움을 짓는 데 합하지 아니함이라.

만약 밤중에 별 하나 뜬 걸 보고 깨달았다는 것을 후래 아손들에게 말한다면 술지게미를 씹는 것이라 공연히 방황함이며 흐리멍덩한 것에 지나지 않음이라. 꿈에 취해서 꿈을 깨지 못했을진대는 그와 같은 격이라.

악!

산승의 주장자는 모든 사람이 면치 못한다.
여기 있어서 별도로 하나의 눈을 연다면
금 닭이 새벽이 밝아 왔음을 알리는 소리가 나올 것이다.

오늘 성도재일은 불교에서 가장 큰 명절입니다.

불교뿐 아니라 전 인류가 성도재일을 가장 큰 의미 있는 날로 기억을 해야 되고, 생각해야 됩니다.

성도재일이 아니면 오늘날 여러분뿐 아니라 이 세상에 존재하는 모든 중생이 진리를 모르고 살 것입니다.

우리는 진리가 없는 속에서 영원히 생사윤회를 면치 못함 속에 살아야 하는데, 부처님은 생사윤회의 고통에서 벗어나는 그 길을 우리에게 가르쳐 주러 오셔서 성도재일에 깨달음이라는 걸 보여 주셨습니다.

그럼 성도라고 했으니 어떤 것이 성도입니까?

"어떤 것이 성도냐?" 하니 어느 선사는 "작야몽중사(昨夜夢中事, 어젯밤 꿈속의 일)라." 했습니다.

부처님은 별을 보고 깨달았는데, 여러분은 용맹정진을 해서 별을 보았습니까? 화두 타파를 했느냐는 것인데, 못했다면 앞으로 더 열심히 정진을 하셔야겠지요.

그래서 이생에 깨달으면 좋고 이생에 깨닫지 못하면 다음 생에 또 이 공부해서 꼭 깨닫고 만다는 철저한 서원을 세워야 됩니다.

그런데 이생에서 언하대오(言下大悟)해서 깨달은 분은 그런 말을 안 합니다. 다생(多生)을 닦고 무수겁을 닦아서 이루었다는 이런 말은 날도깨비 같은 소리라는 것입니다. 자기는 언하에 당장 대오를 했으니까요.

그런데 알고 보면 우리들이 많은 겁부터 내려오면서 수

행을 하고 안 한 것이 표가 납니다.

원택 법사, 이원 거사가 같이 길을 가다가 산모가 아기가 안 나와 고통을 받는 걸 보고, 원택 법사가 내가 들어가서 태어나야겠다 하고 바로 입적을 하고 그 산모 뱃속으로 들어가서 바로 고통 없이 아기가 나왔습니다. 태어난 후 이원 거사가 찾아가니 벙글벙글 웃으며 맞이하였습니다.

이렇게 수행을 많이 해서 공부 힘이 갖춰진 사람은 가고 오는 데 걸림이 없습니다. 그게 다 깨달아서 대각(大覺)을 이룬 건 아니고 가고 오는 데 걸리지 않는 정도로 공부가 된 건데, 그분이 다시 태어나 공부하면 바로 깨닫습니다.

여러분이 지금 가지고 있는 자신을 몽땅 죽이고 아기가 태어나듯이 인생이 새롭게 태어나야 됩니다. 지금 가지고 있는 걸 죽여야 되는데 그게 죽지 않으려고 합니다.

화두가 지극하게 일념이 이루어져야 여러분 자신이 죽고 진면목이 밖으로 튀어나오는데, 그게 돌장승이 아기를 낳는 거와 똑같다는 것입니다.

일주일 용맹정진해서 여러분이 확실히 깨닫진 못했더라도 앞으로 조금만 더 하면 바로 깨달아서 해결하는 사람도 있을 것이고, 여러 가지로 공부가 헛된 게 아닙니다.

그렇게 아시고 용맹정진을 지극히 해 주셔야 합니다.

그럼 어떤 것이 벗어나는 하나의 일구입니까?

(주장자 일 타)

홍일승천 만국명(紅日昇天 萬國明)이로다.
붉은 해가 솟아 뜨니 만국이 밝구나.

(주장자 삼 타)

악!

불기 2563년(2019) 1월 13일, 성도재일 법문

可笑天然物
不可修行得
直了此消息
佛祖與不他

가히 우습다, 천연의 물건이여
닦아 행함을 빌려서 얻어짐은 아니네.
바로 이 소식을 깨달아 알면
부처님과 조사와 더불어 조금도 다르지 않네.

여러분이 다
부처입니다

산승이 법상에 올라 말없이 주장자를 세 번 치고 들어 보였습니다. 그리고 '아시겠습니까?' 했습니다.

알았다고 한즉 무덤 위에 진흙을 더함이요, 알지 못했다 한즉 구멍 없는 쇠뭉치라. 안다, 알지 못한다가 전부 아니라 해도 평지에 죽은 사람을 면치 못함입니다.

필경 어떻게 일구를 일러야 옳겠습니까?

金果早朝猿摘去(금과조조원적거)
玉華晚後鳳銜歸(옥화만후봉함귀)

금과일은 아침 일찍 원숭이가 따 가고
옥화는 저녁에 봉황새가 물고 돌아감이로다.

아악! 억!

선법회(禪法會)란 아는 분은 기가 막힌 맛을 볼 수 있겠지만, 모르는 분이 들으면 이것처럼 싱거운 것이 없습니다. 사실 선(禪)이라는 말을 한순간 온몸에 진흙을 바른 꼴이 되는 것입니다. 그래서 말하기 이전에 서로 얼굴 마주 보고, 눈동자 마주친 순간 척 알아들어야 합니다.

어떤 사람이 친구 집을 찾아갑니다. 그 친구는 부인에게 눈을 한 번 끔뻑했습니다. 그러자 부인도 고개를 한 번 끄덕였습니다. 이것은 말하기 이전의 소식입니다. 친구가 왔으니 차와 과일을 내오라는 뜻입니다. 친구가 찾아왔다고 부인과 앉아서 무슨 술을 낼까, 어떤 차를 낼까, 어떤 과일을 낼까 의논할 필요가 없었던 것입니다. 잠시 기다려 보니 친구 부인은 차와 과일을 들고 방으로 들어왔습니다. 이를 본 그 사람은 자신도 집에 친구가 오면 이렇게 해야겠다고 마음먹었습니다.

얼마 후 그 사람 집에도 친구가 찾아왔습니다. 그 사람도 자기 부인에게 눈을 한 번 끔뻑했습니다. 그러자 부인도 고개를 끄덕이고 방에 들어갔다가 잠시 후 밖에 나왔습니다. 이 부인은 먼저 친구 부인과 달리 차와 과일이 아닌 코트를 들고 나왔습니다. 그 부인은 외출해서 친구를 대접할 것으로 생각했던 것입니다. 먼저 친구와 그 부인은 서로 계합했지만 이 사람과 부인은 계합하지 못한 것입니다.

제가 주장자를 들어 보였을 때 여러분과 제가 척 하니 계합했으면 얼마나 좋겠습니까? 그렇다면 이렇게 구구절절 설명할 필요도 없는데 말입니다. 계합의 삶은 선가(禪家)에서만 통용되는 것이 아닙니다. 친구와 부인의 이야기에 귀 기울여 보십시오. 그것도 일상에서의 계합이라 할 수 있습니다.

부모와 자식, 친구와 친구, 사회 동료와 상사 사이에 이러한 계합이 이루어지면 소란, 원망, 시시비비 같은 저차원 세계의 의식은 이 땅에서 없어질 것입니다.

일반 상식과 지식으로만 살아가는 우리의 살림살이로는 끊임없는 불협화음만 이어갈 뿐, 행복과 평화는 멀어지기만 합니다.

여러분은 이 도리를 아시겠습니까? 만약 알지 못한다면 이 산승이 거듭 말씀드리겠습니다.

藏人不藏照(장인부장조)
藏照不藏人(장조부장인)
人照俱藏(인조구장)
人照俱不藏(인조구부장)
後來擧者甚多(후래거자심다)
明者極少(명자극소)

사람은 감추되 비추는 것은 감추지 않고

비추는 것은 감추되 사람은 감추지 아니하며

사람과 비춤을 함께 감추기도 하고

사람과 비추는 것을 모두 감추지 않기도 하나니

후래의 학자가 이 문제를 드러내는 이는 많으나

밝히는 자는 극히 적음이로다.

이것은 무슨 도리입니까?

중생의식을 넘어선 높은 차원에서만이 스스로 알고 맛을 볼 수 있습니다. 일구에 아무도 알아듣는 이 없고, 이구(二句)에도 못 알아듣습니다. 그러니 제가 부득이 한 발 두 발 나와서 구린내 나는 소리를 자꾸 하는 것입니다. 이미 알아차린 사람에게는 저의 이런 사족(蛇足)은 욕되게 할 뿐입니다. 그러나 확실치 못한 분이 있기에 여러 말을 하게 됩니다.

이 대원이 금일에 눈썹을 아끼지 않고 저 모든 사람과 더불어 설파해 드리겠습니다.

藏人不藏照(장인부장조)

鷺鷥立雪非同色(노자입설비동색)

藏照不藏人(장조부장인)

明月蘆華不似他(명월로화부사타)

人照俱藏(인조구장)

了了了時無可了(요료료시무가료)

人照俱不藏(인조구부장)

玄玄玄處亦須呵(현현현처역수가)

사람은 감추고 비추는 것을 감추지 않는 것은

뱁새와 까마귀가 눈 위에 앉으니 색이 같지 않음이라.

비추는 것을 감추고 사람은 감추지 않음이여!

밝은 달과 갈대꽃이 서로 같지 않음이로다.

사람과 비춤을 함께 감춤이여!

요달하고 요달할 때 가히 요달할 것이 없고

사람과 비춤을 함께 감추지 아니함이여!

현묘하고 현묘한 것에 또한 모름지기 웃음이로다.

어떤 스님이 부유한 한 거사의 집에 탁발하러 찾아가니 거사가 방으로 안내했습니다. 스님이 방에 앉으니 거사가 인사를 하고 앉아서 물었습니다.

"제가 한 가지 묻겠습니다. 대답을 바로 해 주시면 탁발해 가실 것이고, 대답을 못 하시면 탁발해 가실 수 없습니다."

"물으시오." 하니 거사가 마음 심(心) 자를 써 놓고,

"이게 무슨 자입니까?"

"마음 심 자가 아닙니까?"

그러자 그 거사는 자기 부인을 불러 물었습니다.

"여보, 이게 무슨 글자입니까?"

"마음 심 자 아닙니까?"

"하하하! 당신도 암주가 될 만한 자격이 있소."

그러고는 거사가 스님에게 말했습니다.

"스님과 제 부인의 경지가 같으니 시주를 할 수 없습니다."

그 스님은 거사로부터 탁발을 하지 못했습니다.

만약 이 산승이 마음 심 자를 써 놓고 무슨 글자냐고 묻는다면 여러분은 무슨 자라 하시겠습니까?

(그때 대중 가운데 한 거사가 대답을 한다.)

"당신의 얼굴이라 하겠습니다."

얼굴이라 해도 맞지 않습니다.

(그러자 또 다른 거사가 대답을 한다.)

"종이를 찢어 버리겠습니다."

종이를 찢어 버려도 여기서는 맞지 않습니다. 그래도 이만큼이라도 대답을 하시는 이가 있으니 맞든 안 맞든 간에 좋습니다.

이 시대는 과학 물질 시대이므로 공부하는 사람이 많지 않습니다. 공부하는 사람이라도 마음 심 자를 놓고 "이게 무슨 자인가?" 하고 물으면 척 하고 바로 대답하는 사람이 별로 없습니다. 탁발하러 온 스님도 거사의 물음에 바로 대답했으면 탁발을 잘해 갔을 텐데 그걸 못한 것입니다.

어떤 스님은 선어록을 외워 와서는 '나라면 이렇게 대답하겠다.' 하는데 이것은 천리 길처럼 멀어지는 것입니다. 제가 답을 말씀드리지 않습니다. 답을 하는 순간 저도 죽고, 여러분도 죽습니다. 그러므로 말씀드리지 않는 것이 여러분도, 저도 사는 것입니다.

자, 여러분은 무엇이라 이르겠습니까? 어찌하면 옳게 대답할 수 있을까요? 바로 알아서 저에게 찾아오시면 바로 점검해 드리겠습니다.

어느 날 고암 스님께서 저에게 물었습니다.

"운문 선사와 조백 대사● 두 분이 있었다. 두 스님 중 누가 더 중생 제도를 많이 했겠는가?"

운문 스님은 중생을 제도할 때마다 나무 작대기 하나를 방에 던져 놓았는데, 후에는 방에 나뭇가지가 가득했습니다. 그리고 조백 대사는 도적놈 굴에도 가고 시장 바닥에도 나가며 산천을 돌아다녔습니다. 그는 불법이 이렇다 저렇다 하는 말씀을 하지 않으셨습니다. 그러나 조백 대사도 깨달은 분으로서 운문 스님과 쌍벽을 이뤘습니다. 고암 스님께서는 저에게 그것을 물으셨습니다.

● 이통현 장자

제가 말했습니다.

"두 대사 모두 서른 방씩 때려 천도를 해야겠습니다."

고암 스님께서 다시 묻습니다.

"어찌해서 그래야 하는고?"

"한 사람은 흰쌀밥을 주고, 한 사람은 잡곡밥을 주겠습니다."

이에 고암 스님은 "좀 미흡하니 다시 일러 보라." 하셨습니다.

제가 또 말했습니다.

"육육삼십육이요, 구구팔십일입니다."

"그대는 어느 곳에 머물고 있는고?"

"큰스님, 오늘 점심 오찬은 좋은 밥이니 많이 잡수십시오."

이에 고암 스님은 "하하하." 웃으셨고, 저는 손뼉을 세 번 치고 "허이 허이." 하고 물러났습니다. 다시 고암 스님이 저에게 "은 주발에 담긴 눈과 달이요, 소나무에 학의 소리 장수천을 뛰어났도다."라고 말씀하셨습니다.

이렇게 물음과 대답이 분명해야 하고, 시작과 맺음이 분명해야 합니다. 공부하는 모든 분은 다 놓고 버려야 합니다. 비운 후 다시 돌이켜 보면 지금과 다른 세계를 분명히 알게 됩니다. 그렇게 되자면 이 보따리를 버려야 하는데 그게 쉽지 않습니다. 우리가 중생의 보따리를 내려놓으면 세계 제일의 선지식이 될 것입니다. 중생의 보따리를 내려놓으려면 공부를 해야 합니다. 많은 공부 중에서도 참선을 하십시오.

어떻게 하면 잘사는가? 어떻게 하면 행복해지는가? 다른 데서 잘사는 법, 행복을 구하려 하지 마십시오. 여러분 자신 안에 그 해답이 있습니다.

'나는 무엇인가?' 그 '나'를 참구해 보면 행복의 길을 찾을 수 있습니다. 그러나 직접 참구해 그 맛을 보아야 합니다. 귤 껍데기를 까는 방법만 알고 끝나면 아무런 소용이 없습니다. 직접 그 귤을 먹어 봐야만 합니다. 그래야 귤 맛을 알 수 있습니다. 귤 맛이 이렇다 저렇다 하는 다른 사람들의 말을 천만 번 들어 봐야 자신과는 아무런 상관없는 일입니다.

요사이 우리 한국불교가 다른 종교에 비해 침체된 듯하다고 걱정을 많이 합니다. 그러나 그것이 전부가 아닙니다. 지금도 전국의 선원에서 뼈를 깎는 정진을 하고 계신 수행자들이 많이 있습니다. 학림사에서 정진하시는 스님들만 해도 뼈만 남아 있습니다. 지난 석 달 동안의 결제철에 용맹정진하고 지금까지 연이어 수행하고 계십니다. 이런 공부하시는 분들이 제방선원에 꽉 차 있습니다. 이것이 불조의 혜명(慧命)을 잇는 것이요, 이 사회에 보이지 않는 광명을 비추고 있는 것입니다. 여러분은 다 부처입니다. 그렇지요? 오늘 이 법회를 인연으로 정진하시기 바랍니다.

―――――
불기 2550년(2006) 10월 23일, 대원정사·법보신문 주최 7인 선사 초청 법회

수행으로
행복 찾기

陞座 拄杖三下云
會麽?
底箇는 非心非佛非物이며
非前非後非中이니 畢竟如何?
良久拄杖一打云

非心非佛亦非物
五鳳樓前山突兀
艶陽影裏倒翻身
野狐跳入金毛窟

喝

今日大衆還委悉麼?

若不知인댄 且聽山僧一句

凡全是聖聖全凡

究實遺名直下參

廓徹逈超凡聖處

無言童子口喃喃

(사자좌에 오르시어 주장자 세 번 내리치시고 말씀하시기를)

아시겠습니까?

이것은 마음도 아니고 부처도 아니고 물건도 아니며, 앞
도 뒤도 아니고 중간도 아니니 필경 무엇이겠습니까?

(잠시 묵묵히 계시다가 주장자를 한 번 치시고 말씀하시기를)

마음도 아니고 부처도 아니며 또한 물건도 아닌데
앞산에 오봉루(五鳳樓)가 우뚝 솟았구나!
늦은 봄볕 그림자 속에 몸을 뒤집어엎으니
여우가 금모굴(金毛窟)로 뛰어 들어가도다.

할!

금일 대중은 자세히 아시겠습니까?

만약 모르겠다면 산승의 일구를 더 들으십시오.

범부(凡夫)의 전부가 성인(聖人)이고 성인의 전부가 범부
로다.

이름 버려 참되이 궁구하고 바로 공부할지니

범승(凡僧)을 꿰뚫어 멀리 뛰어넘으면

말 없는 동자가 중얼중얼하도다.

일구법문은 벌써 산승이 법좌에 오르기 전에 그르친 것
입니다. 오늘 법회에 이것으로도 말이 너무 많았습니다.

오늘 이 법회 타이틀이 '수행으로 행복 찾기 대법회'입니
다. 이런 큰 법회를 주최하신 백제불교회관 관장 장곡 스님,
불교신문사 사장이신 향적 스님, 그리고 조계종 포교원장 도
영 스님에게 우리 모두 감사의 큰 박수를 드립시다.

또 주관과 후원을 하신 백제불교신행단체협의회, 백제불
교문화대학, 대전불교사암연합회, 대전비구승가회, 대전비구
니 청림회, 한밭불교회에게도 깊은 감사를 드립니다. 이런 좋
은 법회에 초청을 받아 대단히 영광스럽고, 한편으로는 법비
를 고루 뿌려 줄 수 있을지 걱정도 됩니다.

오늘 이 법회는 돌 사람과 나무 여자가 마주 보고 미소점
두(微笑點頭)하는 법회입니다. 오늘날 황폐해 가는 퇴락된 의

식을 세탁하고, 이 땅에 청정 극락국토의 행복을 정착시키고
자 이 법회를 여는 것입니다.

우리가 이 땅에 살면서 어떻게 머무르고, 어떻게 살다 가
느냐가 중요합니다. 우리 모두의 소망은 행복과 안정입니다.
이 땅에 우리 모두의 행복과 안정을 해치는 장애 요소는 무엇
인지 우리는 정확하게 현실을 파악, 관찰해서 그 원인을 찾아
야 할 것입니다.

한 생각, 착각에서 눈이 병들고 어두워져 전도몽상(顚倒
夢想)하고 있기 때문에 허상을 진실로, 진실을 허상으로 알고
살아가는 데서 우리의 불행은 시작되는 것입니다. 사바세계
는 그래서 고해(苦海)라 했습니다. 의사가 환자를 정확히 진찰
을 해야 정확한 처방이 나옵니다. 그래야 건강한 몸을 되찾고
편안한 마음을 얻을 수 있습니다.

오늘날 경제 불황으로 많이 어려워하고 있습니다. 이러
한 현상은 바깥의 형상이 그렇게 만든 것이 아닙니다. 행복이
나 불행뿐만 아니라 경제의 호황이나 불황까지 그 근본적 원
인은 의식에 있는 것입니다. 지금 어려운 현실은 잘못된 의식
에서 비롯된 것으로 우리들이 자초한 것입니다.

오늘 이 법회는 의식을 전환하여 유루(有漏)와 무루(無漏)
의 행복과 안정, 그리고 복된 사회를 다시 건설하여 이 땅에
정착하고자 하는 목적으로 하는 것입니다. 황금으로 만든 집
에서 황금 침대에서 잠자고, 황금 쟁반에 음식을 담아 먹는

것이 행복이 아닙니다. 의식이 잘못된 사람이 일시적으로 좋은 환경에 산다고 해도 곧 퇴락하여 가난해져서 열악한 환경으로 떨어지고 말 것입니다. 그러므로 올바르고 깨끗한 의식을 가지는 것이 가장 중요합니다.

과거에 동산(洞山) 스님께서 어떤 스님에게 물었습니다.

"세간에서 무엇이 제일 괴로운가?" 하니 스님이 말하기를,

"지옥이 제일 괴롭습니다."

동산 스님이 말씀하시기를,

"그렇지 않느니라. 이 옷을 입은 인연으로써 대사(大事)를 밝히지 못하는 것이 가장 괴로운 것이니라."

그렇습니다.

우리가 우리의 문제를 정확히 진단해 보면, 생로병사(生老病死)와 재색식명수(財色食名壽), 즉 색수상행식(色受想行識)의 오온십팔계(五蘊十八界)를 중요시 여겨 왔습니다. 그것은 바깥 형상을 제일의 재산으로 삼는 것입니다. 현실 생활을 그렇게만 한다면 개인 독단, 개인 이익, 시기와 질투로 끊임없는 불화와 불행을 초래해서 고통스러울 것입니다.

욕심에 눈이 멀어서 모든 것을 거꾸로 생각하여 헛된 꿈으로 다른 사람에게 피해를 주고 자기도 고통을 받게 됩니다. 이 때 묻고 잘못된 의식을 근본적으로 바르게 세탁하여 청정한 의식, 바른 지혜를 구현하고자 하는 것이 수행의 목적이

요, 그 수행의 결과는 바로 행복입니다.

청정한 의식과 현명한 지혜를 되찾는 방법이 참선, 염불, 기도, 주력, 간경 등으로 수행하는 것입니다. 과학, 예술, 의학, 지식, 상식이 이 문제를 근본적으로 해결해 주지는 못합니다. 참선이나 염불, 기도, 주력, 간경 등의 수행만으로 끝없는 평안과 행복인 안심입명처(安心立命處)를 얻을 수 있습니다. 이러한 수행으로 마음이 안정되어 모든 일들을 바로 보고 바로 해결하면 고통이 없을 것입니다. 또한 이제까지 욕심에 눈이 멀어 보이지 않던 행복이 보이기 시작해서 주위의 모든 것이 다 행복으로 다가올 것이고, 그 행복한 일들을 통하여 여러 사람들에게 행복을 나누어 줄 수 있을 것입니다.

크고 작고를 떠나 다른 사람들에게 행복을 나누어 주는 그 보시는 점점 그 사람을 복되게 하여 하루하루의 생활의 질이 정신뿐만 아니라 물질적으로도 나아질 것입니다. 왜냐하면 우리는 이미 모든 것을 다 가지고 있고 갖추고 있는데, 병들고 어리석어 보지 못하고 쓰지 못했는데, 수행으로 점점 회복하니 하루하루가 나아지는 것은 당연한 일입니다.

欲明向上事 須具頂門眼
若具頂門眼 始契出家心
卽契出家心 常具頂門眼
要會頂門眼麼?

四京人着衣喫飯 兩浙人飽暖

自如通玄峰頂 春風清花發 蟠桃三四株

身心一如, 身卽心, 心卽身, 一身卽二身, 二身卽一身

일의 끝을 밝히고자 하면 모름지기 지혜의 눈을 갖추어야 하고,

지혜의 눈을 갖추고자 하면 출가의 마음을 내어야 하고,

이미 출가의 마음을 내었다면 항상 지혜의 마음을 갖춘 것이라.

지혜의 마음을 알 필요가 있겠는가?

네 사람의 서울 사람이 옷 입고 밥 먹으니, 두 사람의 절강 사람이 따뜻하고 배부르도다.

스스로 오묘한 진리를 통달하니 봄바람은 맑고 꽃도 피나니, 천상의 복숭아나무 서너 그루로다.

몸과 마음은 하나이니, 몸이 곧 마음이요, 마음이 바로 몸이며, 한 몸이 곧 두 몸이요, 두 몸이 바로 한 몸이로다.

萬古碧潭空界月(만고벽담공계월)

再三撈摝始應知(재삼로록시응지)

聲前突出金剛眼(성전돌출금강안)

彈指圓成八萬門(탄지원성팔만문)

만고의 푸른 못 공계(空界)의 달을
재삼(再三) 건져 올려 흔들어 비로소 알도다.
소리에 앞서 금강의 눈(金剛眼)이 튀어나오고
손가락 퉁겨 팔만 법문을 원만히 이루도다.

할!

(일 할을 하고 하좌하시다.)

불기 2550년(2006) 4월 3일, 대전 백제불교아카데미 법회

확실히
살아 숨 쉬는
공부

陞座 柱杖 三下云

會麼?

卽下 會得이라도 塚上加泥요,

若不會得이라도 無孔鐵鎚라.

畢竟如何오?

到江韓地盡이요 隔岸越山多로다.

今日大衆께서 若不知인댄 且道하라.

任麼也得, 不任麼也得이니 潛水艦陸地上行이요.

任麼也不得이요 不任麼也不得이라 하니 旅客機海裏去
로다.

任麼也不任麼也 總不得이니 蘇盧悉里 娑婆訶라 還知
麼?

木馬衝開千騎路 鐵牛透過萬重關이라. 木馬鐵牛在甚
麼處?

良久拄杖一打云

驚起暮天沙上雁이요,
海門斜去 兩三行이로다.

喝!

(법상에 올라 잠시 있다가 주장자를 세 번 치시고)

아시겠습니까?
직하에서 알아들었다 하더라도 무덤 위에 진흙을 더 바름
이요,
만약 알지 못했다 하더라도 구멍 없는 쇠뭉치로다.
필경에 어떤 것인고?
강에 이르니 한국 땅이 다하고, 막힌 언덕을 넘어서니 산
이 많음이로다.
금일 대중께서는 만약 알지 못했다 할진대 또 일러라.
이렇다 해도 얻어지고, 이렇지 않다 해도 얻어짐이니, 바
다 밑의 잠수함이 육지 위에서 감이로다.
이렇다 해도 얻지 못하고, 이렇지 않다 해도 얻지 못함이

라 하니, 여객기가 바닷속에서 감이로다.

　이렇고 이렇지 않고 총히 얻지 못함이니, 소로시리 사바하로다.

　대중께서는 도리어 알겠습니까?

　목마는 천 마리가 가는 길을 뚫어 열고, 쇠 소(鐵牛)는 만 가지 막힌 관문을 뚫고 지나감이라. 목마와 철우가 어느 곳에 있는고?

(조금 있다가 주장자를 내리치시고 이르기를)

저녁 하늘 모래 위의 기러기는 놀라 일어나 날고,
바닷가 비탈길에는 두세 마리가 짝을 지어 걸어감이로다.

악!

　오늘 제가 이렇게 말씀드린 것도 사실은 번거롭게 말씀을 많이 드린 것입니다. 이 말 하기 이전에 여러분이 척 하니 알아가야 할 것입니다. 언어 이전에 알아차리는 도리, 그것이 가장 중요한 것입니다. 말을 해서 알아듣고, 문자로 전해줘서 알아듣는 것은 하나의 지식과 상식을 만드는 것은 있지만, 근본 도(道)에 있어서는 거리가 먼 것입니다.

　제가 말씀드린 여기에 여러분이 바로 안다면, 여러분이

바라고 구하는 모든 일체가 여기에서 다 성취되는 것입니다. 다 만족하게 이루어지는 것입니다.

원래 여기서 그쳐야 하는데, 그 이상 말씀드리면 그것은 제 자신도 욕되게 되는 것이고 여러분도 욕되게 하는 것입니다. 그걸 분명히 알아야 됩니다. 그러나 여기서도 알아듣지 못했다고 하니, 부득이 제가 몇 말씀을 더 드리겠습니다.

이론적으로, 교리적으로 풀어서 사탕발림으로 하는 거짓말을 듣기 좋아하는 분이 많습니다. 모든 사람이 거짓말하는 걸 좋아합니다. 좀 전에 말씀드렸지만, 말 이전에 척 알아차리는 것은 거짓이 없습니다. 그러나 말로 이렇다 저렇다 하게 되면 그건 거짓말인데, 여러분이 거짓말을 듣고 참으로 진실된 걸 알 수 있는 길이 된다면 제가 말씀을 안 드릴 수가 없다 이겁니다.

이 세상에 태어난 것은 생명을 가지고 있습니다. 부처님도 하나의 생명을 가지고 있고, 우리 중생들도 하나의 생명을 가지고 있습니다. 그 생명은 둘이 아니고 단 하나뿐인데, 그 생명을 가지고 부처님은 부처님으로 살아가셨고, 우리 중생들은 중생으로 살아가고 있습니다. 이것이 문제입니다.

부처님은 일체 만유(萬有)의 근본 생명의 실체를 바로 보고 깨달았기 때문에 부처님으로 살아갈 수가 있었습니다. 생멸(生滅)이 없는 그 도리를 바로 깨달았기 때문입니다.

중생들은 현실에 가지고 있는 이 육신의 생명, 이것을

가장 중요한 생명이라고 재산으로 삼고 살아가고 있는데, 이 하나뿐인 생명이 귀중한 줄 모르고 살아갑니다. 그렇기 때문에 하늘 땅을 주고도 바꿀 수 없는 귀중한 이 생명을 권력 때문에 던지고, 애정 때문에 던지고, 돈 때문에 던지는 것입니다. 권력과 애정, 돈, 그 무엇도 이 생명하고 바꿀 수 없는 것인데, 중생들은 어리석어서 이 생명을 그것 때문에 부질없이, 가치 없이 집어던집니다. 그렇게 살아가는 사람이 오늘날 이 사회에 가득합니다. 그게 바로 우미해서 모르는 중생인 것입니다.

그래서 우리들이 어떻게 부처님처럼 살아갈 수 있느냐 할 때, 우리들이 가지고 있는 팔만사천 가지 견해가 병(病)입니다. 그 견해를 모조리 집어던져 버리지 않고는 안 됩니다.

부처님께서 열반하시고 경을 결집할 때, 가섭존자가 필발라굴에서 아난존자를 "너는 경을 결집하는 데 참석할 자격이 없다." 하고 밖으로 쫓아냈습니다. 그래서 아난존자가 가섭존자한테 물었습니다. "부처님께서 사형님에게 전해 주신 금란가사와 발우 외에 무엇이 있습니까?" 가섭존자 왈, "아난아! 저 문전의 찰간대를 분질러 없애라!" 아난존자가 그 말을 듣고 산 위 절벽에 서서 한 발은 들고 한 발은 땅에 딛고 합장을 한 채, 7일간을 계족(雞足)정진을 했습니다. 그렇게 생사를 던지고 할 수 있는 끈기의 힘이 있어야 됩니다. 그렇게 해서 마지막에 아난존자는 깨닫고 나서 비로소 500제자가 경을 결집하는 데 들어갈 자격을 얻었습니다. 그래서 아난존자가 부처님 경전을 결집하셨습니다.

그럼 문전의 찰간대를 분질러 없애라는 것이 무엇입니까?

중생들은 내가 있다는 유아(有我)사상을 가지고 살고 있습니다. 중생들이 가지고 있는 팔만사천 가지 번뇌와 팔만사천 가지 견해, 그 식심의 보따리를 가지고 있는 걸 나라고 크게 집착하고 있는 것입니다. 이것이 무너지지 않고는 부처님의 깨달음의 세계는 꿈에도 보지 못합니다. 우주의 대생명의 근원 실체는 전연 보지 못합니다. 중생들이 가지고 있는 그 껍데기만을 보고 일생을 허망하게 살다 가는 것입니다.

그래서 이 부처님이 깨달으신 이 자리, '문전에 찰간대를 분질러 없애라' 이것은 바로 뭐냐? 무아사상입니다. 여러분이 금강경 독경을 하지 않습니까? 중생들은 수미산처럼 큰 사상(四相)에 가로막혀 있습니다. 그것을 재산으로 삼고 있기 때문에 대자유를 얻지 못합니다. 생활하는 모든 곳에서 부자유스럽고, 잘한다고 한 것이 나중에 보면 실수한 것이고, 그렇게 인생을 살아갑니다.

그러나 무아의 사상으로 팔만사천 가지 번뇌와 팔만사천 가지 견해와 식심을 모조리 버렸다면 해결이 됩니다. 그러면 부처의 안목, 조사의 안목으로 이 세상에서 멋지게 활개치고 주인이 되어 살 수가 있습니다. 그러나 무아를 모르고는 우리는 영원한 행복과 영원한 안정을 어느 곳에서도 정착을 하고 살 수가 없습니다. 불안한 속에 일생을 살다가 고통 속에 죽는 것밖에는 없습니다.

그런데 이 무아를 어떻게 공부해야 되느냐 할 때, 반야심경에 공(空)이라는 것이 나옵니다. 제법공상(諸法空相)이라고 하지요. 어떤 분이 저에게 전화를 해서 이번에 법문할 때 그 공에 대해서 분명하게 가름을 지어서 말씀해 달라는 부탁을 받은 일이 있기에 제가 거기에 대해서 말씀을 드립니다.

如何是空(여하시공)
泥牛水上眠(니우수상면)
木馬火裏鳴(목마화리명)

무엇이 공인고?
진흙 소가 물 위에서 잠을 자고,
나무 말이 불 속에서 운다.

반야심경의 공의 도리는 어떤 종교에서도 이걸 넘볼 수 없습니다.

특히 기독교에서 신과 인간이 이원화가 되어 있는 차원에서는 공에 대한 도리는 꿈에도 볼 수 없습니다. 더구나 유

교는 유아의 사상으로 상(相)이 있기 때문에 안 됩니다. 도교
는 노자가 더이상 알 수 없기 때문에 무위자연지도(無爲自然
之道)라고 했습니다. 그러나 부처님은 그 이상을 말씀하셨습
니다.

그런데 부처님의 가르침을 도교와 같다, 기독교와 같다,
유교와 같다, 이렇게 말하는 분이 많습니다. 이건 불교를 확
실히 모르는 데서부터 그와 같은 착각을 하게 되는 것입니다.
초점을 기독교에 맞추고, 도교에 맞추고, 유교에 맞추어서 불
교를 이해하고 인식하려는 것은 큰 잘못입니다.

또 이삼십 년 전의 일인데, 고전물리학에서는 에너지와
질량이 둘로 나뉘져 있었는데, 현대물리학에 와서 '에너지와
질량이 둘이 아니다', 이렇게 했을 때, "그게 바로 반야심경의
'공과 색(色)이 다르지 않다' 하는 것과 같은 것 아닌가!" 이렇
게 해서 거기에 대한 걸 스님들이 많이 강의하고 인용을 하고
썼습니다.

요즘 과학이 발전을 해서 전자, 양성자, 중성자, 쿼크라는
것까지 발견을 했습니다. 전자가 음으로 변해서 없어졌다가
다시 양의 성분이 되살아나는 걸 발견했는데, 텅 빈 공간에서
어떻게 살아나는지 아직 알지 못했고, 힉스라는 이가 물질에
질량을 부여하는, '신의 입자'라 불리는 '힉스' 입자 이론을 세
웠지만 아직 발견은 못했습니다.•

그런데 그것들을 발견하게 되면 '반야심경의 공과 색이

다르지 않다는 것이 과학적으로 증명된다'고 소개하고, 그렇게 인식하는 분도 있습니다.

불교의 공에 대한 것을 과학에다 초점을 맞추어서 공이 마치 과학자들이 발견한 것과 다르지 않다는 것으로 인식을 한다면, 그건 공에 대한 것과는 십만팔천리나 거리가 먼 것이고, 공의 도리를 꿈에도 보지 못하는 겁니다. 부처님의 공의 도리를 하루 아침에 매장하는 것입니다. 이걸 여러분이 확실히 알아야 됩니다.

반야심경의 공은 다른 종교에서는 이 자리를 가히 알 수가 없고, 과학자들이 아무리 연구한다고 해도 십만팔천리 밖에 있다는 것을 여러분은 모릅니다.

불교의 입장에서 말하는 공도 여러 단계가 있습니다. 성문, 연각, 보살의 삼승과 일불승이 있습니다.

십이인연(十二因緣)의 연기법(緣起法)을 통해서 공의 사상을 깨달은 걸 연각(緣覺)이라 합니다. 이 연각과 성문은 불교에서 말할 때 '소승(小乘)'입니다. 십이연기의 공을 본 사람도 아직 소승이라는 말입니다. 공을 바로 본 게 아니라는 것입니다.

그렇다면 대승보살은 공의 세계를 본 것을 어떻게 말했

● 2012년에 힉스 입자 발견.

습니까?

　대승보살은 일체 만유가 있다가 없어지고, 다시 나타나 보이는 그런 것을 공이라고 하지 않습니다. 대승보살의 세계에서는 그냥 있는 그대로를 놓고 공으로 직관(直觀)하는 것입니다.

　부처님께서 말씀하신 공은 바로 마음을 가리킨 것입니다. 마음의 세계에서는 여러분이 찰나에 미국도 갔다 오고 산에도 갔다 오고 하듯이 간격이 없습니다. 현실의 세계에서 논하는 것이 아니라 마음의 세계에서도 중생의 번뇌와 견해가 모조리 떨어지고 없는 순수한 진여자성(眞如自性)의 불성을 부처님은 공으로 나타내 보여 주셨습니다. 그 자리를 어떻게 기계로 볼 수 있겠습니까? 그걸 어떻게 분석해 들어가겠습니까? 서양에서 아무리 과학이나 학문이 발달했다 하더라도 이 마음의 세계가 어떤지는 꿈에도 모르고 살아가고 있습니다. 천리나 거리가 먼 데 가서 있습니다.

　설사 과학자들이 물체를 분석해 텅 빈 공간을 다시 현실적으로 물체로 변형시켜 나타내고, 다시 허공으로 돌아가게 하는 걸 발명했다 하더라도, 눈에 보이는 그런 공을 반야심경에서 말한 게 아닙니다.

　이 반야심경에 나오는 공은 모양의 세계를 떠난 세계이고, 조사나 부처도 그건 볼 수가 없다 했는데, 볼 수 없는 세계를 뭘 보고 분석한다는 말입니까?

볼 수 없는 이 세계가 뭐냐 할 때, 바로 여러분들이 각자 가지고 있는 진여자성입니다. 거기서 제상(諸相)이 비상(非相)이라 모든 모양에서 모양 아닌 것을 볼 줄 알아야 된다고 했습니다. 모든 모양에서 모양 아닌 모양이 있습니다. 그게 바로 마음 아닙니까?

마음의 세계를 우리는 알아야 됩니다. 마음의 세계를 확실히 알지 못하면 부처님의 말씀도, 조사의 말씀도 꿈에도 모르는 것입니다.

자칫 잘못하면 우주 천하 어디에도 비교할 수 없는 불교의 절대적인 진리의 말씀이 잘못된 곳에 비교되어 전락해 하루아침에 매몰되는 수가 있습니다. 이걸 잘못 알면 큰일 납니다.

如何是看話禪(여하시간화선)
晴天一落天地明(청천일락천지명)
雪裏靑麥喫溫風(설리청맥끽온풍)

무엇이 간화선인고?
맑은 하늘에 해가 떨어지니 천지가 밝고,
눈 속의 푸른 보리는 따뜻한 바람을 마심이로다.

간화선(看話禪)이라는 게 무엇입니까?

요사이 여기저기서 부처님과 역대 조사스님 말씀을 엮어서 간화선을 설명하고 강의하고 하니까 그것이 선(禪)인 줄 아는데, 그것은 선이 아닙니다.

그건 이론적으로 설명을 해서 강의하는 것이지, 선이라는 건 그런 게 아닙니다. 선이라는 것은 문자나 언어 이전 소식입니다. 문자, 언어 이전에 서로 오고 가고 통하는 것이 선입니다. 말로 배우는 것이 아닙니다.

간화선에서도 말로 하는 선을 문자선(文字禪), 의리선(義理禪)이라고 합니다만 실질적인 간화선은 그게 아닙니다. 호랑이는 살아 있는 펄펄 뛰는 짐승을 잡아먹지 죽은 고기를 먹지 않습니다. 선이라는 것은 펄펄 살아 있어야 된다는 말입니다. 여러분이 진정한 선을 하려거든, 지금까지 들어서 담아 놓은 모든 것을 다 비워 버려야 합니다. 이론적으로 선요나 서장이나 전등록이나 염송 등이 전부 좋은 말씀이기는 하나, 그것을 담아서 쓰는 것은 남이 먹다가 내버린 식은 밥을 먹는 것입니다. 또 본래 청정하다느니, 본래 깨끗하다느니, 본래 부처라느니 이렇게 말하는 것은 다 거짓말입니다. 방편으로 중생들을 제도하기 위해서 내놓은 것입니다.

스님들께서 법문을 하시는 이유는 언하에 바로 깨달으라고 하는 것입니다. 모조리 버려서 부처도, 조사도, 성인이나 중생의 견해도 없어야 합니다. 모든 견해를 떠나서 오직 '이 무엇인고' 하는 의정 하나만이 뚜렷해야 합니다. 지극히 화두를 챙기면 아침 샛별처럼 초롱초롱한 의심 하나만 그대로 있고, 그 당처에는 전후좌우도 없고 일체가 없습니다. 그러나 분명히 없는 것은 아니며 성성(惺惺)하게 무엇인가가 있습니다. 그 당처를 열심히 자꾸 참구해서, 일상생활 속에서 여여하게 끌고 갈 수 있는 것이 되어야 여러분이 자신의 본체를 확연히 깨달을 수가 있습니다.

요사이 화두를 선지식이 아닌 이가 아무렇게나 주고 하는데, 화두를 아무나 주어서는 안 됩니다.

'이 무엇인고' 하는 여기에서 부처님은 깨달았습니다. 부처의 견해도, 조사의 견해도, 중생의 견해도, 있고 없는 모든 견해도 다 버린 속에서 생각해 보는 것입니다. '그럼 이것이 무엇인가?' 깊이깊이 생각을 해 봐서, 실질적인 체험으로 깨달아서 알아야 합니다. 그래야 공을 말할 수 있습니다.

왜 부처님께서 공을 말하셨느냐?

중생의 팔만사천 번뇌와 팔만사천 견해의 보따리를 버리게 하려면 부득이 공에 대한 도리를 말을 안 할 수 없습니다. 공의 차원에 들어가면 여러분의 잘못된 견해의 보따리를 모조리 쓸어버려서, 여러분의 본래면목을 깨달을 수 있는 데 가까이 간 것입니다. 공의 차원에 머물러서도 안 됩니다. 공의 차원을 지나가야 됩니다. 그래서 깨닫게 되는데, 여러분이 이 자리에서 법문 듣더라도 언하에 깨닫기 위한 목적으로 들으셔야 됩니다. 깨닫고 나면 현실 곳곳에서 활발발(活潑潑)하게 쓰게 됩니다.

제가 과거에 비구 대처 정화운동 때 스님이 됐습니다. 상주 포교당에 일본 유학을 갔다 오고 공부를 많이 한 대처승이 있었는데, 그 대처승을 쫓아내기 위해 비구들이 아무리 애를 써도 상대가 안 되는 것이었습니다. 나중에 어느 비구 대표가 그 대처승을 찾아가서 담판을 했습니다.

"눈에 부딪히는 것마다 보리요, 눈에 가득히 보이는 것이 다 문수다. 운운…."

이런 말을 비구가 하자, 대처승이 밖으로 나가더니 똥을 한 바가지 퍼 와서 들이밀며,

"그럼 이걸 먹어 봐!"

전부 진리이고 다르지 않다 하니, 그렇다면 똥도 다르지 않을 것이니 먹어 보라는 것이었습니다. 비구가 아무 말도 못하자, 대처승이 똥을 퍼부어서 비구가 거기서 쫓겨났습니다.

여러분이라면 어떻게 하시겠습니까? 어떻게 똥을 안 마시고 해결할 수 있겠습니까?

공에 대한 이치를 바로 보는 사람이라야 여기서 살아날 수 있습니다. 공의 이치를 바로 모르면 거기서 절대로 해결책이 나오지 않습니다. 여러분도 그걸 모르면 죽은 물건입니다. 말로만 배우지 마시고 확실히 살아 숨 쉬는 공부를 하세요. 눈앞에 어떤 것이 닥쳐도 해결할 수 있어야 합니다.

그래서 이 공부는 이론이나 말로 배우려고 하지 말고 일

체 모든 생각을 놓고 나서 깊이 일념으로 '나는 무엇인가' 하고 연구한 끝에 깊은 선정(禪定)에 들어가야 비로소 공을 알 수 있는 데 가까이 갑니다. 깊은 선정을 지나가서 완전히 뒤집어져야만 여러분의 중생 보따리가 몽땅 비워져서 탕탕무애인(蕩蕩無碍人)이 됩니다.

이것은 과학으로도 해결하지 못하는 것이고, 의학으로도 안 되는 것이고, 기독교나 어떤 다른 종교도 할 수가 없습니다. 오직 스스로 나 자신을 깊이 생각해서 '무엇일까?' 일상생활 속에서 '나는 무엇일까?'를 지극히 일념으로 생각하는 농사를 부지런히 지으면서 현실 생활을 같이 영위해 나가야 합니다.

현실 생활을 도외시할 수는 없습니다. 이 생명이 살아야 되는데 밥 안 먹고, 옷 안 입고 살 수 있나요? 당장 몸에 병이 나서 병원에 가 보세요. 이 몸뚱이가 귀중한 것입니다. 중생들은 이 귀중한 몸뚱이를 잘못 쓴다는 것이지요. 그게 우치한 중생이고, 근본 만유의 생명의 실체를 바로 깨달은 부처님은 이 몸뚱이를 멋지게 잘 굴리고 살아갑니다. 이 마음을 바로 아는 사람은 마치 봄바람이 부는 것과 같은 인생을 살고, 맑은 하늘에서 해가 만물을 비추는 것과 같이 밝은 광명을 비추고 살게 됩니다. 살아가는 모든 곳에 해와 달처럼 밝은 기운을 나날이 풍기고, 맑은 공기를 24시간 365일 밖으로 풍겨서, 그런 사람이 대통령을 하면 나라를 세계에 떨치는 것이고, 국무위원을 하면 이 나라를 살리는 국무위원이 되는 것이고, 그런 사람이 기업을 운영을 하면 악덕 기업주가 아니라 모든 사람과 함께 공유하는 보살심을 가진 기업가가 됩니다. 그런 사람이 종교인이 되면 일체 모든 사람의 스승이 되는 것입니다. 아주 멋진 어머니가 되고, 멋진 아버지가 되어 가정에 불협화음이 일어날 일이 없습니다. 말하기 이전에 척척 잘 맞아 들어갑니다. 이 중생의 잘못된 견해만 버리면 됩니다.

그런데 여러분이 '본래 할 것이 없다' 하는 가르침을 들었을 때, 할 것이 없는 걸로 바로 되어 버리면 되는데, 알기는 알았는데 현실 생활에 부딪혀 보니 화가 나고 뭐가 잘 안 풀리고 안 되는데 어쩝니까? 그러지 않습니까?

그래서 안 되니까 지극하게 노력을 해야 한다는 것입니다. 정말 '나는 본래부터 망상 덩어리인가?', '본래 선한 물건인가?', '본래 부처인가?', '본래 신인가?', '무엇인가?' 하고 본인이 자신을 연구해서 알아봐야지 나를 모르고서야 어떻게 살아가겠습니까? 나 자신을 모르면 어쩔 수 없이 이 세상을 사는 속에서 하루는 좋고, 하루는 나쁘고, 이렇게 불균형하게 살면서 돈, 명예, 권력이 제일인 줄 알고 거기에만 치우쳐서 생명을 걸고 살아가지 않습니까?

돈, 명예, 권력을 버리라는 말은 아닙니다. 그것을 제대로 누리고, 제대로 쓸 수 있는 사람이 되어야 한다는 것입니다.

그렇게 되려면 여러분이 자신의 마음을 바로 알아야 됩니다. 마음을 바로 알면 일체 모든 만물이 햇빛을 좋아하고 달빛을 좋아하듯이, 이 세상 누구나가 눈앞의 현실에서 정토세계를 실현시키고 살아갈 수 있게 되는 것입니다. 아시겠어요?

부처님께서도 공부를 하기 전에는 참으로 부자유스러웠습니다. 우리 중생들처럼 고통도 많고, 하는 것마다 안 되는 것도 많고 그랬는데, 도를 닦으면서 나의 존재를 확인해 불성의 세계를 알고 난 뒤 어느 마을에 네 형제 가운데 막내아들로 태어났습니다. 그때 당시 아버지가 병이 걸려서 죽게 됐는데 백약이 무효라, 어머니 되는 사람은 아들 네 형제 두고 아버지가 죽으면 살아갈 길이 막연하니, 어떻게 하더라도 이 남편을 살려야 되겠다고 사방에서 의원을 구한 끝에 아주 유명한 의원이라는 백발노인을 찾았습니다.

"우리 집의 주인을 살릴 수 있겠습니까?"

그 노인은 처음에는 살릴 방법이 없다고 하더니, 나중에 마지못해 말하길 자식 한 명의 목을 끊어서 나오는 피를 먹이면 살릴 수 있다고 하였습니다. 어머니가 네 형제에게 이 말을 전하니 위의 형 셋은 모두 거절을 하는데, 막내아들이 선뜻 자기 목을 내놓겠다는 것입니다. 이에 의원이 작두를 가지고 와서 막내아들 목을 자르는데 작두로 목이 끊어지는 순간 구름 한 점 없는 밝은 대낮에 갑자기 뇌성벽력이 일어나고 천지가 진동을 했습니다. 의원은 경각지중에 피를 받아서 방에 가서 그 아버지 입을 벌리고 들이부어 먹였는데, 아버지가 그 걸 다 먹고 나더니 정신을 차리고 살아났습니다. 그리고 캄캄한 밤처럼 어두워지던 대낮이 다시 훤하게 밝아졌는데, 의원이 나와서 보니 그 막내아들이 목이 붙어서 살아 있는 것이었습니다.

이것이 우리 세상 사람의 생각으로 미치지 못하는 불가사의한 세계, 바로 중생들이 가지고 있는 견해의 보따리를 버린 세계입니다. 거기에서 그런 생각이 나온 것이고, 그렇게 행동을 옮긴 것입니다. 그게 바로 무유공포 원리전도(無有恐怖 遠離顚倒)입니다. 일체 공포가 없고 일체 전도가 없는 세계, 그게 보리살타(菩提薩埵)입니다. 보리살타의 세계는 진리의 세계요, 일체 공포가 없기 때문에 몸을 수천 번 바쳐도 아무런 관계를 받지 않는 것입니다. 석가모니께서 '내가 이 진리를 공부하는 세계에서 그런 행을 했노라' 하고 말씀하셨습니다. 깨닫고 나니까 그렇게 중생을 건지는 데 조금도 걸림이 없고 마음에 불안한 것이 없더라는 것입니다.

그래서 여러분이 법문을 꼭 들어야 됩니다. 열심히 공부하는 속에서 법문을 들을 때 깨달음이 옵니다. 깨닫고 나머지는 담아두지 말고 다 버리셔야 됩니다.

내가 과거에 라즈니쉬가 많이 안다고 해서 인도 라즈니쉬 아쉬람에 가서 한 달간 있어 봤는데, 거기에 사람들이 많이 찾아오는 걸 봤습니다.

거기서 라즈니쉬의 제자인 독일 사람이 지도를 하는데, 이런 확대경을 가지고 사람의 눈동자를 보고는 "이 사람은 공부해서 도를 깨달을 수 있는데 가까이 왔다.", "이 사람은 도를 깨달은 사람의 눈동자다.", "이 사람은 때가 많이 차서 정신병에 걸린 사람이다." 이걸 압니다.

눈동자를 보고 "당신은 정신병에 걸렸다." 하면 "예. 정신병에 걸렸습니다." 그럽니다. "너는 마누라 학대를 많이 했군. 너, 속을 많이 썩였구나?" 하고 알아요. 어떤 여자한테는 "너는 왜 남편 두고 바람피웠느냐?" 하는데 어찌 그걸 아느냐 하면 그게 눈동자에 나타난다는 겁니다. 깨달아서 견성한 사람도 보고 "넌 견성한 눈동자다." 하고 안다는 겁니다.

그래서 내가 인터뷰를 하면서 물어봤습니다.

"당신이 확대경을 보고 안다는데, 모양이 반듯한 눈동자가 있을 때는 아는데, 눈 감은 봉사가 깨달았을 때는 확대경으로 볼 수가 없는데 어떻게 그걸 분별하는가?" 하니 아무 말을 못했습니다. 그래서 내가,

"이 마구니야! 그런 짓을 하면서 도(道)라고 하고 있어?" 하고 야단을 쳤습니다. 그랬더니 요새 기구가 좋다고 해서 과학적으로 그렇게 한다는 것입니다.

"과학이 아무리 좋아도 내가 마음을 가지고 있으면 그 거울로 볼 수 있나?"

물으니 못 본다는 겁니다.

"그럼 그걸 가지고 뭘 하느냐 말이야."

그 사람이 나한테 혼이 났습니다. 나중에 나한테 부탁하길,

"스님! 여기 계시면서 선을 좀 지도해 주십시오."

"내가 여기 선을 지도하러 온 게 아니라 지나가다 들러본 거요."

그래서 거기 한 달 있다 나왔는데, 그런 걸 보고 믿고 있는 그게 기가 막힌 거 아닙니까?

이 불교의 부처님이 말씀하신 진리에서는 중생들의 팔만사천 가지 번뇌와 팔만사천 가지 견해를 모조리 쓸어버리려고 공을 대비해서 드러낸 것이니, 공이라는 데 머물지 말라 이겁니다. 조사나 부처님이 말씀하신 것은 공에 머물라는 말이 아니라 그걸 지나가라는 말입니다.

그래서 바로 깨닫고 난 세계는 여러분이 앞으로 열심히 공부해서 가지고 맛을 봐야만 비로소 '공의 도리가 이거구나!' 하고 알 수 있습니다. 공을 어떻게 말로 설명해 줄 수 있습니까? 과학적으로도, 의학적으로도, 그 어떤 걸로도 공을 설명할 수 없습니다. 그건 다만 본인이 스스로 공부를 통해서 깨달음으로만이 알 수 있습니다. 이걸 모르면 여러분은 잘못된 길로 갑니다.

또 한 가지 말씀드릴 것이 있습니다.

어떤 비구 한 명과 비구니, 거사, 보살이 미얀마에 가서 위빠사나를 한 5년간 해서 나름대로 터득해 인가를 받았다며 저한테 찾아왔습니다.

"스님이 간화선에 대해서 화두를 지도하고 있다고요? 본래 청정해서 여기에는 하나도 있을 수가 없는 일인데, 여기에다 대고 화두를 하라고 해서 사람을 애를 먹이고, 왜 하라고 합니까? 스님, 그게 망상입니다."

"그것도 맞는 말이지. 그렇다면 그대는 어떻게 가르치는가?"

"그냥 모든 건 볼 뿐입니다. 차라고 하면 차 이것뿐이지, 맛이 있나, 없나, 뭐가 들었나, 여러 가지 분별을 해선 안 됩니다."

"그래서 분별 안 하고, 그냥 보고 지나가라는 소리인가?"

"그렇습니다."

지나가고 지나갈 뿐이지, 거기서 이러니저러니 오만 잡동사니 생각을 하면 안 된다는 겁니다. 그리고 사념처(四念處)를 해서 내가 없는 무아라는 것까지 알았다 했습니다.

그래서 내가 주장자로 그 사람 어깻죽지를 후려쳐 보았습니다.

"아! 왜 때리세요?"

"아무것도 없다더니 움직이네?"

또 때리니 또 움직여요. 계속 때렸더니 나중에는,

"아이고. 그게 아닌가 보지요?"

"아닌 줄도 아네? 또 있네 이게?" 하고 또 때렸습니다. 그리고 말하길,

"그래. 네 말대로 볼 뿐이라? 그럼 하나 물어보자. 부엌에서 부인이 가스 불로 뭘 끓이다가 밖에서 누가 "자네 아들이 교통사고 났다네!" 해서 가스 불도 안 끄고 급하게 나가다가 남편을 보고 말할 여가도 없어서 눈짓만 하고 갔다. 당신 말대로라면 눈짓하는 걸 보고 '눈짓한 이것뿐이지.' 하고 가만 있는 게 옳으냐? 아니면 왜 눈짓을 했는지 의지를 바로 알아보는 게 옳으냐?"

그러니 아무 말을 못 하고 있어서 또 두드려 팼습니다.

"되도 않는 걸 공부라고 해?"

만약에 다른 생각 아무것도 안 하고 그런 식으로 해서 의식이 굳어져 버리면 그 사람을 뭐에다 쓰겠습니까? 무용지물입니다. 나라의 국사를 맡아보는 대통령 자리라고 합시다. 서류가 많이 올라오는데, '이것뿐이지.' 하고 앉아 있으면 이 나라가 어떻게 되며, 가정에 사업하는 가장이 '이것뿐이지.' 하고 가만히 있으면 어떻게 되겠습니까? 그건 무용지물이 되는 거고, 굳어지면 하나의 업(業)이 됩니다.

그런 공부가 아니라 펄펄 살아서 움직이는 공부를 해야 합니다. 분별을 천만 번 했으되 분별한 바가 없는 분별을 하라 이 말입니다. 중생들은 분별하는 분별을 합니다. 분별한

것이 있고 또 분별해야 됩니다. 그러나 수천, 수만 번 분별했어도 지나고 나면 허공처럼 비어 있어서 생각이 일체 분별한 바가 없다는 것입니다.

분별한 바가 없는 분별! 중생의 견해를 벗어던진 세계에서는 엄청난 분별을 하고, 수천 가지 생각을 해도 일체 한 바가 없습니다. 아무 흔적이 없습니다. 그러나 중생들은 분별하면 한대로 흔적이 남습니다.

'중생들이 가지고 있는 의식을 가지고 분별해서 업을 짓지 마라'는 말을 잘못 알아들어서 '분별을 아주 하지 말라'는 그런 식으로 공부하라고 가르치면 잘못 아는 사람입니다. 그렇게 공부하면 안 됩니다. 그건 큰일 납니다.

그래서 나를 찾아온 위빠사나를 했던 사람이 내 말을 듣고나서 말하길,

"스님. 이뭣고를 왜 하라고 하는가 하고 반발심이 있었는데, 이제는 이뭣고를 왜 하라고 하는지 알겠습니다!"

그리고 돌아가서 이뭣고 화두를 했는데, 의심이 일사천리로 잘 된다는 것입니다.

간화선 화두가 정말 중요한 것입니다. 직관이라 하는데, 직관이라고 하는 말은 학인이 "개도 불성이 있습니까? 없습니까?" 물었을 때, 조주 스님이 "무!"라 했는데, 왜 '무'라고 했는지 순간 그 의지를 꿰뚫어 바로 본다는 것입니다. '무'라는 껍데기 말에 팔려 따라가는 게 아니라, 그 이면에 의지의 낙

처를 바로 봤다는 것이 직관입니다.

그런데 관법하는 데서 '그대로 볼 뿐이다.' 하는 이걸 가지고 할 것 같으면 '무라고 한 그것뿐이지.' 하고 있어야 되고, 마른 똥막대기라 하면 '마른 똥막대기라 한 그것뿐이지.' 하고 있어야 된다는 말이 됩니다. 그런 게 아닙니다.

직관이 뭔지도 모르고 '있는 그대로 볼 뿐이다.' 하는 이게 직관이라는 기가 막히는 소리를 자꾸 사람들한테 가르치고 해서야 되겠습니까?

그리고 공부하다가 어떤 경계가 나타나는 걸 가지고 가서 물으면 공부가 됐다고 인가를 해 준다고 하니 기가 찰 일이 아닙니까? 공부 경계가 수천 가지가 나타나는데, 그걸 가지고 됐다고 인가를 해 주면 되는가요? 그런 사람한테 인가 받고 나서 망상도 안 나고 편하고 일체가 다 잘 되냐고 물어보니 안 된다고 합니다. 그래서 인가해 준 분한테 자꾸 망상이 난다고 상담을 하니, '망상을 자꾸 덜어내라'고 한답니다. 이런 공부가 세상에 어디 있어요? 이 간화선은 그런 게 아닙니다.

바로 아까 내가 말했듯이 부인이 눈을 꿈쩍했는데 그 순간 눈짓을 한 의지를 바로 계합하는 사람은 즉시 된 사람입니다. 그러나 머리 둔한 사람은 왜 부인이 눈짓을 했는지 얼른 계합이 안 되고, '이상하다 왜 저랬는가?' 하루 종일 생각해서 계합하는 이가 있고, 일주일 해도 몰라서 생각하는 이가 있고, 조주 스님이 "무!" 하는 걸 바로 보면 되는데 못 봐 가지고 10년 동안 '무–' 하고 앉아 있습니다.

바로 보는 게 직관입니다. 바로 보라는 말입니다. 그런데 우리 중생들이 바로 못 보잖습니까? 여러분이 공부를 해서 그렇게 말하기 전, 행동하기 전에 척 하고 계합이 되는 눈이 열려야지, 그렇지 않은 마당에서 백 가지, 천 가지 논해 봐야 소용이 없습니다. 아시겠습니까?

彈指圓成八萬門(탄지원성팔만문)
家家門前通長安(가가문전통장안)

손가락 퉁기는 데서 팔만 가지 법문을 원만히 이루고
집집마다 문 앞은 장안으로 통한다.

당장에 이 자리에서 망상을 비워 버리고 당장에 될 수 있는 도리가 한 가지가 있습니다. 그게 뭐냐?

월리오두(月裏烏豆), 달 속에 검은 팥입니다.

이걸 바로 여러분이 알아들으면 정말로 눈이 열린 사람입니다. 이거 하나 제대로 알아 가지고 오면 제가 거기에 대해서 확실하게 점검해 드릴 수가 있습니다.

팔만사천 가지 길이 많지만, 여러 길로 가려고 하지 마세요. 지네가 발이 많아서 빨리 못갑니다. 여러 가지 많이 한다고 빨리 가는 게 아닙니다. 한 가지만 바로 파고 들어가는 공부를 열심히 하셔야 됩니다. '무엇인고?' 이걸 확실히 알아야 됩니다.

조금 전에 말씀드린 "달 속에 검은 팥이니라." 하는 것을 아시겠어요? 여러분께 오늘 제대로 이 한마디 전해드린 것입니다.

아악!

(주장자로 법상을 한 번 치시고 하좌하시다.)

불기 2552년(2008) 5월 4일, BTN 무상사 초청 법어

한로축괴,
사자교인

(법상에 올라 잠시 묵묵히 앉아 있다가 이르시길)

저는 이것으로써 오늘 법문을 마치겠습니다.

왜 그런가 하면 제 앞에 종정예하를 위시하여 여섯 분의 큰스님께서 법문을 다 설해 마쳤기 때문에 말로는 더 법을 전해 줄 것이 없습니다. 그래서 이 산승은 말이 있는 법문을 한 것이 아니고 말없이 묵연히 앉아 있는 것으로 법을 다 설해 마쳤다는 것입니다. 말로 하는 법문도 여러분이 다 들었고, 말없이 가만히 앉아 묵연히 보여 준 이 말 없는 큰 법문도 제가 해 드린 것입니다.

원래 가만히 앉아 있다 바로 법상에서 내려가 돌아가야 하는 것이 옳은데, 제가 이 말을 하는 자체가 큰 허물입니다.

그러면 이것으로 마친 것으로 하고 내려갈까요? 아니면 다시 한 말씀 더 드려야 할까요?

대중이 다시 더 말씀해 주기를 요망하시니 부득이 거듭 한 말씀 드리겠습니다.

(주장자를 세 번 치시고 들어 보이며)

아시겠습니까?

종사가 자리에 오르기 이전에 이미 그르쳤고
대중이 자리에 모이기 이전에 이미 그르쳤네.

금일 산승이 법상에 올라앉은 허물이 천하에 가득하니, 이 자리에 이르러서 필경 어떻게 해야 허물을 면하고 뛰어날 수 있겠습니까?

(대중이 말 없자 잠시 후 주장자 한 번 치고 할을 하시고서)

비 오기 전에 청개구리는 미리 울고
날이 활짝 개이니 산비둘기는 나뭇가지에서 노래하네.

금일 대중은 도리어 아시겠습니까?

만약 알지 못할진댄 또 이르리라.

밝고 밝아 깨달을 것이 없고 법이 있은즉 미한 것이니라.

모든 사람이 이 속을 향하여 세움을 얻지 못하고

모든 사람이 이 속을 향해서 머무름을 얻지 못하니라.

만약 세운 즉은 위태롭고, 만약 머무른 즉은 눈이 멀 것이다.

바로 모름지기 뜻이 현구(玄句)에도 머무르지 않고, 뜻을 쓰는데(意用)도 머무르지 않으며, 기틀(機)에도 머무르지 않음이라.

이 세 가지가 이미 일체 처에 밝으니, 모름지기 알려고 하지 않아도 자연히 목전에 나타나고, 비추어 돌아보지 아니해도 자연히 명백함이로다. 비록 이와 같으나 다시 모름지기 향상의 일이 있음을 알아야 하느니라.

비가 오래 오니 날이 개이지 않네.

돌(咄)!

과거 1975년경 동화사 금당선원 동안거 때 선방 입승 소임을 보고 있었는데, 성도재일 7일 사부대중 용맹정진 회향일이었습니다. 새벽 4시에 향곡 조실스님께서 대중에게 "오늘이 성도재일이니 성도에 대해서 한마디 일러 보라."고 하셨습니다. 모두 대중이 한마디씩 하였는데 조실스님께 계합되는 분이 없었습니다. 마지막으로 "입승스님 차례니 성도에 대해 한마디 하시오." 하셨습니다.

그때 이 산승이 "조실스님께서 성도하기 이전 소식을 먼저 일러 주시고 성도한 이후를 일러라 하시는 것이 순서라 봅니다. 성도하기 이전 소식을 먼저 일러 주시면 성도한 이후를 이르겠습니다."고 하였습니다.

그러자 향곡 조실스님께서는 "창천 창천(蒼天 蒼天)!"이라고 하셨습니다. 그래서 이 산승이 "제가 묻는 뜻은 꿈에도 보지 못하였습니다." 하니 다시 "관(關)!"이라고 하시기에 이 산승이 "그럼 제가 성도한 후를 말씀드리겠습니다." 하고 답하되,

桐花雪中開滿發(동화설중개만발)
千年髑髏眼睛光(천년촉루안청광)

오동나무 꽃이 눈 가운데 만발하였고
천년 묵은 해골은 눈동자가 맑게 빛남이로다.

새벽 회향을 조실스님을 모시고 잘 마친 뒤, 아침 공양 후에 시자가 와 조실스님께서 찾으신다고 하여 가서 인사를 올렸습니다. 그러자 향곡 스님께서 남전 스님이 고양이 목을 칼로 벤 남전참묘 화두를 들어서 물으셨습니다.

"조주가 신짝을 머리에 얹고 간 의지를 일러 보게."

"대우가 평정한 자리에 현대는 집을 우뚝 세웠습니다."

향곡 스님께서 또 향엄상수 공안을 물으셨습니다.

"어떤 사람이 천길 벼랑 끝에 서 있는 나뭇가지를 입에 물고 매달려 있는데, 밑에서 어떤 사람이 묻기를 "어떤 것이 조사가 서쪽에서 온 뜻입니까?" 하니, 답을 하게 되면 천길 벼랑에 떨어질 것이요, 답을 하지 않으면 상대방의 묻는 뜻을 어기는 것이니, 이럴 때는 어떻게 해야 옳겠는가?"

"일구 이전에 알아차려야지 일구 이후에 알아차리면 상신실명을 합니다."

"그러면 그 의지가 어떤 것인가?"

"산 사람 둘이서 죽은 송장을 메고 가서 묻었는데, 돌아올 때는 죽은 송장이 산 사람 둘을 메고 돌아옵니다."

향곡 조실스님께서 기뻐하시면서 그 외 여러 가지를 하문하셨습니다.

그렇게 동안거를 마치고 나서 다시 월래 묘관음사에 붙들려 가다시피 갔는데, 향곡 스님께서 저에게 여름 입승 소임을 보게 하셨습니다. 그리고 거기서 향곡 스님께 많은 점검을 받고 문답을 나눴는데, 그 이야기는 시간상 차후에 말씀드리기로 하겠습니다.

관법(觀法)과 간화선의 차이점을 말씀드리겠습니다.

소승방편선(小乘方便禪)에서 관법은 주시(注視), 즉 관찰, 느낌, 알아차림을 말하며, 25유 관법 중에 부정관(不淨觀)과 수식관(數息觀)을 주로 했습니다.

구상관(九想觀)*과 수식관**을 통해서 중생의 병을 치유하고자 하며, 응집(凝集)한 관상(觀想)에 머물게 되므로 다시 제거하는 공부를 해야 합니다. 부처님 시대 당시 애정, 애욕(愛慾)을 제거하기 위해 한 비구가 부정관을 하다가 녹장범지에게 자신의 목을 끊어 주면 가사와 발우를 주겠다고 하여 목숨을 끊고, 이어 녹장범지가 많은 이들의 목을 잘라 죽이면서 '이것이 해탈이다.'라고 하였습니다. 그래서 부처님께서 이를 알고 다시 수식관을 가르쳐 주셔서 일체 산란(散亂)을 쉬고 평온한 마음으로 돌아가게 되었습니다. 그 후 다시 심관(心觀)을 가르쳐 몸과 마음이 공(空)한 깊은 선정으로 들어가 아공(我空)을 하여 생사를 뛰어나게 하였습니다. 그러나 영원한 선정에 들어가 생사로 돌아오지 않고 머물러 있고자 하고, 거기에서 헤어나지 못한 소승선(小乘禪)의 최후에만 머무르는 것은 확실한 깨달음이라 할 수 없습니다. 그렇게 닦아 들어가는 것은 머무르는 업이 되기 때문에 완전한 깨달음이 되지 못합니다.

이와 달리 간화선은 바로 보는 데 그 진면목이 있습니다. 금을 금으로 봐야지 금을 돌로 보는 것은 중생의 미(迷)한 의식 때문인데, 잘못 보는 것을 금으로 바로 보라고 일깨워 언

- 구상관(九想觀): '구상관' 또는 '구상문(九想門)'이라고도 하는데 **육신에 대한 집착, 특히 이성에 대한 욕망을 끊기 위해서 시체가 부패하여 흩어지다가 결국 백골이 되기까지의 아홉 가지 모습을 마음속으로 생각하는 일.** 불교의 부정관(不淨觀) 중 하나로 구상의 명칭과 순서가 다르게 설명된 경전도 있으며, 구상이 그려진 그림을 '구상도(九想圖)'라고 한다.
  ① 창상(脹想): 시체가 퉁퉁 부어오른 모습을 마음속으로 생각하는 관상
  ② 청어상(靑瘀想): 피가 멎어 거무스름하게 엉겨 붙고 시체 색깔이 푸르죽죽하게 변한 모습을 생각하는 관상
  ③ 괴상(壞想): 시체가 썩어 문드러지는 모습을 생각하는 관상
  ④ 혈도상(血塗想): 시체의 피와 고름, 살이 땅 위에 흩어져 있는 모습을 생각하는 관상
  ⑤ 농란상(膿爛想): 가죽과 살이 문드러져서 고름이 나오고 구더기가 득실거리는 모습을 생각하는 관상
  ⑥ 담상(噉想): 새, 짐승이 시체를 쪼아 먹거나 뜯어먹는 모습을 생각하는 관상
  ⑦ 산상(散想): 새나 짐승이 뜯어먹어서 머리·뼈·손발 등이 사방에 흩어져 있는 모습을 생각하는 관상
  ⑧ 골상(骨想): 피와 살은 썩어 없어지고 백골만 남은 모습을 생각하는 관상
  ⑨ 소상(燒想): 백골이 불에 타서 재나 흙이 되어 가는 모습을 생각하는 관상

- ● 수식관(數息觀): 범어 ānāpāna-smṛti의 의역. '안나반나(安那般那)'·'아나파나(阿那波那)'를 약해서 '안반(安般)'이라 음역(音譯)하고, '염출입식(念出入息)'이라 직역(直譯)하며, '지식념(持息念)'이라고 의역(意譯)한다. 오정심관(五停心觀)의 하나. 나고 드는 숨을 세어서 마음을 가라앉히는 관법으로 정정(正定)에 들어가기 위해 이것을 닦는다. 이것을 다시 많은 종류로 세분하여 확충한 것이 16특승(特勝)이다.

  ※ 오정심관(五停心觀): '오도관문(五度觀門)'·'오문선(五門禪)'·'오관(五觀)'·'오념(五念)'이라고도 한다. 불도 수행의 최초의 위(位)에서 5종의 허물을 그치게 하기 위해 닦는 5종의 관법.
    ① 부정관(不淨觀): 자타(自他)의 육체의 부정한 모습을 관하여 탐욕을 그침
    ② 자비관(慈悲觀): 일체중생에 대해 자비의 마음을 일으켜서 성냄을 그침
    ③ 인연관(因緣觀): '연기관(緣起觀)'이라고도 한다. 제법인연생(諸法因緣生)의 도리를 관하여 어리석음을 그침
    ④ 계분별관(界分別觀): '계차별관(界差別觀)'·'계방편관(界方便觀)'·'분석관(分析觀)'이라고도 한다. 18계(界)의 제법(諸法)은 모두 지(地)·수(水)·화(火)·풍(風)·공(空)·식(識)의 화합에 지나지 않는다고 관하여 아견(我見)을 그침
    ⑤ 수식관(數息觀): 호흡을 세어 산란한 마음을 가지런히 함
    때로는 계분별관 대신 염불관(念佛觀, 불타를 염하여 가지가지의 번뇌를 그친다)를 한다. 이와 같은 오정심관을 닦는 자리를 '오정심위(五停心位)'라 하고, 소승에서는 이 자리에서 별상념주위(別相念住位)를 지나서 총상념주위(總相念住位)에 이르기까지를 총칭하여 '삼현(三賢)'이라고 한다.

하에 돈오돈수(頓悟頓修)하여 인생의 진면목을 바로 보고 깨닫게 하는 것이 간화선입니다.

위에서 말한 중생의 병을 치유하고자 하는 방편선(方便禪) 관법과 간화선의 '관(觀)'은 그 차원이 다릅니다. 간화선에서 관은 '지혜 관(觀)' 자로 바로 보는 것을 바로 가르쳐 주는 것입니다.

조주 스님께 어느 학인이 묻기를 "조사가 서쪽으로 온 뜻이 무엇입니까(如何是祖師西來意)?" 하니 조주 스님이 답하기를 "뜰 앞의 잣나무니라(庭前栢樹子)." 그리고 동산 수초(洞山守初) 선사께 어느 학인이 묻기를 "어떤 것이 부처입니까(如何是佛)?" 하니 "삼 세 근이다(麻三斤)."라고 답하였습니다.

정전백수자(庭前栢樹子)와 마삼근(麻三斤) 등의 말씀에서 어리석은 범부는 '잣나무'를 따라가고 '삼 세 근'을 따라갑니다. 거기에 머물러서 생각하는 것은 한로축괴(韓獹逐塊, 개는 흙덩이를 쫓아간다)와 같아서 해결책이 없습니다. 뜰 앞의 잣나무에는 아무 의미가 없습니다. '잣나무'라고 한 조주 스님의 그 의지를 바로 보아야 합니다. 그 의지를 바로 본 사람은 '사자(獅子)'와 같습니다. 간화선의 핵심은 바로 보고 알아차리는 데 있습니다.

한로축괴는 바로 보지 못하는 것이고, 사자교인(獅子咬人,

사자는 사람을 문다)은 바로 본다는 것입니다. 나를 바로 보면 부처님의 여래선과 조사선 관문을 완전히 타파할 뿐 아니라 오늘 이 자리에 참석하신 여러분의 모든 고난이 다 해결됩니다.

남북 간의 긴장 고조가 두렵습니까? 남북 간 국민에게도 화해의 봄날이 올 것입니다. 여러분의 각자 어려운 문제도 완전하게 해결됩니다. 우리 모두 나를 바로 봅시다.

"나는 무엇인고?"

"나를 바로 보라!"

진제 종정예하께서 주석하시는 이곳에 오신 여러분은 복이 많습니다. 앞에 설법하신 큰스님들을 친견한 것 또한 복입니다. 오늘 이 산승을 만난 여러분은 복 중에 더 큰 복입니다!

간화선의 예를 더 들면 다음과 같습니다.

장사 스님에게 어느 스님이 물었습니다.

"어떤 것이 높고 높은 사람이 행하는 것입니까?"

"죽은 사람의 눈과 같다."

"높고 높은 사람이 서로 보았을 때는 어떠합니까?"

"죽은 사람의 손과 같다."

頌曰(송왈)

死人眼 死人手(사인안 사인수)

金烏飛 玉兎走(금오비 옥토주)

直截根源 取之左右(직절근원 취지좌우)

張翁醉倒官街(장옹취도관가)

元是李翁喫私酒(원시이옹끽사주)

죽은 사람의 눈과 죽은 사람의 손이여

금 까마귀는 날고 옥토끼는 달아남이로다.

바로 근원을 끊어서 좌우를 취하네.

장씨 노인이 술에 취해 관가에 넘어지니

원래 이것은 이씨 노인이 사사로이 술을 먹었음이로다.

이 산승은 마지막으로 이렇게 말하겠습니다.

作麼生是諸人透脫一句(작마생시제인투탈일구)

良久曰(양구왈)

鐵牛不喫欄邊草(철우불끽난변초)

直向須彌頂上眠(직향수미정상면)

어떤 것이 모든 사람이 통하여 벗어나는 일구입니까?

(잠시 묵묵히 있다 대답하시기를)

쇠 소는 난간의 풀을 먹지 않고
바로 수미산 정상을 향하여 잠잔다.

(주장자를 세 번 치시고 할을 하고 하좌하시다.)

불기 2560년(2016) 10월 21일, 간화선대법회

선과
깨달음에서 본
인문학

오늘 서로 만나서 얼굴을 마주하고 눈동자를 마주쳤을 때 거기에서 제가 '선과 깨달음' 또 '인문학', 그 모든 것을 여러분에게 말씀해서 전해 드렸습니다.

제가 말씀을 다 전해 드렸는데, 아시겠습니까?

오늘날 21세기는 무엇이든 빨리 이루는 것을 바라는 시대인데, 빨리 전하고 빨리해 마치는 것이 좋지 않습니까? 그런데 아시겠습니까? 모르겠어요?

선과 깨달음을 말하기 전에, 인문학(人文學)이라는 것은 사람 인(人) 자, 글월 문(文) 자, 배울 학(學) 자인데, 인문학이라는 것은 우리 인간이 많은 역사를 두고 살아오면서 축적한 인간에 대한 문제를 연구하는 것입니다. 인문학은 '사람이 뭐냐?' 하는 것입니다.

그런데 사람이 무엇인지 우리는 지금까지도 모르고 삽니다.

우리 인류가 최초에는 글이 없었습니다. 새나 짐승들도 문자가 없습니다. 그런데 말을 안 해도 자기들끼리 통합니다. 인간도 최초에는 문자가 없었고, 말을 하지 아니해도 소통을 했습니다. 그런 시대는 상당히 높은 차원의 시대입니다. 의식이 상당히 밝고 지혜로웠습니다. 그것이 세월이 지나오면서 의사소통이 안 되게 되었습니다. 오늘날 이 시대는 문자나 언어가 아니면 전혀 소통이 안 됩니다. 눈을 마주치는 데서 다 전했는데 왜 모르느냐 이겁니다. 이게 큰 문제입니다.

오랜 세월 동안 인류가 살아오면서 자연과학, 사회과학, 인문과학을 총망라해서 무수한 책이 나왔는데, 일생, 아니, 몇 생을 태어나서도 다 못 볼 것입니다. 그 많은 서적이 나오고 했지만 이렇게 현실에서 소통이 왜 안 되냐 할 때, 바깥으로 자연계를 놓고 우리가 너무 맛을 즐기고 소유하는 욕심이 생긴 것입니다. 욕심이라는 게 무엇입니까? 오늘날 인간이 끊임없이 추구하고 발전시키는 것은 우리 인간이 요구하는 것이 있기 때문입니다.

하나의 지식이 나오면 과거의 지식은 잠식이 됩니다. 오늘날 과학에서도 신의 입자라는 '힉스입자'도 발견하고, 근래에는 아인슈타인이 예측한 '중력파'라는 것을 검측해서 입증해 보였습니다. 게다가 스티브 잡스 같은 이는 스마트폰을 만들어 우리 인류를 편리하게 했고, 과학 문명의 발전으로 우리들은 혜택을 많이 받고 있습니다. 이렇게 어떤 새로운 지식, 패러다임이 나오는 데는 많은 공로자가 있습니다.

그러나 근래에 와서 과학 발달이 인간이 예측한 범위를 넘어서는 결과를 가져왔습니다. 환경 오염을 만들고, 기상 이변을 만들고, 세계 각국에서는 핵무기를 만들어서 사람들의 생존에 큰 위협과 불안 요인이 되었습니다. 이런 위험하고 자멸을 초래하는 핵무기를 보유하고 하는 것이 왜 그러겠습니까?

우리 인간은 지식을 따 먹고 사는 중생입니다. 지식이라는 것은 나무로 말하면 가랑잎이고, 고기로 말하면 죽은 고기라는 겁니다.

지식은 지식 그대로 때 묻지 않고 존재하는 것이 아니고 양면성을 가지고 있습니다. 지식이 편리함을 주는 것도 있지만 그 이면에 지식을 의지해서 자기 명예, 부귀, 권력을 축적하려고 하는 욕망이 있습니다. 그 욕망을 달성하고자 하는 생각이 있기 때문에 세계 각국에서는 핵무기를 만들어서 힘의 우위로 약소한 나라를 지배하려고 합니다.

학자도 그 지식을 가지고 자기 아성을 쌓아 놓고 그걸로 자기 인생의 삶을 누리려고 하는 욕심된 생각이 이면에 숨어 있기 때문에, 지식이 한편은 인간을 이롭게 해 주지만, 한편은 많은 사람을 크게 해치는 독약도 된다는 것입니다.

옛날 휴대폰이나 텔레비전이나 자동차나 이런 것이 전연 없던 시대에도 사람들이 욕망이 있어서 그걸 이루지 못해 항상 괴로움 속에 살았고, 오늘날 물질문명이 발전되어 편리하게 살게 되었지만 여전히 전 인류가 괴로움을 해결하지 못하였고, 영원한 평화와 행복을 이 땅에 정착시키는 걸 이루지 못했습니다.

과학과 지식의 양극단을 가지고는 이 지상에서는 영원한 행복, 영원한 평화는 절대 정착시킬 수가 없습니다.

그렇다면 우리가 목적하는 행복과 평화를 어떻게 이루고 사느냐는 것입니다.

우리는 행복을 너무나 외적인 모양으로 추구하고 있습니다. 불교에서 말할 때 외적인 모양인 자연과학을 '기세간(器世間)'이라고 합니다. 사회과학은 '유정세간(有情世間)'이라고 합니다. 정(情)과 알음알이의 식(識)이 있는 인간, 그 유정세계를 말합니다. 유정세계에서 인간이 과감하게 도전하고, 끊임없이 발전시키고 연구하는 모든 것의 이면에는 결국 욕심이라는 생각이 있습니다. 자기 편리를 누리고 도모하고자 하는 욕심이 있기 때문에 가정적으로도 양분이 되어 화합이 안 되고, 사회적으로도 화합이 안 되고 모두가 소통이 안 됩니다.

'기세간', '유정세간'에서 사는 데 경제도 중요합니다. 경제는 힘입니다. 그리고 정신세계가 중요한데, 요즘은 "너 전공 학과가 어디냐?" "인문학과입니다." "거기 나오면 밥 못 먹

고 굶어죽어! 왜 인문학과 가냐?" 이러는 실정입니다. 인문학
이라는 게 그런 게 아닌데 잘못 알고 있는 거지요. 의학, 공학,
이런 데 가면 밥 먹고 산다, 법조계로 나가면 좋지 않으냐 하
면서 인문학과에 왜 가나 이러는데, 왜 이런 생각이 드는가
할 때, 우리나라 국민의 의식은 정신적인 세계보다는 물질적
인 세계를 선호하기 때문입니다. 이러다 보니까 우리나라 국
민은 세계적으로 양심적·도덕적 의식 수준이 최하위입니다.
왜 이렇게 됩니까? 학교에서도 강의 시간에 우스운 농담, 사
탕발림해 주고 웃다가 시간 보내고 그렇습니다.

오늘날 이 시대를 사는 사람이 과감하게 고쳐야 할 것이
있습니다. 너무나 물질에 편중되어 경제, 의식주에 너무 치중
하다 보니 우리들 의식이 도태되었습니다. 금으로 집을 짓고,
금으로 만든 자동차를 타고, 금 침대에서 자더라도, 의식이
퇴락되면 하나도 행복된 것은 없고, 불협화음이 꼬리에 꼬리
를 물고 일어나게 됩니다.

인류가 이 의식의 세계를 관심을 가지고 연구하면서 경
제를 함께 병행해 발전시켜 나간다면 이 세상 각국의 원수들
이 모여서 핵무기를 폐기하자는 회의가 열릴 겁니다. 왜 핵무
기가 필요하냐는 겁니다. 그런데 이런 회의는 하지 못하고 각
국에서 더욱 무서운 핵무기를 만들어 세상을 불안하게 만들
고, 우리나라는 왜 핵무기를 못 만들까 한탄하고 있지 않습니
까? 이런 시대를 과감하게 개혁할 수 있는 것이 정신세계입

니다.

　이 깨달음의 세계에서 보면 인문학이니 과학이니 철학이니 할 것 없이 모든 나온 학문이 그림자와 같다 이것입니다. 그림자를 따먹고 사는 것이 뭐가 좋습니까? 거기서는 삶의 완벽하고 진정한 행복을 꿈에도 모르는 겁니다. 그래서 깨달음의 차원에서 볼 때는 이 세상에 존재하는 모든 만들어진 학문, 물질 등의 존재를 통틀어서 '구모토각(龜毛兎角, 거북이 털 토끼 뿔)'이라 합니다.

　여러분, 왜 '구모토각'이라고 했을까요?

　'구모토각'은 여러분이 어떤 학문의 틀 속에 갇혀 있으면 모릅니다. 오늘날 인문, 과학이라고 하는 이 틀 안에서는 그걸 절대 알 수가 없습니다.

　자기 자신에 대한 실체를 바로 꿰뚫어 보고 실지로 체험해서 맛을 본 사람, 깨달은 사람이 구모토각이라 말을 한 겁니다.

　나를 바로 보지 못하고 어떤 상식과 학문적인 틀에서 그걸 이해하려 하면 점점 거리가 멀어집니다. 낮은 차원에서만 자꾸 생각하고 이러니 점점 더 이해가 안 됩니다. 나를 바로 본 깨달음의 차원에서 보니, 나와 모든 만물이 공(空)함을 알았습니다. 공의 차원은 이론으로 아는 게 아닙니다.

　이 세상을 공의 차원에서 지혜의 눈으로 보니까 '거북이 털'이고 '토끼 뿔'입니다. 왜 그렇겠습니까?

거북이는 털이 없는데 왜 거북이 털이라고 하며, 토끼도 뿔이 없는데 왜 토끼 뿔이라 하느냐 이겁니다. 예를 들어 '문학(文學)'이라 할 때 '글월 문(文)' 자를 쓰잖아요. 이게 본래 있었어요? 본래부터 없는 거를 만들었단 말입니다. 마음이란 바탕 위에서 그림 그리듯 하나를 만들어 놓은 것이거든요. 만들어 놓은 실체를 돌이켜 들여다보니까 본래 문자라는 건 없었어요. 글자나 문학, 이것이 원래 없는 걸 사람이 만들어 놓은 것이기 때문에, 만든 근본 실체를 들여다보니까 글월 문 자도 아니고, 배울 학 자도 아니고 실체는 없는데 이름이 있더라 이겁니다. 거북이는 털이 없는데 '거북이 털'이라는 이름은 있잖아요? 이걸 이해를 해야 됩니다. 이게 사람이 제2의 만들어 놓은 틀이요 조작이지, 진실은 아니라는 말입니다.

조작된 틀에 갇혀 서로가 소통이 안 되니, 눈을 꿈쩍하고, "알았어?" 하고 물으면, "뭔 말이야?" 하고 알아듣지 못합니다.

어느 집에 친구가 찾아왔는데, 친구가 부인을 불러 눈을 꿈쩍하니 부인이 다과상을 척 차려 나왔습니다. 친구가 그걸 보고 부러워서 자기도 집에 가서 부인에게 눈을 꿈쩍하니, "왜 그래요? 뭐 하자고 눈을 꿈쩍해요? 왜 말을 안 해요?" 해서 분위기가 다 깨졌다는 것입니다. 저쪽 부부는 서로 척 알아차리는데 이쪽 부부는 그게 안 되는 것입니다.

오늘날 사회가 이 거짓말로 조작된 모양과 틀에서 서로가 소통을 하려니까 양극화가 되어 끊임없는 투쟁과 시비를 하고 해결이 절대 안 됩니다. 이쪽은 태극기 들고 시위하고, 저쪽은 촛불 들고 시위하고 맨날 이렇게 해야 합니다. 세계적으로 웃기는 상황입니다.

젊은 학생 여러분들이 오늘날 왜 가정적으로도 소통이 안 되고, 사회적으로도 소통이 안 되는가를 한번 생각해 봐야 합니다. 이러한 그림자요, 나뭇잎이요, 조작된 틀을 놓고 진실인 양 집착해서 자기 재산이라고 가지고 있으니 안 되는 것입니다.

세상이 잘 살려면 경제와 정신세계를 병행해서 발전시켜야 하는데, 불교에서는 그걸 '복혜(福慧)'라고 합니다. 누구는 사업하면 잘 되는데, 누구는 아무리 해도 안 됩니다. 복이 있고 없고 하는 데 따라서 되고 안 되는 것입니다. 복이 있어야지 복이 없으면 안 됩니다.

복을 짓는 게 그냥 되는 게 아닙니다.

어느 대학생이 동경대를 수석으로 나와서 어느 회사에 취직을 했습니다. 취직을 하고 보니까 과장이나 전무나 상무가 앉아서 하는 걸 보니 구닥다리였습니다. 한 달 걸리는 것을 3일이면 속성과를 이룰 수 있는 방안이 있는데도 머리가 모자라 못하고 자리만 지키고 있는 것입니다. 이 젊은이가 방안을 건의하면 "야! 신입사원이 뭔 말이 많아? 시키는 대로 일이나 하지." 이것이 스트레스가 쌓이기 시작하는데, 상무를 찾아가니 "과장한테 먼저 가지 나한테 왜 왔어?" 하고 도리어 혼나고 자기 생각이 상대에 먹혀 들어가지 않았습니다. 현실 생활 속에서 적응이 되지 않고 사람 관계가 이뤄지지 못하고 왕따 당하고 고립되는 것입니다. 그래서 본인이 고민을 하다가 어느 노스님을 만났습니다.

"아, 이 사람아! 왜 그렇게 힘이 없나? 고민이 많은 것 같네?"

"스님! 세상살이가 어렵네요."

"뭐가 그리 어려운가?"

"제가 취직을 했는데요. 상사들이 머리가 구닥다리라 아무것도 모르는 것들이 앉아서는 회사 월급만 타 먹고 있어서 고치려니까 내 말을 안 듣잖아요. 나쁜 사람들이에요."

"그래? 내가 볼 때 그 사람들이 나쁜 사람이 아닌데. 실질적으로 딱히 잘못된 건 없지만 그건 아니지. 내가 보니 자네가 하나는 알지 하나는 몰랐어."

"제가 뭘 몰라요?"

"자네가 덕이 있고 복이 높으면 만인이 그대를 추앙하고 존경하고 말 한마디면 "예!" 하고 따른다네. 저 사람들이 왜 내 말을 안 따라 줄까 하고 상대방을 원망을 하는데 그건 아니다. 그 사람들이 네 말을 존경하고 따라 주지 않는 것은 네 자신의 덕과 복이 모자라는 거야! 네가 복과 덕이 없는데 그 사람들이 네 말을 따라 주겠느냐?"

그래서 그 학생이 깨닫습니다.

"아! 제가 복과 덕이 없네요."

"그렇지. 네가 복이 없는데 누가 따라 주나? 아는 것과 동시에 복과 덕이 있어야 해. 그래야 만인이 너를 존경하고 따라줘."

"그럼 제가 복과 덕이 없어서 안 되는군요. 그걸 몰랐습니다."

"그래, 내가 시키는 대로 할 텐가? 그럼 그 회사를 나와서 다른 데 가서 취직을 해. 이력서 내라고 하면 나는 일자무식꾼이라고 해. 정식 직원이 되려고 하지 말고, "나는 이 회사에서 가장 어렵고 하기 싫어하는 일, 그 일을 저는 월급 안 타고 3년만 봉사하겠습니다." 이렇게 해 봐라. 그럼 취직이 된다."

"예. 3년 동안 그렇게 하면 뭐가 될까요?"

"3년 동안 일을 하면서 누가 무슨 소리해도 나는 아무것도 모릅니다. 예! 예! 하고 열심히 봉사를 해. 뭘 안다는 소리도 하지 말고 그냥 봉사해. 알겠어? 그렇게 하는 자신을 돌이켜 봐. 그럼 자신을 점수 매길 수 있어. 오늘 나한테서 무슨 생각이 나왔나. 내가 한 생각 낸 것이 만인이 공감하고 만인에 이익을 줄 수 있는 생각을 했는가. 아니면 개인적 편리나 도모하는 잘못된 생각을 했는가 점검하면 자기 존재를 알아."

그래서 그 젊은이가 취직을 해서 밤에 야경하고 낮에 청소하고 하는데 형편없는 사람이 "이리와." 하면 "예." 하고 시키는 대로 했습니다. 3년이 다 되어 가는데, 회사가 도산 위기가 왔는데, 그 이사진과 중역들이 아무리 머리를 짜고 방법을 강구해도 해결책이 없었습니다. 그런데 이 젊은이가 보니까 해결책이 눈에 환히 보이는 데도 그걸 못하고 있었습니다. 그러나 노승이 3년 지나고 하라고 했기에 참았다가 한 일주일 남겨 놓고 과장을 찾아갔습니다. 과장은 회사가 도산되면 해고가 될까 걱정해서 찾아온 줄 알고,

"자네는 오래 있어도 되니까 있어!"

"그게 아니고 하나 소청이 있어서 왔습니다."

"뭔데?"

"제가 회장님을 만나 뵙게 해 주세요."

"그건 내 소관이 아니니 전무님한테 가 봐!"

전무한테 가니 전무도 회사에서 계속 일하게 해 주겠다고 합니다.

"그게 아니고 회장님을 만나게 해 주세요."

"앞으로 일주일 후에 딱 5분이야."

일주일 후 회장을 찾아갔습니다. 청소나 하는 아무것도 아닌 게 회장을 찾아오니 우습잖아요?

"우리 회사에 착한 사람이 있다더니 자넨가? 자네는 있어도 되네. 가 보게."

"회장님! 이 회사에 상당히 어려운 일이 있는 것 같은데 제가 알면 안 되겠습니까?"

"자네가 알 것도 아니고, 알아서 되지도 않아!"

"나라의 국왕일지라도 눈이 어두우면 나라를 망치는 것이고, 다리 밑의 거지라도 하늘을 솟아나는 지혜가 있기 때문에 나라를 살릴 수도 있습니다!"

"자네는 무식하다더니 그런 말을 어디서 배웠는가?"

"사실 저는 동경대를 수석으로 나온 사람이요, 3년을 무료 봉사하면서 복과 덕을 닦았습니다. 그런데 제가 보니 길이 있는데 왜 모릅니까?"

"그럼, 좋은 방법을 말해 보시오."

"제가 보니 선대 어른께서 생전에 좋은 일을 많이 베푸셨습니다. 그분에게 많은 도움을 받은 분이 있는데, 그분을 찾아가서 도움을 청하면 어려움을 해결해 줄 것입니다."

회장이 생각을 해 보더니, "아, 알겠네." 하고 그분을 찾아가서 사정을 이야기하니, "자네가 어떻게 나를 알고 찾아왔는가? 그래, 내가 자네 어른한테 도움을 많이 받았다네. 내가 자네를 도와주겠네!" 하고 도와줘서 단박에 해결됐습니다.

이 청년이 홀로 사업을 해 보겠다 하니 그 회장이 돈을 도와줘서 작게 업체를 만들어서 세웠습니다. "어느 때라도 제가 필요하다면 좋은 말씀을 해 드리겠습니다. 언제라도 찾으시면 가겠습니다." 약속을 하고 사업을 했는데 하는 사업이 불길 나듯 일어나서 엄청난 대기업이 되었습니다. 나중에 나라의 재무성까지 하고 그랬습니다.

그러니 우리들은 복과 지혜를 함께 갖춰야 됩니다.

복 없이 지혜만 있으면 아는 건 천하를 알아도 예를 들어 "여러분! 여기 사고가 일어납니다. 피합시다!" 했을 때 "미친놈 지랄하네." 하고 말을 안 듣습니다. 반대로 지혜 없이 복만 있으면 얻어먹을 것이 있으니까 사람은 많이 모입니다. 그런데 지혜가 없기 때문에 복을 계속 연장해 나갈 수가 없습니다. 그래서 복만 있어도 안 되고, 지혜만 있어도 안 됩니다.

그래서 우리는 지혜를 발전시켜 나가는 걸 연구해야 되고 밖으로 대승적인 활동을 해야 합니다. 어느 사회 직장이나 학교에서 학문만 배우는 것이 아니고 집단적인 생활 속에서 인간관계를 배우는 것입니다. 사람 관계에서 인격을 80퍼센트 기르고, 학문을 가지고 인격을 20퍼센트 기르는 것입니다. 전체가 하나로 뭉쳐져서 뜻이 하나가 될 수 있고, 격이 없고 소통하는 그런 사람 관계를 만드는 것이 대단한 사람입니다. 그것은 학문이나 욕심의 틀을 벗어나 자기 마음의 세계에 들어가야 되는 것입니다.

사람 관계에서 상대방이 나를 무시하면서 "야, 인마! 자식이 네가 뭘 알아?" 했을 때 당장 "이 새끼! 네가 날 무시해?" 하고 싸우지 않습니까? 여기 있는 분들은 의식이 높으니까 안 그러겠지요? 그렇지만 순간적으로 속게 되어 있어요. 같은 친구끼리 원수가 되는 사람이 많잖아요. 서로 각자의 마음에 뭔가 통하지 못하는 그림자가 막고 있기 때문에 그렇습니다. 어떤 틀을 가지고 있기 때문에 그것이 그림자가 됩니다. 만약 자기가 중력파를 검출했다고 내세우고 자랑하면 벌써 틀렸습니다. 거기 벌써 빠져 가지고 오염이 돼서 자기 자존심을 내세우고 남을 무시하는 마음이 나옵니다. 그러니 소통이 안 됩니다.

이러한 모든 사람들이 틀 속에 갇혀 있는 그림자를 마음에서 버려야 되는데 그러자면 어떤 것이 있을까요?

금강경에 나오는 응무소주 이생기심(應無所住 而生其心), '응당 머무는 바 없이 마음을 내라'. 마음을 내는 것은 두고, 머무는 게 없다는 것이 무엇인가요?

'응무소주'는 '나는 무엇인고?' 하는 데 들어가야 알 수 있습니다. 마음이라는 실체는 어떤 모양을 가지고도 거기에 미칠 수 없고, 어떤 종교도 거기에 미칠 수가 없고, 어떤 성인도, 철학자도, 과학자도, 학자도 거기에 미칠 수 없습니다. 거기에 미친다면 거기에 머무른 겁니다. 미치지 못하기 때문에 어떤 것도 불가침인 절대가 되어서 이렇다 말을 하면 벌써 그것과 어긋나는 것입니다. 그래서 그 자리는 머무르는 게 없다는 것입니다. 알겠어요?

머무름이 없는 그 마음은 맑고 순수해서 이물질을 붙일 수가 없는 자리입니다. 그렇기 때문에 해와 달보다도 더 밝고, 하늘과 땅보다 더 크고, 바람과 공기보다 더 깨끗한 마음을 밖으로 내서 쓰라는 것입니다. 이걸 '이생기심'이라고 합니다. 그렇게 되면 대립과 갈등이 없는 영원히 평화롭고 행복하고 즐거운 세상이 됩니다.

'응무소주 이생기심'에 대한 걸 알려면 '나는 무엇인가?' 하고 나를 돌이켜 봐야 합니다. 나를 돌이켜 보면 '응무소주 이생기심'을 단박에 통과할 수 있습니다. 역대 조사스님이 그 걸 바탕을 두고 깨달아서 중생들을 위해 몸을 헌신하고, 봉사하고, 대자비심을 쓴 것입니다.

양극화된 갈등을 해소하고 정말 순수한 평화로움과 행복을 이 땅에 만들 수 있는 그 한마디가 뭐냐 할 때, 부처님이 말씀한 '응무소주 이생기심'이고, 또 조주 스님이 남전 스님을 모시고 시봉했기 때문에 남전 스님 입적한 뒤에 누군가 조주 스님께 묻기를 "남전 스님을 친견했습니까?" 하니, "진주에 무가 난다." 했습니다. 이 한마디가 '응무소주 이생기심'과 마찬가지로 양극화에서 헤매고 시비 투쟁하는 우리의 모든 생각을 일시에 무너뜨려 주는 겁니다. 그래서 이 한마디를 이해해서 바로 알면 그 사람은 자기 인생이 바뀝니다. 전 인류가 그렇게 바뀌어야 합니다.

학생은 교우 관계 속에서 나를 깨달을 수 있는 좋은 기회가 있습니다. 옆에 있는 친구가 나를 무시했을 때 새로 발돋움할 수 있는 좋은 기회입니다. 학생뿐 아니고 주부나 가장이나 사회인 모두가 생활 속에서 사람 관계에서 자기를 돌이켜 보고 새롭게 태어날 수 있는 절호의 기회를 만나게 됩니다. 그래서 사람 관계에서 80퍼센트 인격을 완성한다고 합니다.

상대가 나를 무시했다고 같이 무시하고 싸움한다면 그건 아무 발전이 없습니다. 그때 나를 돌이켜 볼 수 있는 사람이 이 세상 많은 사람들의 머리 위에 올라갈 수 있게 됩니다.

요컨대 우리가 시급한 일은 틀 속에 갇혀 있는 데서 벗어나 무한대한 지혜를 쓸 수 있어야 합니다. 그래야만 경제와 정신세계를 완벽하게 쓸 수 있게 되어 복되고 안정된 세상을 정착시킬 수가 있습니다. 성불하십시오.

불기 2561년(2017) 5월 30일, 충남대학교 대원 대선사 초청 법문

머무른 바 없이
마음을
낸다는 것

(법상 위에 올라 양구하시고 주장자를 세 번 치고는 들어 보이시고 이르시되)

아시겠습니까?

무술년 새해를 맞이하여 국회 정각회 주호영 회장님과 회원 여러분 그리고 더 나아가서 세계 모든 중생들께 이 소식을 선물로 드리겠습니다.

바로 목전에서 이 소식을 확연히 깨달아 아신다면 영원히 대안심입명처(大安心立命處)를 수용할 것이요, 머무름이 없이 머물 것이며, 무심(無心)으로써 행할 것입니다.

그렇게 되면 주장자 머리 위에 해와 달을 걸고 광명을 대천세계에 비추니 천하가 태평하고 즐거움이 가득함이로다.

그렇지 못하다면 이 산승의 한마디를 또 들어 보십시오.

(조금 있다가 주장자를 한 번 치시고 이르시되)

淸風無蹤跡(청풍무종적)하고
白雲自去來(백운자거래)한대
通身無障碍(통신무장애)하며
明珠自戱弄(명주자희롱)이로다.

맑은 바람은 지나가도 자취가 없고
흰 구름은 스스로 오고 가는데
몸을 통하여 걸림이 없으며
밝은 구슬을 스스로 희롱함이로다.

금일 대중은 아시겠습니까?
부처가 있는 곳에 가서는 머무르지 말고,
부처가 없는 곳에 가서는 급히 지나가라.
이 두 길을 여의고 대중은 바로 일러 보십시오.

(대중이 말이 없자)

대신 산승이 여기에 한 마디 붙이겠습니다.

(조금 있다가 주장자를 한 번 치고 이르시되)

木雞啼夜半(목계제야반)하고
鐵鳳叫天明(철봉규천명)이로다.

나무 닭이 밤에 울고
쇠 봉황은 날이 밝아야 운다네.

두 가지 양변을 뛰어나는 법을 말씀드렸습니다만, 상세히 설명해서 말씀드리자면, 여당과 야당을 뛰어나고, 미국과 중국을 뛰어나고, 남과 북을 뛰어나서 양변에 머물지 말고, 속 시원한 말씀이 모든 곳을 통해서 천하가 한집이요, 하나의 동산이라. 춘풍태평 시절을 누리게 됩니다.

지식에도, 무식에도 머물지 마십시오. 지식은 양변의 시비를 가지고 있어서 불완전한 것입니다. 모든 중생은 너무나 나 자신을 모르고 살기 때문에 밖을 향해서 해결하려고 하면 도리어 전도몽상을 이룹니다. 나를 바로 보면 모든 것에 걸림 없는 큰 지혜를 발휘하게 됩니다. 지혜 있는 자는 시작도 멋지고, 중간도 멋지고, 끝마침도 멋지게 합니다. 또한 과감하게 모든 것을 책임질 줄 압니다. 어떤 고난도 달게 받을 수 있는 자입니다.

부처님께서 말씀하시길 유(有)와 무(無)가 융합하는 것을 '중도(中道)'라 이름한다고 했습니다. 유무(有無)의 대립 관계에 대해 좋은 일화가 하나 있습니다.

변증법으로 유명한 헤겔이 대문호 괴테를 찾아간 일이 있습니다.

[괴테] "참 잘 오셨습니다. 당신의 그 변증법이란 도대체 무엇입니까?"

[헤겔] "변증법이란 모순의 논리입니다."

[괴테] "모순의 논리라고요? 그렇다면 선(善)이 악(惡)이 될 수 있고, 비(非)가 시(是)로 될 수 있습니까? 유(有)가 무(無)로 될 수 있고, 무가 유로 될 수 있습니까? 모순의 논리라면 으레 당연히 물어볼 수 있는 것 아닙니까?"

이렇게 물으니 헤겔이 당황하였습니다.

[헤겔] "아, 그거야 판단하는 사람의 두뇌 여하에 달린 것 아닙니까?"

[괴테] "그렇다면 당신의 변증법을 연구할 이유가 무엇입니까? 우생학을 많이 연구하여 두뇌 좋은 사람을 자꾸 많이 만들어내면 그게 좋지, 당신 같이 변증법을 연구할 것이 무엇이 있습니까?"

이렇게 하여 헤겔이 괴테에게서 크게 망신을 당한 적이 있습니다. 그러므로 불교의 중도법문(中道法門)은 상대모순(相對矛盾)의 상통상합(相通相合)을 말하는 것이며 헤겔의 변증법은 상대모순의 발전적 과정을 말한 것입니다.

불교에서는 시간의 간격이 없는 모순의 직접적 상통을 말하고, 헤겔의 변증법은 모순의 대립이 시간의 간격을 두고서 발전적 과정을 거친다는 점에서 차이가 있는 것입니다. 불교에서는 융합하여 무애자재(無碍自在)합니다.

중국에 순치황제가 있었습니다. 그는 전생에 수행자였는데, 어느 날 황제가 행차하는 것을 보고는 '나도 황제가 되어 보는 것도 괜찮겠다.'고 한 생각 일으킨 것이 씨앗이 되어 전생 수행공덕의 힘으로 황제로 태어나게 되었던 것입니다.

환생해서는 일찍이 조실부모하고 열한 살 때부터 객지 생활을 하면서 얻어먹는 거지였지만 수행을 하고자 하는 한 마음이 있었습니다.

공심으로 남을 항상 배려하고, 자기 이익보다 남의 이익을 먼저 생각하여 거지가 되어서도 많은 거지들에게 추앙을 받는 두목이 되었습니다. 중국 천하의 모든 거지들의 두목이 되었는데, 나라의 정치가 부패하고 백성이 도탄에 빠지니까 그 거지들이 들고 일어나 혁명을 일으켰고, 그는 황제가 되었습니다. 중국이 여러 나라로, 육국으로 갈라져 있었는데, 순치황제가 다 통일하였지요. 중국 천하를 하나로 통일하고 난 뒤에 전생에 도를 닦은 분이라 황제의 자리를 연연해서 오래 있으려 하지 않았습니다. 천하를 통일하고 봐도 무상하고, 자기에게 만족된 것도 아니고, 자기 자신에게는 별로 크게 남는 것이 없는 일이라 생각하고, 야밤에 황제의 용포를 벗어 놓고, 옥쇄도 놓고, 편지 한 장 써서 훌륭한 분이 있으니 후임자로 하도록 하라고 이르고는 홀연히 야밤에 산중으로 떠나갔습니다.

지식과 정보의 첨단 과학 시대가 오늘날 인류에게 생활의 편리함을 준 것은 사실입니다. 그러나 한편으로는 인류에게 무한한 불안과 공포를 주는 면도 있습니다. 그래서 지식이라는 것은 편리함도 주지만 공포도 주기 때문에 양면성이 있습니다. 완전한 편안함을 주진 않는 것입니다.

사람이 좋게 쓸 수도 있지만 생각에 따라서는 자기들 나라의 패권을 위해서, 또 개인의 편리와 이익을 위해서 좋지 못하게 쓸 수도 있는 것이 지식입니다. 사람들이 개인적인 욕망을 가지고 있는 한 지식을 가지고는 인류에게 완전한 편안함을 줄 수가 없습니다. 그러므로 지식을 벗어난 세계야말로 인류에게 영원한 편안함과 행복을 줄 수 있는 것입니다.

그러면 지식을 벗어난 세계는 어떠하기에 그렇게 영원한 편안함과 즐거움과 복된 행복을 줄 수 있는 것인가?

그것은 바로 부처님이 금강경에서 말씀하신 '응무소주 이생기심'이라고 볼 수 있습니다.

'응무소주 이생기심'이라는 것은 부처에 머무르는 것도 아니요, 신에 머무르는 것도 아니요, 사람에 머무르는 것도 아니고, 또한 중생에 머무르는 것도 아니며, 성품에 머무르는 것도 아니고, 깨달음에 머무르는 것도 아닙니다. 또한 각각 국가를 자기 것이라고 하는 집착된 생각, 대한민국, 중국, 세계 각국이 자기 나라라고 가지고 있는 그런 테두리에 머무르는 것도 아닙니다.

또 오늘날 사상으로 따지면 '사회주의'니 '공산주의'니 '자유민주주의'니 하는 그런 사상에 머무르는 것도 아니고, '사회과학'이니 '자연과학'이니 '인문과학'이니 하는 이런 학문에도 머무르지 않고, 어떤 종교에도 머무르지 아니합니다.

또한 '유신론'이나 '무신론', 그리고 '유물론'과 같은 사상에도 머물지 않습니다. 일체 어떤 것도 여기에 붙일 수가 없는 것, 세상의 모든 학문이나 종교나 이런 어떤 모양의 테두리에서 벗어난 차원의 세계를 '응무소주'라 하는 것입니다.

'응무소주'의 실체가 그렇습니다. 양변을 뛰어난 세계, 대립된 양변을 뛰어난 차원입니다. 그래서 진리의 실체이기에 귀천이 없고, 고하가 없고, 성인이니 중생이니 신이니 하는 일체가 없는 것입니다.

그래서 진여자성이라고 이름을 붙인다면 '응무소주'라는 머무르는 바 없는 그 실체를 진리라고 합니다. 진리의 세계에서는 누구나가 다 평등합니다. 그 세계를 우리가 어떻다고 말로는 할 수 없습니다. 그것을 불가사의하다고 합니다. 불가사의한 세계를 '이생기심'이라 하고 그 세계를 밖으로 드러내서 마음으로 쓴다는 것입니다.

그 세계를 마음으로 드러내서 쓰는 사람은 어떠냐 할 때 무한한 무아의 세계, 즉 내가 없는 무아의 차원이라 하기도 하고, 그것을 또 무주(無住)라 하기도 하고, 머무르는 바 없다고 하기도 합니다. 무아와 무주의 마음을 쓰는 것, 무한대한 마음을 밖으로 쓰는 것을 곧 대자비(大慈悲)라고 하는 것입니다.

무아와 대자비의 그 마음을 밖으로 쓰는 사람은 이 세상이 그야말로 천국이고, 극락세계를 정착시키고 살아가는 그런 차원의 세계로 발돋움하는 것이며, 여기에서는 3차원, 4차원, 5차원이라는 어떤 차원을 벗어난, 시공을 초월한 세계입니다. 그래서 이것을 '무애자재하다', '서로가 걸림이 없는 세계'라고 합니다.

그러면 걸림이 없는 세계에서는 어떻게 되느냐?

서로 눈만 마주쳐도 척 하고 다 알아차리고, 말을 하지 않아도 서로 상통해 버려서 융합이 되고 다 잘된다는 것입니다.

그 세계의 마음을 쓰는 사람은 오늘날 정말 어려운 이 시대에도 책임질 줄 아는 사람입니다. 내가 잘못한 게 없어도 직장에서 어떤 일이 생기면 다 내 책임이요 합니다. 만약 모든 직장인이 다 스스로 내 책임이라고 같이 들고 나온다면 얼마나 좋겠습니까? 모든 게 해결된다 이거예요. 서로가 모두 내 잘못이요, 내가 책임진다고 나온다면 얼마나 일이 쉽게 해결이 되고 잘 되느냐 이겁니다.

그런데 전부가 명예로운 것은 자기가 차지하려고 하고 불명예스런 일이 생기면 뒤로 싹 빠지고 책임 안 지려고 합니다. 그런 속성은 오늘날 명예와 불명예의 양변을 가지고 있기 때문에 그렇습니다. 양변의 마음을 벗어나려면 우리는 '응무소주 이생기심'을 알아야 한다, 이것을 말하는 것입니다.

나 자신이 뭔지, 나란 존재가 뭔지를 바로 알면 바로 그 사람은 '응무소주'를 알게 되고, 그때 자기의 무한대한 무아의, 자비의 마음을 쓸 수 있는 사람이 됩니다.

본래 '응무소주'라는 무아의 세계에서는 귀천이 없고 고하도 없지만, 오늘날 이 세계에는 귀천도 있고 고하도 있습니다. 잘사는 사람도 있고 못사는 사람도 있다 이겁니다.

그게 왜 그러냐?

'응무소주'라는 이 무아의, 자비의 마음을 널리 밖으로 옮겨 쓴 사람은 쓴 것만큼 무한대하게 밖으로 창조하게 되지만, 그 마음을 도외시하여 버리고, 중생의 양변을 가지고 있으면서 좋고 나쁜 것을 가리고, 따지고, 좋은 것은 내가 차지하고 나쁜 것은 내가 안 하려고 하는 그 마음 자체로는 밖으로 크게 창조할 수가 없습니다. 그 마음은 창조가 되지 않습니다.

그래서 '응무소주 이생기심'의 마음을 쓰지 않고 살아가는 오늘날 지식 정보 사회, 첨단 과학 시대에 우리는 이 땅에 영원한 행복과 편안함을 정착시킬 수 없는 것입니다.

지식이라고 하는 것은 오늘의 지식이 다시 새로운 어떤 패러다임에 의해서 잠식되게 되어 있습니다. 그럼 또 새로운 지식을 개발해서 드러내면 오늘날 쓰는 이 지식은 다시 잠식돼서 없어진다는 것입니다. 그래서 지식보다는 우리들이 '응무소주'의 이 마음을 바로 알아야 되는데, 이것을 알자면 우리는 각자 자신의 마음이 확실히 어떤 것인지 알아봐야 됩니다.

자기 마음을 바로 보고 아는 사람, 그 사람을 바로 자기를 깨달아 아는 사람이라고 하는 것입니다. 자기를 깨달아 아는 그 사람이야말로 이 세상에서 완벽한 인생을 살아갈 수 있습니다. 또한 완벽하게 편안하고 행복한, 그런 청정 극락국토를 이 땅에 바로 세우고 정착시켜 살아갈 수 있게 됩니다. 그래서 마음으로 '응무소주 이생기심'을 아는 사람은 밖으로 자비로운 마음을 스스로 쓰게 되는데 그 쓰는 데 있어서는 '사념처(四念處)', '사섭법(四攝法)', '사무량심(四無量心)'이 있습니다.

사섭법이란, '보시섭(布施攝)', '애어섭(愛語攝)', '이행섭(利行攝)', '동사섭(同事攝)'이고, 사무량심은 '자(慈)', '비(悲)', '희(喜)', '사(捨)'입니다.

이 사섭법과 사무량심은 중생심으로는 쓸 수가 없습니다. 중생심을 벗어난 세계야말로 그 마음을 쓸 수가 있는데, '응무소주'의 마음을 알면 그 마음은 사섭법과 사무량심을 쓸 수가 있습니다.

과거에 부처님께서 인행시(因行時)에 수행을 할 때 본인이 어떻게 하면 '응무소주 이생기심'이라는 무한대한 진리를 깨달아서 그 마음을 밖으로 쓸 수 있을까 부단히 노력을 하고, 수행을 통해서 그것을 깨달으려고 했습니다. 수행자가 되어 어느 날 길을 가는데, 호랑이가 새끼 다섯 마리를 품고 있는 것을 보았습니다. 그런데 어미가 사냥을 해야 자기도 살고 새끼들도 젖을 먹일 수가 있는데 그렇게 하지 못하여 어미도 굶고 새끼들도 굶어 죽는 광경을 보았습니다.

그 광경을 보고 그 수행자가 생각하기를, '일체 모든 만물이 둘이 아니고 나와 하나라면 저 호랑이와 내가 어찌 다르단 말인가? 그렇다면 인간이니 호랑이니 차별을 두고 굶어 죽는 호랑이를 그냥 죽게끔 하고 간다는 것은 진리의 마음을 가진 사람이 아니고 중생의 마음에 머물러 있는 것이 아닌가? 내가 깨달음의 '응무소주'라는 무아의 무한대한 진리의 마음의 세계로 들어가자면, 실지로 실행에 옮기는 마음을 가져야만 되지 않겠는가?' 그래서 본인이 호랑이한테 가서 호랑이 어미를 보고 "내 이 몸을 뜯어 먹고 기력을 차려서, 새끼에게 젖을 먹이고 살려야 되지 않느냐." 하고 손을 들이대고 뜯어 먹으라고 하니까 호랑이가 먹지를 않으므로 수행자가 가사를 벗어서 개어 놓고 손가락을 칼과 돌로 때려서 피를 내어 호랑이한테 먹이니까 호랑이가 그제야 피 냄새를 맡고 그대로 산 채로 뜯어 먹는다 이거지요. 몸을 산 채로 뜯어 먹히는데 처음에는 괴로웠지만 그래도 이 모든 중생을 위해서 아낌없이 내가 몸을 바친다는 그런 마음으로 한 생각을 돌이켜서 자기 자신을 깊이깊이 돌이켜 보는 그 속에, 그렇게 마음이 아주 즐겁고 편안할 수가 없었습니다.

그럴 때 하늘땅이 막 움직이고 밝은 대낮인데 천둥 번개가 치고 천지가 움직이는 것이었습니다. 그러자 하늘의 제석천신이 내려와 비파를 타면서 찬탄의 노래를 부르며 다음과 같이 말했습니다.

"하늘 위나 하늘 아래 오직 그대와 같은 분이 또 어디에 있겠습니까? 이와 같은 분은 오직 처음 보는 일이며, 저 또한 처음 이렇게 뵙게 됩니다. 바로 그대야말로 이 세상 일체중생을 위하는 그런 여래 부처님이라고 볼 수 있습니다. 저도 부처님으로 모시겠습니다."

그때부터 부처님을 여래 부처님이라고 이렇게 모든 분이 칭송하여 이름을 부르게 된 것입니다.

그렇다면 사무량심이라는 것은 자·비·희·사인데, 자는 일체중생을 내 몸과 하나 같이 사랑하는 것이고, 비는 내가 일체중생의 고통을 대신 받을지언정 일체중생의 고통을 없애 주는 것입니다. 희는 무엇입니까? 일체중생에게 기쁨을 주는 것입니다. 또한 사는 무엇입니까? 일체중생의 미워하고 사랑하는 두 가지 생각을 다 버리고, 일체중생에게 아낌없이 모든 것을 던지는 것입니다. 그것이 버린다는 것입니다.

자·비·희·사는 중생이 아무나 행할 수도 없는 일입니다.

우리 중생들은 오늘날 양면의 지식을 가지고 살아가는 시대를 살고 있습니다. 인공위성을 통한 통신이라도 거리가 있어요, 시간 차이가 있습니다. 그런데 최근 중국에서는 춘추시대에 겸애(兼愛)를 주장했던 '묵자'의 이름을 딴 양자 통신 인공위성을 개발하여 쏘아 올렸습니다. 거기에는 거리가 없어요. 거기에서 바로 통신을 넣으면 여기서 간격 없이 바로 변형돼서 나타난다는 것이지요. 찰나가 없어요. 그래서 시간과 공간이 없는 것이라 이거지요. 이렇게까지 중국에서 양자 통신으로 발전을 했습니다.

또 지금은 알파고라는 컴퓨터가 사람의 두뇌를 능가한다고 하지요. 또 앞으로는 로봇의 두뇌가 사람을 능가할 수 있도록 만들어낸다 이건데, 그렇게까지 발전을 했다고 하자면 로봇이 앞으로 사람한테 크게 두려운 존재가 됩니다. 그것이 두려운 존재가 되어 우리에게 오히려 불안을 주는 것인데, 그게 무슨 우리 인류에게 행복을 주는 것이 되겠습니까?

아무리 과학이 발전되고 이렇게 물질 만능으로 만들어진다 하더라도 그것은 결코 우리 인류에게 영원한 행복과 평화를 줄 수 없습니다. 우리들이 영원한 평화와 행복을 이 땅에 정착시키고 살려면 바로 우리들이 나 자신을 바로 보고, 나 자신에게 있는 '응무소주 이생기심'의 머무르는 바 없는 마음을 낸다는 이런 차원의 진리를 우리 자신에게서 찾아보고 깨달아 알아야 합니다. 이렇게 깨달아 알았을 때 이 세상의 모

274

든 모양은 바뀌는 것이고, 그것이 바로 대해탈인 것이고, 대열반의 세계인 것입니다.

즉 말하자면, 밖으로 창조를 하자면 마음을 어떻게 크게 내느냐에 따라 다른 것입니다. 마음을 쓸 때 누구나가 다 부자도 가난한 자도 따로 없는 것이고, 직위가 높고 낮은 것도 없는 것인데 자기 본인이 마음으로 지어 놓은 바의 원인에 따라서 그 결과를 받는 것입니다. 본래는 비어 있는 진리의 세계에 그런 것이 없는데 밖으로 드러낼 때에 따라서 모양이 다른 것입니다.

그러면 그것이 왜 그러냐?

과거 조선시대 때 양반들이 세도 부린다고 범어사 스님들에게 와서 매년 닥나무로 종이를 만들어서 올리라, 오만 것을 다 해 오라 하고 부역을 너무나 시켜서 스님들이 애를 먹었습니다.

그때 당시에 어느 스님 한 분이 내가 원력을 세워서 '이 범어사에서 노역하는 스님들을 괴롭히는 이런 일을 면하게 해야 되겠다. 내가 지금은 복이 없어서 나의 이 인품을 가지고는 그것을 막을 길이 없으니 내가 원력을 세우고 닦아, 다음에 내가 이 몸을 바꿔서 태어나면 반드시 범어사에서 노역하는 것을 면하게 하겠다.' 그런 마음을 가지고 밭에다 참외를 심어 오고 가는 사람들에게 참외를 무료로 공양을 베풀어 주고, 또 고구마를 심어 배고픈 사람들에게 공양을 베풀어 주고, 그렇게 하기를 일생을 했습니다.

　일생을 남에게 베풀어 주는 보시 공덕을 많이 하고, 목숨을 마친 뒤에 이 스님이 나라의 큰 벼슬을 한 조음이라는 대감으로 태어난 것입니다. 일본 통신사로 가고 오면서 감자 씨를 가져오신 분이 조음이라고 합니다. 이분이 높은 벼슬에 올라서 범어사에 갔는데 거기 스님들이 노역을 당하고, 억울한 일을 양반들에게 많이 당하는 것을 보고 하는 말이 "내가 이제 범어사의 모든 노역하는 스님들의 어려운 문제를 해결해 주겠다." 하고는 면하게 했습니다.

　전생에 원력을 세우고 자기가 일생을 남을 위해 참외와 고구마를 농사지어서 무료로 공양을 베풀고, 일생을 그렇게 했던 공덕으로 이 스님이 다시 나라의 벼슬 있는 대감으로 태어나서 범어사 스님들이 노역하는 모든 어려운 문제를 해결해 주었던 것입니다.

　그와 같이 우리가 살아가는 데 어떻게 사느냐에 따라서 우리 인생이 창조되는 것인데, 오늘 이 자리에 계시는 불자님들(정각회 회원님들)께서도 국회의원이라는 이 자리가 그리 가벼운 자리는 아닙니다. 사회에서 아무것도 없는 일반 서민들은 자기 힘이 없어서 어려운 일을 당할 때도 참 많습니다.

　국회의원이라는 높은 자리에 있을 때가 절호의 좋은 기회입니다. 아주 큰 복과 공덕을 지을 수 있는 절호의 기회입니다. 남을 도와주려고 해도 자기가 힘이 없어서 도와주지 못하는 경우가 많습니다. 그러나 여러분은 남을 도와줄 수 있는 힘을 가진 분들입니다. 그렇지 않나요? 그러니 여러분들이 남을 위해, 나라를 위해, 국민을 위해, 어떻게 하면 국민들이 어려운, 곤궁한 데서 벗어나서 잘 살 것인가. 또한 국민에게 고통이 있다면 그 고통을 내가 다 대리로 받고, 모든 책임을 내가 짊어지고라도 국민이 편안하고 잘살 수 있다면 나는 한다는 그러한 국회의원이 되어야 합니다.

그리고 국회의원 사무실의 문턱이 높아서는 안 됩니다. 문턱이 없어야 됩니다. 지나가는 거지가 찾아오더라도 얼른 쫓아 나와서 참 잘 오셨다고 이러면서 그분의 애로와 아픔을 들어 줘서 어루만져 주고 그것을 도와주는 그런 국회의원이 되어야 합니다.

여러분은 나라를 위해서 국민이 선택해 뽑은 국회의원이 아닙니까? 그러니 국회의원으로서 있을 때가 정말 절호의 좋은 기회입니다. 나라를 위하고 국민을 위해서 정말 멋지게, 수행자가 호랑이한테 몸을 바치듯이 여러분도 그런 마음으로 국민을 아끼고 사랑하는 그런 국회의원이 된다면 이 나라가 얼마나 발전되겠습니까? 이 나라가 풍요롭고 향기로운 그런 복된 나라로 다시 발돋움할 것이고, 우리나라 국민들은 세계의 문명국가를 일구는 일등 국민이 될 것입니다.

정치문화가 먼저 발전되어야 합니다. 정치문화가 발전되지 않으면 안 됩니다. 물론 우리나라 국민의식이 어느 정도에 있는가를 보려면 그 나라 정치인을 보면 안다고 합니다. 정치인이 어디서 나왔느냐, 국민한테서 나왔거든요. 그러니 이 나라 전체 국민의 의식이 살아나려면, 첫째, 국민이 뽑은 국회의원 여러분의 의식이 먼저 깨어나서 상승되어 있는 의식의 세계에 먼저 앞장서 걸어갈 때 이 나라는 큰 발전이 있다고 봅니다.

요사이 불교에 허물이 있니 없니, 불교가 부끄러우니 어쩌니, 이런 논란이 있는데, 이것을 너무 액면 그대로 받아들이면 안 됩니다.

불교계 속사정을 살펴보면 곳곳에서 피눈물 나게 수행정진하는 스님들이 있고, 또 포교하는 스님들도 있고, 봉사하는 스님들도 많습니다. 특히 계룡산 학림사 같은 데에는 20여 명의 수좌들이 3년간 잠을 안 자고 용맹정진하고 있습니다. 일반인은 일주일만 잠을 안 잔다고 해도 엄두가 나지 않는데, 3년을 잠을 자지 않고 수행한다고 생각해 보십시오. 쉽게 할 수 있는 일이 아닙니다.

옛 말씀에 한 고을에 한 사람만 수행정진 잘하는 사람이 있어도 그 고을에 재앙이 없다고 했습니다. 하물며 이렇게 많은 스님들이 수행을 하고 있는데 이런 좋은 모습을 여러분은 잘 모르고 있습니다. 일반적인 사무 행정을 맡아 보는 스님들이 한 잘못된 실수나 밖으로 드러난 여러 가지 아름답지 못한 행동은 일부 스님들 이야기입니다.

'불교가 망망대해에서 침몰하는 배와 같다.'라는 말도 있는데, 그것도 있는 그대로 받아들일 것이 아니라 선지식의 의지가 담겨 있는 법문의 일구로 잘 알아들으면 좋겠습니다. 왜 그러냐 하면 운문 스님에게 학인이 "어떤 것이 부처입니까?" 하고 물으니 "마른 똥 막대기."라고 대답했습니다. 운문 스님의 말씀을 곧이곧대로 듣는다면 부처를 마른 똥 막대기로 봐야 되지 않겠습니까? 그것은 아니지 않습니까? "마른 똥 막대기."라 한 그 의지를 바로 봐야 합니다. 그와 같이 망망대해에 침몰하는 배와 같다고 말했지만 불교가 어찌 침몰하는 배와 같겠습니까? 그렇게 액면 그대로 들으시면 안 됩니다. 그렇게 말씀하신 그분의 의지가 있습니다. 그렇게까지 말씀하신 그분의 의지를 여러분이 바로 볼 줄 알아야만 됩니다.

요사이 세간에서 『붓다로 살자』라는 책도 나왔습니다만, 잘못된 말이니 수정해야 합니다. 불교 교단은 예부터 불(佛), 법(法), 승(僧), 삼보(三寶)라 합니다. 붓다 명칭 하나로 살아가야 한다면 승단, 즉 승보(僧寶)가 필요 없어질 것입니다. 이것은 잘못된 것입니다. 깨달은 조사스님들도 승보로 살아가셨습니다.

오늘날 의원님 여러분은 어떻게 생각하는지 몰라도 불교가 이런저런 말이 많으니, 불교가 좋지 못하다느니, 이런 여러 가지 많은 여론을 많이 듣고 알고 있겠지만, 그 여론의 액

면으로 나타나 있는 그것만 보지 마십시오. 불교의 교단이라는 자체는 흥망성쇠가 있어도, 혹여 교단이 없어져도 불교 자체는 없어지지 않습니다. 아까 말했듯이 '응무소주 이생기심'이라는 무한한 진리는 우주법계, 상주법계 이대로가 모두 진리라서 진리 자체는 영원히 없어지지 않기 때문에 불교는 망하지 않습니다.

그리고 또 설사 부처님 경전이 없고, 불상이 없어도 부처님 법을 전해 줄 수 있는 것이 있습니다. 그것은 뭐냐? 선(禪)이 있기 때문에 그렇습니다. 선이라는 것은, 마음을 깨달은 분들은 부처님이나 경이 없어도 가는 곳마다 화엄경, 법화경 진리의 말씀을 밖으로 드러낼 수 있다 이겁니다. 그래서 불교는 망하지 않는다 이거지요.

그와 같이 국회의원 여러분께서도 너무 집착하는 마음을 갖지 마십시오. 집착하는 마음을 갖게 되면 다음에 국회의원 또 되어야지 하고, 또 그에 따르는 수많은 일들이 생겨나게 되고, 노력을 해야 되고, 많은 걸 해야 됩니다. 그것을 생각하는 것보다는 내일을 생각하지 말고, 지나간 일도 생각하지 말고, 오늘 이 자리에 목전에 있는, 여러분 현실에 목전에 있는 의원으로서 자기 일을, 국민을 위해서, 참으로 자기는 떨어진 옷을 입더라도 국민을 위해서, 국민의 애로를 들어 주고 앞장서서 봉사하는 마음으로 그렇게 공심을 가지고 하시는 것이 중요하다고 봅니다. 의원님을 비롯해서 나아가 이 나라 국민과 세계 인류가 다 이와 같이 한다면 세계가 한 봄바람의 동산이 될 것입니다.

최근 이슈로 새해 최저 임금 인상이 있습니다. 이에 따라서 한쪽은 임금 인상을 반기는 반면 한쪽에서는 아파트 경비원이 해고되는 등의 부작용이 있습니다. 어떻게 해결해야 되겠습니까? 이것은 옳고 그른 양극단을 떠나서 생각해 볼 필요가 있겠습니다.

그런데 오늘 제가 이렇게 말씀을 많이 드렸습니다만, 그 말씀 드린 데 대해서 한 가지 빠진 것이 있습니다. 그것이 뭐냐 하면, 그러면 오늘날 우리가 어떻게 하면 양극단의 대립된 이 생각을 뛰어나서 더 높은 차원으로 갈 수 있는 것이 무슨 법이 있느냐고 묻는다면, 거기에 대해서 제가 말씀드리자면 그렇습니다.

남전 스님의 법을 전해 받은 조주 스님이 있습니다. 조주 스님은 남전 스님 시봉을 오래했습니다. 조주 스님께 어떤 분이 "남전 스님을 시봉하고 친견한 일이 있습니까?"라고 물었습니다. 남전 스님을 모신 일은 사실이니까 모셨다든지 했다든지 이런 대답을 하면 되는데, 그런 말은 없고 "진주에 무가 난다."라고 대답을 했습니다. "진주에 무가 난다."라는 조주 스님의 이 한마디가 바로 우리들이 남전 스님을 친견했느니 안 했느니 하는 두 가지 양변에서 뛰어나는 그런 차원의 세계를 바로 보여준 것입니다.

　이 한마디가 바로 우리 중생과 부처를 뛰어나는, 양변을 뛰어나는 그런 세계를 확연하게 보여 준 것이니 오늘 여러분 한번 잘 생각해 보셔야 합니다.

　마지막으로 또 한 가지 부탁드릴 것은 제가 말씀드렸듯이 우리가 두 가지 양변을 뛰어나서 '응무소주 이생기심'의 세계를 알려면 '나는 무엇인가', '나라고 하는 존재', '나라는 건 본래 무엇인가', 나를 바로 보고 바로 아는 것이 가장 중요합니다. 그러니 오늘부터 여러분이 '나는 무엇인가' 하고 나를 알아보려고 돌이켜 보는 그런 공부를 우선적으로 먼저 하는 것이 꼭 필요한 것입니다.

　이 세상에 먼저 해야 할 일이 있고, 뒤에 해야 할 일이 있습니다. 이 세상 사람들은 뒤에 해야 할 일을 먼저 급하다고 하고 있고, 급하게 해야 할 일은 뒤로 미루고 있습니다. 그래서 오늘날 우리들은 전도몽상으로 잘못되게 가고 있습니다.

　바로 가려면 어떻게 해야 되느냐?

　바로 나부터 먼저 해결해야 됩니다. 나 자신부터 먼저 나를 바로 보고 바로 해결하면서 이 세상에서 정치도 하고, 사업도 하고, 학문도 하고, 모든 일을 한다면 그야말로 이 세상의 모든 사람들은 걸림이 없는 무애자재한 그런 차원의 세계를 살아가는 분으로 발돋움하게 될 것입니다.

오늘 여러 가지로 바쁘신데 이렇게 말씀을 많이 드려서 여러분이 얼마나 많은 이익이 됐는지는 모르겠습니다만, 간단하게 생각한다면 우리는 다른 게 없습니다. 나를 바로 보고, 나를 바로 알자는 데 있습니다. 나는 무엇인가라는 것이 화두입니다.

여러분 건강하시고 앞으로 나라를 위해서, 복된 나라, 또 편안한 나라로 만들기 위해 여러분이 앞장서서 열심히 봉사·헌신해 주시기를 부탁드립니다.

모두 건강하시고 성불하십시오.

個個人我執解消(개개인아집해소)
自然春風到太平(자연춘풍도태평)

개개인이 나라는 아집을 모조리 녹여서 버리면
자연히 봄바람이 일어나서 천하가 태평할 것이로다.

(주장자를 세 번 내려치고 법좌에서 내려오시다.)

불기 2562년(2018) 1월 10일, 국회 정각회 법회

절대 평등한
존재의 가치

(법좌에 올라 주장자를 세 번 치시고)

아시겠습니까?

이렇게 만나 뵙게 되어서 반갑습니다. 이 세상에 만남의 인연이 가장 소중한 것입니다. 인연은 좋은 인연도 있고, 악연도 있는데, 풍양 조문 명문에 태어난 것이 좋은 인연이고, 또 종현 여러분과 함께 만난 것이 또한 더 없는 좋은 인연이라고 봅니다.

即下契合大悟(즉하계합대오)하면

超脱三界(초탈삼계)하야
永用大安心立命處(영용·대안심입명처)하며
永用大幸福(영용·대행복)하고
永用大智慧(영용·대지혜)하야
安居大滿足生活(안거대만족생활)하리라.

즉하에 계합하여 크게 깨달으면
삼계를 벗어나서
영원히 안심입명처를 수용하며,
영원토록 대행복과 대지혜를 써서
대만족한 생활을 편안히 누리리라.

이렇지 못하면 우리는 항상 불안한 중생의 의식(意識)으로 살아가게 됩니다. 행복은 편안함이요, 고통은 불행입니다.

오늘날 우리는 최첨단 과학 정보 시대를 살고 있습니다. 지식을 쌓아 온 결과이지요. 하지만 지식은 양면성이 있습니다. 물질을 발전시켜 우리의 삶이 편리한 것은 사실이나 한편으로는 중생의 독단적인 편리 위주의 개인 욕망과 욕구를 충족하고자 하는 욕심으로 지식을 역으로 악이용하고 살아감으로 인간에게 무한한 공포와 고통을 안겨 주고 있습니다.

지금 이 순간에도 세계 각국은 자국의 이익을 위하여 물질을 악이용하고 있지 않습니까? 대량 살상 무기인 핵무기가 그렇고, 마냥 이롭기만 할 줄 알았던 컴퓨터와 핸드폰도 범죄를 위해 쓰이고 있는 현실입니다. 이러한 현실은 편안한 안전지대가 못됩니다.

대한민국은 일찍이 의식 안에 절대적인 불성의 인본중심주의(人本中心主義)의 인의예지신(仁義禮智信), 홍익(弘益) 등 우리의 존재 가치가 우주에서 가장 존귀하다는 것을 알고 살아왔습니다. 깨어 있는 의식이 가장 우수한 세계 일등 국민이었습니다.

그러나 오늘날 우리나라 국민은 서양의 물질 발전을 너무 탐착하다보니 우리의 보물인 불성심(佛性心)의 존귀한 가치와 도덕적인 인격을 망각하며 살고 있습니다. 그러다 보니 오륙십 년 전보다 우리 국민의 의식은 더 말할 수 없이 삭막해졌고, 사회는 살상을 밥 먹듯이 자행하는 험악한 세상이 되었습니다.

우리는 하루빨리 우리의 전통 정신문화를 계승하고 인간이 가장 존귀하다는 가치를 회복하여 정신문화와 물질과학 문화를 병행 발전시켜 가야만 세계를 능가하는 일등 문화 국민이 될 것입니다. 그리하여 세계를 선도하여 인류가 불성의 대자비심, 대지혜, 공생, 공존, 공익, 공유를 함께하여 편협보다는 긍정을, 사심보다는 공심을, 배타적인 것보다는 포용을 하고 사는 현실이 이 땅에 정착이 된다면 이 세계가 그야말로 극락 천국이 되는 것입니다.

세계평화도 불성의 절대 평등한 존재의 가치를 알 때 서로 적대하는 담장이 무너지고 세계가 한 가족의 동산이 되어서 영원한 편안, 평화, 행복을 만끽하고 대만족의 세상을 살아가게 될 것입니다.

그러기 위해 여기 계시는 여러분께서 먼저 절대적인 불성의 존귀한 가치를 인식하고, 믿고, 세상을 대자비한 지혜의 마음으로 사시는 주역이 되어 주시고, 아울러 모든 분들이 불성으로 살아갈 수 있도록 선도하는 스승이 되어 주시길 간곡히 부탁드리는 바입니다.

일찍이 저의 시조 조맹공께서는 불성의 존귀한 가치를 깨달아 현인군자로서 나라를 살리는 데 큰 공을 세우셨습니다. 지금도 견성암이라는 암자가 있지 않습니까? 종현 분들도 시조 어른의 정신문화를 잊지 마시고 계승하여 메말라 가고 퇴락된 이 시대의 의식을 되살리는 데 함께 뜻을 모아 앞장서 주셔야 되겠습니다. 이 산승도 몸은 비록 출가한 승려지만 그 뿌리는 풍양 조문에 있기에 종현 여러분과 뜻을 함께하여 노력하겠습니다.

날씨도 무더운 가운데 이렇게 찾아 주셔서 자리를 함께하신 것을 보니 마음도 하나로 모아진 것이라고 생각이 되어 기쁘기 그지없습니다.

앞으로 풍양 조문이 크게 발전하여 각기 무한한 행복이 충만하기를 바라며, 그 행복이 나라와 인류에게 골고루 함께 할 수 있는 그런 가문이 되기를 기대해 보면서 이만 마치겠습니다. 장시간 지루하게 해 드린 것 같아서 미안합니다. 종현 여러분들의 건승을 빕니다.

(주장자를 세 번 치고 하좌하시다.)

불기 2563년(2019) 8월 11일, 풍양조씨법회

주인으로서
복되게 사는 법

(법좌에 올라 주장자를 세 번 내려치고 이르셨다.)

아시겠습니까?
곧바로 계합하여 깨달으면,

踏步乾坤振淸風(답보건곤진청풍)
處處相逢與甘露(처처상봉여감로)
靑蓮不惜親分付(청련불석친분부)
罕遇知音會破顔(한우지음회파안)

건곤을 밟으며 맑은 바람을 떨치고
만나는 곳곳마다 감로를 줌이로다.

푸른 연꽃을 아끼지 않고 친히 건네주건만

바로 보고 바로 알아서 미소 지을 줄 아는 이 만나기 어렵
도다.

일체중생이 모두 가지고 있는 불성에 대자비, 대지혜, 인
의예지신, 홍익사상을 함유(含有)함이니, 인류가 이 도리를 바
로 보아 깨달으면 대행복과 대만족을 여기서 완전히 현실에
정착하고, 향기로운 대안정(大安定) 세계평화를 이루고, 세계
가 한 가족인 낙원을 목전에서 만끽하고 사는 것이니 매일매
일호일(每日每日好日)이 아닐 수 없습니다.

이렇게 매일매일이 좋은 날이건만 지금 주변 세상에 어
려운 일들이 많이 벌어지고 있습니다. 코로나 전염병이나 장
마와 수해로 나라와 국민 많은 분들이 고통받고 있습니다. 이
럴 때일수록 불성으로 돌아가고 나 자신으로 돌아가야만 이
겨 나갈 수 있습니다.

우리 학림사도 코로나가 유행하기 시작하면서부터 매일
영가천도 기도를 올리고 있습니다. 우리 모두가 불성의 지혜
로 안정이 되어야 합니다.

이번 장마 수해에는 가축들도 예외가 아니었습니다. 이
번 홍수로 축사를 잃고 갈 곳 잃은 소 떼들이 사성암으로 피
신을 했습니다. 축생들도 사찰의 평안함을 알고 찾아갔다고
할 수 있겠습니다.

지금이 보다 많은 불자와 국민이 절을 찾아 몸과 마음의 평안을 되찾고 성장하는 기회이자 계기이기도 하다고 생각됩니다.

다른 나라보다 특히 우리 불교는 국가와 호흡을 맞추어 코로나 위기를 잘 극복해 나가고 있습니다.

재앙이 없는 편안하고 복된 나라가 되자면, 우리 인류의 의식에 망념(妄念) 공해가 없어야 가능합니다. 우리의 참나를 바로 보고 참나로 돌아와야 됩니다. '나는 무엇인가?' 틈날 때마다 시간 있을 때 자신을 돌이켜 자신의 불성, 참 면목을 보십시오. 모든 소망이 다 이루어집니다. 본래 만족되게 자신에게 있는 것을 확인하게 됩니다. 그렇게 되면 완벽한 대만족을 이루고 사는 분이 됩니다.

오늘날 우리 국민은 이러한, 세계 어느 국민이 따라올 수 없는 정신문화의 보배를 가지고 있는데 지금은 잃어버리고 살고 있습니다. 우리의 오천 년 우수한 정신문화는 퇴보되고, 서양의 짧은 삼사백 년 된 미개(未開)한 정신세계로 귀속(歸屬)되어 살다 보니 우리의 의식이 혼탁해서 오늘날 현실이 많이 어려운 사회가 돼 많은 고통을 겪고 사는 것이 사실이 되었습니다.

그러다 보니 세계를 능가하는 뛰어난 정신문화를 세계에 소개하고 당당하게 존경받는 최고 문명국가의 국민으로서 자부하고 인정받는 국민이 되어야 되는데 지금은 그렇지 못

합니다. 우리는 하루빨리 본래의 정신문화로 되돌아와서 그 바탕 위에 오늘날 최첨단 과학 정보를 섭수, 발전시켜 나간다면 우리의 힘을 길러서 독자적인 해방된 독립국으로 자주권을 가지고 당당하게, 세계의 주인으로서 복되게 살아갈 수 있지 않나 생각해 봅니다.

이러한 정신문화는 세계적인 석학이나 과학자도 풀지 못하는 숙제입니다. 20여 년 전 미국에 나가 보고는 그들이 오히려 정신문화에 관심이 많고, 우리나라는 정작 우리의 보배를 소홀히 여기고 있다는 것을 크게 느꼈습니다. 그래서 돌아와 사부대중이 함께하는 시민선원과 템플스테이를 개설하여 모두에게 정신문화를 가르치고 전파하게 되었습니다.

이렇게 하여 모든 중생의 절대적인 불성의 존재 가치를 빨리 인식하고, 세계와 인류가 이러한 불성의 보배로운 존재 가치를 깨닫고 함께 살아간다면 세계평화는 저절로 이 땅에 정착이 되어 극락 천국의 세계가 아닐 수 없습니다. 우리는 하루빨리 의식의 공해를 추방, 개혁하고 보수와 진보를 넘어선 대융합의 세상을 이루어 영원한 이 땅에 행복의 노래를 부르고 살아갑시다.

人達好事精神出(인달호사정신출)
馬遇寒霜氣力生(마우한상기력생)

인간은 좋은 일에 달하면 정신이 뛰어나고
말은 찬 서리를 맞으면 기력이 생김이로다.

아시겠습니까?

目前無異路(목전무이로)
達者共同途(달자공동도)

눈앞에 다른 길은 없고
깨달은 사람은 한결같은 길이로다.

(주장자를 세 번 내려치고 법좌에서 내려오시다.)

불기 2564년(2020) 6월 23일, BBS 백인 백고좌 법회

닦아서
얻어지는 게
아닌 것

대중께서는 아시겠습니까?

지금 여러분과 제가 마주 보는 이 자리에서 바로 척 하니 계합을 해 바로 알아차리면 여러분은 일생 동안 참선을 안 해도 됩니다. 닦아야 할 일이 없습니다. 또 세간이나 출세간의 일체 모든 법에 있어서 조금도 의심할 일이 없습니다.

여러분은 바로 이 자리에서 해결이 되어야 합니다. 만약 그렇지 않는다면 일생 동안 종노릇하듯 괴로움을 짊어지고 살아야만 되는 것입니다. 바로 이 자리에서 척 하니 해결되는 것이 무엇보다 중요합니다. 바로 알아차려야 된다는 말입니다. 혹 그렇게 하지 못하는 분을 위해서 이 산승이 게송을 하나 말씀드리겠습니다.

可笑天然物(가소천연물)

不可修行得(불가수행득)

直了此消息(직료차소식)

佛祖與不他(불조여불타)

가히 우습다, 천연의 물건이여

닦아 행함을 빌려서 얻어짐은 아니네.

바로 이 소식을 깨달아 알면

부처님과 조사와 더불어 조금도 다르지 않네.

제가 방금 게송을 읊어 드렸습니다. 무슨 뜻인가 하면 '가소천연물(可笑天然物)'이라, '가히 우습다, 천연한 물건이여'라는 말입니다. 천연한 물건, 이것은 누가 본래 만든 것도 아니요, 누가 지어 놓은 것도 아니요, 또한 무엇을 닦아서 만든 물건도 아닙니다. 그래서 본래부터 천연한 이 물건은 '불가수행득(不可修行得)'이라, '이 자리를 어찌 수행을 해서 얻으려고 하느냐', '이 자리는 닦아서 얻는 것이 아니다'라는 말입니다. 이 소식을 여러분이 이 자리에서 바로 알아 버리면 '불조여불타(佛祖與不他)'로다. '조사와 부처가 더불어 조금도 다르지 않다'는 뜻이 됩니다.

간단한 것 같지만 여기에 모든 것이 다 들어 있습니다. 이 이치만 깨친다면 여러분은 더이상 법문을 들어야 할 이유가 없습니다. 그런데 자꾸자꾸 모자라다, 모르겠다, 좀 더 들어야겠다 하는 분이 있습니다. 그래서 또 말씀드려야겠어요.

부처님은 설산에서 6년 동안 고행하시면서 수행을 하셨습니다. 안 해 본 것 없이 다 해 보셨습니다. 인생의 괴로운 문제, 나고 죽는 생로병사의 문제, 즉 중생이 해결하지 못한 이 문제를 부처님이 꼭 해결하겠다고 마음먹었기 때문에 6년 동안을 동분서주하면서 말할 수 없는 고행으로 정진하셨습니다. 어떤 선지식이 있다고 하면 낱낱이 찾아가서 묻고 공부했습니다. 그런데 사선정, 팔정도, 팔해탈까지 두루 섭렵하여 안 해 본 것 없이 다 하셨으나 마지막에 의심되는 바 하나를 풀지 못했습니다. 그래서 보리수나무 밑에 앉으면서 이 문제를 해결함으로써 모든 일체중생의 어려움을 덜어 주어야겠다고 생각하시고 그것에 생사를 걸었습니다. 생명을 걸고 일주일을 앉아 용맹정진을 했고, 마침내 턱 하니 새벽에 별을 보고 깨달았습니다. 그리고 이렇게 생각하셨습니다.

'아, 참 안됐다. 본래부터 천연하여 누가 만든 것도 아니요, 본래부터 누가 조장한 것도 아닌 천연한 이 소식을 내가 정말 몰랐구나. 나에게 이것을 바로 가르쳐 주는 선지식이 있었더라면 내가 왜 6년 동안을 그렇게 동분서주하며 헤맸겠는가. 헤맬 일이 없었는데 선지식이 없었기 때문에 혼자 그것을 찾다보니 6년을 허송세월했구나. 지금 이 자리에서 깨닫고 보니 모든 중생이 부처님과 조금도 다르지 않고 불성을 모두

가 다 똑같이 평등하게 가지고 있는 것이구나.'

부처님이 깨달으신 것처럼 지혜, 덕성을 본래 누구나 다 가지고 있습니다. 만 가지 덕과 만 가지 지혜와 만 가지 복과 모든 것을 조금도 모자람 없이 다 구족되게 가지고 있다는 거예요. 그래서 부처님은 그 길로 열반에 들려고 했습니다. 왜냐하면 누구나 다 가지고 있다는 것을 깨달았는데 '여러분은 이것 없으니까 가져가시오.' 하면 거짓말이 되지 않습니까? 그러니까 설법할 일이 없습니다. 이것이 부처님이 바로 열반에 들려고 한 이유입니다.

하지만 그때 하늘의 제석천신께서 내려오셔서 말씀하십니다.

"이러시면 안 됩니다. 부처님이 볼 때에는 일체가 똑같이 부처님과 조금도 다르지 않고 차별 없이 평등하게 가지고 있지만 범부 중생은 아직 그것을 모릅니다. 그러니 다 똑같이 가지고 있다는 것을 범부 중생에게 알려 주십시오. 그래야 중생들이 '아, 그렇구나. 우리도 부처님과 똑같구나. 모든 것을 다 가지고 있구나. 다르지 않구나!'라고 알게 되지 않겠습니까? 부처님께서 입 다물고 가시면 당신 혼자는 아시지만 중생은 어떻게 알겠습니까? 그러니 중생을 위해 설법을 해 주십시오."

이렇게 해서 부처님께서는 일생 동안 설법에 나선 것입니다. 부처님께서 일생 동안 말씀하신 그 의지는 다른 것이 아니라 중생이나 부처님이나 조금도 다르지 않고 똑같이 평등하게 지혜 덕상을 다 가지고 있다, 여러분이 부처님과 똑같다는 사실입니다. 바로 이 자리를 여러분이 즉시 보고 알라고 합니다. 애먹고, 생각하고, 헤아리고, 의심하고, 닦고 어쩌고, 이런 생각을 할 것이 아니라 직하에서 바로 보고 알라고 합니다. 부처님께서는 간절하게 이 말씀을 전하셨습니다.

또한 중국을 비롯해서 역대 조사스님들도 6년 고행하신 부처님의 뜻에 어긋나지 않게 간화선 선법을 중생에게 드날려서 공양을 베풀었습니다. 스승들이 이렇게 애써 가르쳐 주는데도 어째서 중생들은 그 이치를 쉽게 깨닫지 못하는 것일까요? 부처님께서는 이 점을 안타깝게 여겨 중생의 마음을 살펴보았습니다. 결국 중생은 망상에 집착해 있기 때문에 능히 이 자리를 바로 알지 못했던 것입니다.

여기에 대해서 또 게송으로 한 말씀 드리겠습니다.

妄心本來空(망심본래공)
不住有無空(부주유무공)
大力過量人(대력과량인)
頭頭皆漏泄(두두개루설)

망상과 마음이 본래 공하여

있고 없는 공에 머무르지 않도다.
큰 힘을 가진 사람은 분량의 한계를 지나가니
두두물물이 다 이 소식을 누설함이로다.

여러분이 자신을 돌이켜 볼 필요가 있습니다. 나를 가만히 돌이켜서 마음 따로, 몸 따로 있지 않음을 한 번 본다는 것입니다. 가만히 들여다보면 마음도, 망상도 일체가 본래 공이어서 흔적이 없습니다. 그래서 그 자리를 보고 난 뒤에는 '부주유무공(不住有無空)'이라, 있다, 없다 공했다는 데에 머무르지 않음을 알 수 있습니다. 유무와 공, 더 나아가 그 중간에도 머무르지 않습니다. '대력과량인(大力過量人)'이라, 큰 힘을 갖춘 사람은 어떤 양의 한계를 뛰어넘을 수 있습니다. 즉 어떤 한계를 지나간다는 것이지요. 모든 한계를 넘어갑니다. 넘어간 사람이니 '두두개루설(頭頭皆漏泄)'이로다, 천태만상, 두두물물이 모두가 다 항상 이 자리를 역력하게 누설을 하고 있습니다.

여러분이 일상생활 속에서 한 생각만 바로 돌이켜서 나를 보면 거기에서 몽땅 해결이 되는 것입니다. 오늘 제가 말씀드린 이 뜻을 아시겠습니까?

사실은 혜가 대사처럼 수백 리 밖에서 발에 피가 나도록 찾아와서 3일 동안 눈이 쌓여도 일어나지 않고 엎드려 법을 구하는 자세가 필요합니다. 그때 한마디 해 주면 됩니다. 그럴 때에는 척 해결이 됩니다. 여러분이 법을 구하는 간절한 마음, 정말 갈구하는 마음, 그것이 있어야 한마디 턱 일러 주고 주장자만 들어 보여 주어도 '아하! 알았습니다.' 이렇게 됩니다. 더이상 말할 것이 없습니다. 간절히 구하는 그 마음이 하늘 끝까지 쳐서 올라갈 수 있도록 커야 되는데 그렇지 않은 사람한테 자꾸 뭐라고 해 봐야 그것이 마음에 쏙 들어가지 않습니다.

(주장자를 들어 보이며)

이걸 보십시오. 이것은 부처니, 조사니 해도 그 말 가지고는 가까이 갈 수가 없습니다.

그러면 어째서 부처라 해도 얻지 못하고, 조사라 해도 얻지 못하느냐, 그러면 이것이 무엇이냐는 것이지요. 만약 이름을 붙인다면 부처 아니면 조사이고, 조사가 아니면 범부인데, 결국 이와 같이 이름을 붙여서 무엇이라고 한 것은 일체가 다 맞지 않고 거리가 멀다는 뜻입니다.

그러면 어떻게 해야 하는 것이 옳은 것일까요?

鯨飮海水盡(경음해수진)

露出珊瑚枝(노출산호지)

海神知貴不知價(해신지귀부지가)

300

唯與人間光照夜(유여인간광조야)

고래가 바닷물을 마셔서 다하니
산호 가지가 드러남이로다.
바다의 용왕 신이 그 귀한 줄을 아나 그 값을 알지 못하며
인간세계와 어두운 밤을 광명이 비춤이로다.

고래가 바닷물을 모두 마셔 없애 버리니 아주 맑은 산호 가지가 확연히 다 드러나서 산호 가지마다 하늘에 있는 달이 조롱조롱 달려 있더라. 바다의 용왕 신이 그 귀한 줄을 알지만 그 값이 얼마나 나가는 줄을 알지 못하더라. 이 세상의 모든 사람과 더불어서 그 광명을 방에 떡 비치니 해와 달은 그 빛을 잃어버렸다는 말입니다.

간화선은 인생의 문제를 분명하게 결단내서 결정을 지어 해결해 줍니다. 이것이 가장 중요한 점입니다. 다른 여타 선은 중생이라는 것을 전제하고 중생에서 닦아 나갑니다. 즉 모두 중생이라는 것을 전제하고 그 속에서 중생의 마음을 닦아 아라한과를 증득한다, 부처가 된다 하는 것이지만 간화선은 이와 분명히 다릅니다. 간화선은 한마디로 닦아서 얻어지는 것을 부정하는 것입니다. 만약에 닦아서 얻어지는 것이 있으면 이것은 사도요, 외도입니다.

농사를 예로 들자면 일 년 동안 애써 농사지어서 한 해

의 수확을 얼핏이 많든 적든 그 대가가 분명히 있습니다. 그런데 이 수확물은 일 년 먹고 나면 없어져 버립니다. 있다고 하는 것은 유위법(有爲法)입니다. 즉 이어 만들고 닦아 얻어지는 것이 있다면 그것은 유위법이다, 한계가 있다고 말할 수 있습니다.

역대 조사스님들은 '깨닫고 보니 천연한 물건을 그대로 다 누구나 가지고 있구나.'라고 부처님과 똑같이 말씀하셨습니다. 부처님 법에 조금도 어긋나지 않고 멋지게 대용자재(大用自在)했습니다.

여러분이 살고 있는 이 도시는 공해가 심각합니다. 하지만 깊은 산중에 들어가면 확연히 달라집니다. 골짜기에서 맑은 바람이 불고 맑은 기운이 나옵니다. 그와 같이 역대 조사스님들은 깨달은 부처님의 차원에서 살아 있는 맑고 밝은 일구를 척 하니 던지는 것입니다. 무엇인지 알지 못하면서 누구에게 이런 소리를 하면 안 됩니다. 화두를 주다니! 역대 조사가 화두를 준 일이 없습니다. 전부 깨달음의 세계에 절대적인 살아 있는 생명, 그 기운을 척 하니 내주는 것입니다.

그것이 무엇이냐?

"조사가 서쪽에서 온 뜻이 어떤 것입니까?" 하니, "판치생모(板齒生毛)." 즉 판때기 이빨에 털이 났다는 뜻입니다. '앞니에 털이 났다' 하기도 하고, '판때기 이빨에 털이 났다' 하기도 하고 여러 말이 있는데, 전강 스님은 '판때기 이빨에 털이 났다'고 하셨습니다. 그런데 이것이 중요한 게 아닙니다. 그런 지엽적인 말에 떨어져 생각하는 것은 다 안 되는 것입니다. 그렇게 하면 안 됩니다. "개가 불성이 있습니까, 없습니까?", "무(無)." 이런 것은 화두라고 준 것이 아니고, 바로 살아 있는 깨달음 그 자체를 그대로 몽땅 드러내서 쓱 보여 주신 것입니다. 여러분이 산골짜기에 갔다고 상상해 보세요. 거기는 오염되지 않은 물이 흐르고 맑은 기운이 아낌없이 뿜어져 나옵니다. 그 물을 누가 싫어합니까? 그 기운을 누가 싫어합니까? 다들 그냥 좋아합니다.

그래서 "어떤 것이 부처입니까?" "마른 똥 막대기니라." 할 때 이것은 '똥 막대기'에 의미가 있는 것이 아니고, '똥 막대기가 아니다' 하는 데에 의미가 있는 것도 아닙니다. 여기에는 아무런 의미가 없습니다. 단지 이것은 살아 있는 생명의 일구라, 그냥 일구를 척 던져 준 것일 뿐입니다. 그대로 살아 있는 생명체를, 듣는 입장에서 그 스님과 같이 턱 하니 알아차리라 이런 말입니다.

요즘 관심이 높아지고 있는 위빠사나 수행법에 알아차림이라는 것이 있습니다. 관찰하고 느끼고 알아차린다는 것이 핵심입니다. 그런데 혹자는 이것을 중국으로 내려오는 간화선과는 아주 별개의 것으로 취급하기도 합니다. 궁극적으로 볼 때 그 사상이 전혀 다르다 할 수가 없습니다. 다만 수행을 하고 법을 쓰는 데에 따라서, 중생을 제도하는 방편이나 묘용을 쓰는 데에 따라서 그 방법이 다를 뿐입니다.

그런데 간화선에서는 분명히 알아차려야 할 것이 있습니다. 뭘 알아차려야 되느냐, "어떤 것이 부처입니까?" "마른 똥막대기다."라고 했을 때 척 알아차려야 된다 이 말입니다. 이것은 알아차림의 차원이 다릅니다. 알아차림이 하나하나 낱낱이 중생심에서 중생심을 다루어 제거하고 또 제거하는 수행이지만, 간화선에서는 그런 것을 전제하지 않습니다. 무조건 딱 부숴 버려야 한다는 것입니다.

저의 행자 시절, 남장사 조실 만옹 스님께서 나를 불러 앉혀 놓고 주장자를 세 번 내리치고 "이것이 지금 무슨 법문을 했지?" 라고 하문하셨을 때, 그 자리에서 한 번에 앞뒤 생각이 다 끊어져 버렸습니다. 이렇듯 한 번에 앞뒤 생각이 딱 끊어지게 만드는 것이 바로 핵심입니다. 끊어져서 자기의 본바탕을 바로 보게 해 주는 것이 간화선의 요체라 할 수 있습니다. 이 점이 가장 중요한 것이라는 걸 기억해야 합니다. 간화선은 살아 있는 생명을 바로 뿌려서 줍니다.

중국에는 간화선을 통해 깨달은 사람이 무수히 많았습니다. '무' 했을 때 단박에 해결되었습니다. 순서를 밟아 단계적으로 되는 것이 아니라 그저 일시에 됩니다. 그런데 이 간화선의 살아 있는 일구를 척 던져 주는데, 그것을 알아차리지 못하는 사람이 있습니다. 알아차리지 못했을 땐 어떻게 해야 할까요?

간화선에서는 닦는 것이 본래 없습니다. 그런데 네가 알아차리지 못하였으니 부득불 마지못해서 그 문제는 네가 알아차릴 수 있도록 한번 깊이 생각해 보라고 간화선에서는 말합니다.

이것은 무기로 말하자면 핵폭탄에 비유할 수 있습니다. 무기 중에 제일 강력하다고 할 수 있는 핵폭탄, 그래서 핵폭탄 한 번 던지면 싹 다 끝나 버립니다. 총 쏘고, 대포 쏘고 할 필요가 없습니다. 이처럼 간화선에는 강력한 위력이 있습니다. 어떤 것이 화엄경입니까? 화엄경을 한 달 내내 설해도 말로는 그 요체를 다 설명하지 못합니다. 그런데 참선한 분들에게는 간화선의 대종장이 이것을 요약해서 한마디로 탁 던져 주어 버립니다. 화엄경이 어떤 것입니까?

足下毛生一丈(족하모생일장)

네 발밑에 털이 열 자나 자랐느니라.

화엄경을 한마디로 다 해 주어 버립니다. 이 얼마나 멋집니까? 무슨 말로 이것보다 더 멋지게 말할 수 있겠습니까?

그런데 안타깝게도 이 한마디를 여러분이 알아듣지 못합니다. 알아차리지 못할 때 어떻게 해서 그런 말을 하는가를 알아차리려고 생각해 보십시오. 조금만 생각해 보면 그것이 탁 통하는 것을 알게 됩니다. 탁 통하기만 하면 백천 가지 공부를 할 필요가 없어집니다. 그 한 방에 다 해결됩니다. 한 방에 해결시키는 것, 이것이 바로 간화선의 요체입니다. 살아 있는 한 마디 일구, 이것이 중요합니다. 그래서 역대 조사가 다 한마디씩 던진 것입니다. 무슨 말인지 아시겠어요?

간화선 수행이 어렵다고 생각하는 사람들이 의외로 많습니다. 그러나 이 요체만 알고 나면 수행법 중에 제일 쉬운 것이 바로 간화선이라는 것을 깨닫게 될 것입니다.

여러 가지 오랫동안 할 필요 없이 오직 하나만, '너 뭐냐?' 이랬을 때, 내가 나를 보고 '이놈은 뭐냐?' 하는 그때 자신을 말합니다. 나 자신이 '이놈'입니다. 즉 '이놈'은 딱 한마디로 붙일 수가 없다 이겁니다. 이치도 통하지 않고 거기에는 사(事)도 통하지 않습니다. 이치로 가져오면 이거다, 저거다로 헤아려서 알아듣느냐? 그렇지 않습니다. 딱 끊어졌습니다. '너 뭐냐?' 하는 이 물음에는 일체가 다 끊어져 버립니다. 부처니, 조사니, 이치니, 사행이나 혹은 무슨 경이니, 법문이니 하는 것이 다 끊어집니다. 딱 끊어진 곳에서 그러면 '과연 무엇일까?' 하는 어떤 의문도 허용되지 않습니다. 거기에는 일러도 서른 방이요, 이르지 않아도 서른 방입니다. '너 뭐냐?' 이랬을 때 부처라고 해도 서른 방이요, 부처가 아니라 해도 서른 방입니다. 있다, 없다, 중도, 실상 다 소용없습니다. 다 놔 버립니다. 전부 아니라면 도대체 그것은 무엇입니까?

　잘 생각해 보십시오. 이것만 생각해서 통하고 나면 천칠 백 공안이 와르르 무너집니다. 여러분이 일생 동안 해야 할 의심이 모두 무너져 버립니다. 일체가 무너지고 없습니다. 그 렇게 되면 여러분이 살아가는 인생은 정말 멋지다는 것을 알 게 될 것입니다. 그때에는 극락 천당이 다 필요 없어집니다. 굳이 갈 필요도 없고, 그냥 목전에서 극락 천당을 굴리고 살 게 됩니다. 이 세상을 멋지게 사는 것입니다. 아무 걸림이 없 습니다. 여러분이 마음먹은 대로, 뜻한 바대로, 하고 싶은 대 로 다 되어 갑니다. 일체가 되기 때문에 모든 것이 만족합니 다. 정말이지 세상에 이것보다 더 만족하고, 더 즐겁고, 더 행 복한 것은 없을 것입니다. 여러분은 그야말로 최고를 누리게 됩니다. 간화선을 통한 깨달음은 이렇게 빠르다는 것을 알아 야 합니다.

　'무엇인고? 요놈이, 나라는 존재가, 이놈이 무엇인고?' 이 것 하나만 알아 버리면 됩니다.

　여러분, 알아냈습니까? 뭡니까? 입만 떼면 서른 방입니다.

　이것이 가장 중요합니다. 이것 하나만 깊이 해결하면 다 되는데 왜 안 된다고들 합니까? 여기에 간화선에 대한 근본 오해가 있습니다. 요즘 한국 승가에서는 공부를 해도 도인이 없고, 공부인이 안 나온다 하는 사람들이 있는데, 전혀 그렇 지 않습니다. 그 말은 불교를 비방하는 소리일 뿐이고, 공부하는 스님들을 폄하하는 말입니다.

간화선으로 선지식이 된 분이 비단 이 아홉 분(대선사법회 법사스님)만 있는 것은 아닙니다. 단지 세상에 얼굴을 내밀지 않아서 그렇지 곳곳에 도를 통한 훌륭한 선지식이 꽉 차 있습니다. 눈앞에 안 보인다고 믿지 않기 때문에 다만 없는 것처럼 보일 뿐입니다.

오늘 이 자리, 여러분들 앞에도 얼굴을 드러내지 않은 선지식들이 많이 있습니다. 이분들이 바로 '이놈이 무엇인고?' 하는 간화선 수행으로 도를 통하신 분들입니다.

일상생활에서 생명을 보전하기 위해 가장 중요한 일은 밥을 먹는 일입 니다. 밥을 먹기 위해서 돈을 벌어야 하고, 돈을 벌기 위해 일을 해야 합니다. 그래서 언제부턴가 일을 하는 것을 무엇보다 급하고 중요한 일로 생각합니다. 그렇지만 정작 이것보다 중요한 일이 있다는 것을 잊고 있습니다.

아무리 많은 돈을 벌어도 혹은 권력을 얻고 명예를 드날려도 그것이 곧바로 행복과 편안함을 주는 것은 아닙니다. 설령 돈과 권력과 명예가 주는 즐거움과 행복이 있다손 치더라도 그것은 완전하지 않습니다. 먹고 사는 일이 급하다는 마음으로 돈을 벌겠지만 그보다 더 급한 생각을 가지고 '나는 무엇인가?'와 같이 나를 알아가는 공부에 몰두해야 합니다. 이것이 먼저 되어야 합니다. 나를 알아보는 것을 먼저 공부하면서 사회 일에 참여하고 하루하루 일과를 열심히 해야 됩니다. 그렇게 하는 사람에게는 모든 일이 제대로 성취됩니다.

1,700년 유구한 역사를 가지고 있는 이 선법회는 간화선을 근본 골격으로 삼아 오늘날까지 전해져 오고 있습니다. 대한불교조계종이 이곳에 지금 이렇게 우뚝 서 있는 것은 바로 선이 중심이 되어 있기 때문입니다. 참선하는 수행자가 열심히 공부하기 때문입니다. 참선 수행하는 분이 없으면 불교는 도태될 수밖에 없습니다. 그릇이 있어야 물을 담지 그릇이 없으면 물을 담을 수 없습니다. 마찬가지로 이 몸뚱이가 있어야 공부도 할 수 있습니다.

옛날 어느 시골 꼴머슴이 나무를 하러 산 중턱에 올랐다고 합니다. 그때 그 산에 수행 중인 한 스님이 있었습니다. 이 스님은 먹을 것도 없고, 몸도 아프고 해서 도중에 공부를 포기할까 갈등 중이었습니다. 그런데 제석천신이 나타나 토굴 속에서 일주일 동안 용맹정진하면 신도를 시켜 먹을 것을 조달해 주겠노라고 약속했답니다. 그래서 생사를 걸고 다시 한 번 공부에 몰두했는데, 일주일이 다 지나도록 아무도 찾아오지 않았다고 합니다. 하도 굶어서 눈이 움푹 패일 지경에 이른 스님은 제석천신을 원망하기 시작했습니다.

'아이고, 이 제석천신이 내게 허튼소리를 했나. 이러다간 굶어 죽겠네.' 하고 토굴 밖으로 나와 "제석아!" 하고 큰 소리로 이름을 불렀답니다. 그때 나무하러 온 머슴이 그 소리를 듣고 "예." 하고 올라왔습니다. 알고 보니 머슴 이름이 '제석'이었던 겁니다.

"야, 제석아. 나 배고파 죽겠다. 너 왜 약속해 놓고 내게 밥을 안 갖다 주느냐?"

"예. 밥 가지고 올라갑니다."

머슴은 나무하면서 먹을 점심을 지게에 담아 왔던 터인지라 그것을 들고 스님 앞으로 다가갔습니다.

"그래, 제석이 젊네? 아무튼 내가 지금 배고프니까 밥을 좀 주게. 그리고 몸이 아프니까 약도 좀 지어 오게나."

"아, 그럼요. 걱정마십시오."

머슴은 스님에게 자신의 점심을 내어 주고 산을 내려갔습니다. 마침 그 머슴의 주인은 공부하는 스님을 후원해 주고 싶다는 원력을 세우고 있던 사람이었습니다.

"아이구, 마님!"

"왜?"

"아, 저 산에 갔더니 웬 스님 한 분이 공부하고 계신데 아주 큰 수행자 같아요. 그런데 그분이 벌써 여러 날 굶은 것 같고 몸도 아프신 것 같아요."

"아, 그래? 공부하는 분이 아프면 안 되지."

그때부터 그 주인 부부는 매일같이 산에 올라가 스님의 토굴 앞에 밥이며 약, 옷 같은 것을 몰래 내려놓고 왔습니다. 공부하던 스님도 거기에 별다른 신경을 쓰지 않았습니다. 다만 나와 보면 밥이 있고 옷이 있을 뿐이었습니다.

8년이 지난 어느 날 주인 부부가 "스님 얼굴을 한 번도 못 보았으니 오늘은 얼굴을 보고 옵시다." 하고 수행자를 보려고 산에 올라갔습니다. 때가 되어 스님이 밥을 가지러 나와 보니, 두 부부가 굴 밖에서 기다리고 있었습니다. "제석이가 나이가 들어 결혼을 했구나."라고 하니 "예."라고 답하면서 "스님, 얼굴이 달처럼 환하고 밝습니다."라고 말을 건넸습니다. 수행자는 그 소리에 탁 하고 깨닫고 춤을 덩실덩실 추니, 부부가 그 모습을 보고 또 도를 깨달았습니다. 수행자와 시봉하는 분이 함께 도를 깨달은 것입니다. 부처님 말씀에 수행자를 시봉하면 함께 도를 깨닫는다고 했는데, 이것이 '자타일시성불도(自他一時成佛道)'입니다.

여러분, 앞으로 이 간화선 수행법이 세계로 뻗어 나갈 것입니다. 이것은 가장 중요하면서도 쉽고 간단하기 때문에 이 세상에 이보다 더 좋은 방법은 없습니다. 그러니 여러분은 이것을 열심히 해야 합니다. 집에서 아침저녁으로 '이놈은 무엇인가?' 하고 궁구해야 합니다. 그래, 열심히 해 주시겠지요?

그리고 선방 스님들도 공부하려고 열심히 노력하고 있습니다. 그렇게 노력하는 선방 스님들 뒤에서 함께 손을 잡고 여러분도 도를 통할 수 있도록 다 같이 노력해 봅시다.

열심히 해 주세요. 이제 게송 하나만 하고 마치겠습니다.

一屈金光獅子兒(일굴금광사자아)
相將無事共遊嬉(상장무사공유선)
同時啐啄知機變(동시줄탁지기변)
鳳轉龍盤也大奇(봉전용반야대기)

한 굴에 금으로 빛나는 사자요
서로 일이 없이 한가지로 기쁘게 노는구나.
동시에 줄탁하여 아니 그 기틀이 변함이요
봉황과 용이 소반에서 구르니 크게 기특함이로다.

여러분이 법문을 듣고 제가 이렇게 마주보고 있으니 여러분 얼굴이 모두 사자입니다. 사자가 뭡니까? 바로 동물의 왕입니다. '이뭣고' 하는 여기에서 다 되어 버립니다. 그래서 이 가운데는 조금도 생각을 달리할 일이 없고, 헤아릴 일도 없고, 모든 것이 만족되어 있으니 바로 보라 이 말입니다. 바로 보면 줄탁동시(啐啄同時)입니다. 여러분이 때에 따라서 모르는 것이 있으면 오늘날 이 간화선 화두에 대해서 가르치는 선지식이 곳곳에 가득 찼으니, 찾아가서 물어보시기 바랍니다. 그렇게 하면 여러분이 단박에 해결이 됩니다. 그래서 봉황과 용이 춤을 추고 여의주를 굴려서 천상천하에 가장 진귀

한 보물로 빛이 나게 된다는 말입니다. 아시겠습니까?

불기 2557년(2013), 조계사 대선사법회

拈得一枝無孔笛
逆風吹又順風吹

가지 하나를 꺾어 구멍 없는 피리를 만들어 부니
거꾸로도 불고 옆으로도 불고 마음대로 불더라.

인생의 여정을
어떻게 장식할
것인가?

푸른 하늘이 허공에서 달음박질하고
허공은 구름을 타고 한가로이 누워 한바탕 웃음 짓네.
저잣거리에서 한 주박의 탁배기를 마시고
흥얼거리는 거지에게도 맑고 깨끗한 풍류가 넘치고
떨어지는 붉은 단풍잎에도 겁 밖의 일구를 토하니,
영원한 생명의 실체가 드러나는 곳에
진흙 속에서 해와 달이 뜨는구나.
하하! 좀 지저분한 소리 같은데 일체를 뛰어나는
시원한 한 마디가 없을까, 이렇게 하면 좀 시원해질까.
손은 일곱이고, 다리는 여덟, 머리는 셋인데,
얼굴은 두 얼굴 귀로 들어도 듣지 못하고 눈으로 보아도
보지 못한다.

괴로움과 즐거움, 거슬림과 순종함을 뭉쳐서
한 조각을 만들면 이게 무엇일까?
길에서 죽은 뱀을 만나거든 죽이지 말라.
밑 없는 그릇에 담아 돌아가리라.

이렇게 살아간다면 무엇에도 구애받지 아니하고 대천세계를 뜻과 같이 걸림 없이 살아가리라. 만나고 접하는 곳에 머물지 않고 건성건성 지나가서, 샛별처럼 빛나고, 정오의 해와 보름달처럼 홀로 드러나 대천세계를 비추는 인생을 장식하리라.

이렇지 못한 중생은 객점에서 찰나의 꿈같은 일을 짓고 죽을 때 어디를 가는지 오는지를 전혀 모르고 그냥 덧없이 허둥대다 보면 잠깐 사이에 머리는 희어지고 숨이 차는 늙음에 이릅니다.

늙음에 이르기 전에 일찍이 목숨을 달리하기도 하고 천차만별로 인생을 마감하는 것이 다르지만 부처님과 역대 조사스님들은 인생의 마감을 멋지게 장식하고 살아가셨기 때문에 삼천 년이 지난 지금까지 해와 달보다 더 빛나는 서광이 천지를 덮고 있습니다.

그것은 바로 나의 존재가 무엇인지 확실히 파헤쳐 깨달아 완성된 인격자로서 고해를 극락으로 바꾸어 영원한 복락을 누리고 살 수 있는 길을 바로 가르쳐 주신 분이요, 인간에게 용기와 희망을 주신 분입니다.

인류 역사에 어느 종교, 철학자 할 것 없이 부처님처럼 무아의 진리를 가르쳐 주셔서 우리 인간에게 무한한 복과 덕과 지혜, 모든 것이 너무 완벽하고 만족하게 다 갖추어져 있다는 것을 설파해 주신 분이 누가 있습니까?

오늘날 많은 잡도(雜道)가 무성해서, 거기서 가르치는 것은 모두 자신의 존재가 가장 존귀하다는 가치는 상실되고, 무엇에 매달려서 전기 충전하듯이, 기름집에 기름 넣듯이, 임시 방편으로 순간순간을 해결하고 살아가는 것뿐입니다. 그런 인간은 기름이 떨어지고 전기가 나가면 그냥 대책 없이 막연히 고통받는 연약한 인간의 틀을 벗어나지 못하고 주저앉아 있는 중생으로 남는 것입니다.

그렇게 살지 말고 잠시라도 눈을 자신에게로 돌려서 깊이 관찰해 보면 그곳에 무한한 양식이 흘러넘치는 것을 볼 수 있습니다. 물론 여기에서도 수행을 하여 얻어지는 여러 가지 이론이 있겠지만 간단히 예를 들어 몇 말씀 드리겠습니다.

남방의 위빠사나 사마타 관법은 집중과 관찰로써 느낌과 알아차림입니다. 이와 같이 사념처관(四念處觀)으로 집중과 관찰로써 번뇌망상을 제거하고 무아의 성질을 분명히 보고 닦아서 마음의 안정을 얻는 데 있습니다. 북방(北方)의 간화선에서는 이것을 소승 이승선(二乘禪)으로 보고 있습니다. 이것은 사무량심, 사선정으로 이어지는데 이 수행은 소승선이라

해서 북방에서는 이 선을 취하지 않습니다.

중국에 천태지관선(天台止觀禪)은 유사하면서도 또 다릅니다. 선요나 서장에 보면 선을 닦아 증득하는 것을 인정하지 않습니다. 간화선에서는 세존염화시중(世尊拈花示衆)한 것을 근거하여 달마 스님의 직지인심 견성성불 격외선(直指人心 見性成佛 格外禪)을 선양하여 바로 보여 주셨습니다. 원각경에도 말씀하시길 인지(因地)의 본지풍광(本地風光)을 말씀하시고 착각한 중생이 이 원각을 바로 보아 일초직입여래지(一超直入如來地)하는 것을 말씀하셨습니다. 본래 원만구족함을 바로 보아 깨달으면 수증(修證)이 필요치 않는 것입니다. 화엄경을 한마디로 표현하기를 어떤 비구가 한 손에 술과 돼지머리를 들고 한 손에는 범망경을 들고 외우며 술과 돼지고기를 썹으니 이분을 뭐라고 평가하겠는가? 어느 누구도 시비를 붙일 수 없습니다. 이 사람은 이사무애(理事無碍) 사사무애(事事無碍)한 격외도인(格外道人)입니다.

누가 묻기를 "지금 선방에서 참선하는 것은 닦는 공부가 아니고 무엇입니까?" 이렇게 묻는 분이 있는데, 잘 모르고 있는 것 같아서 설명을 드리겠습니다.

선방에 공부하는 것은 닦음이 있고 얻어짐이 있는 공부를 하는 것이 아니라, 닦음이 없는 닦음이요, 얻어짐이 없는 것도 없는 공부를 하는 것이라서 근본적으로 위빠사나와는 개념이 다릅니다. 그래서 이 공부는 본지풍광을 드러내는 소식입니다. 그래서 영명불매왈참(靈明不昧曰參)이요, 불조부전 왈선(佛祖不傳曰禪)이라고 말씀하셨습니다.

달정이라고 하는 학인이 조주 스님에게 묻기를 "일체 유정무정이 불성이 있다고 부처님이 말씀하셨는데, 개에게도 불성이 있습니까? 없습니까?" 조주 스님이 "무(無)."라 말씀하셨습니다. 여기에 어떻게 계합하겠는가? 바로 계합하면 조주와 다름없지만 사량분별(思量分別)하여 머뭇거리면 귀신 굴에 떨어집니다.

알려고 하면 천지현격(天地懸隔)이라, 마구니도 머리가 깨지고 불조도 천리나 달아남이라. 단박에 바로 보아야 함이니, 조주의 정령(正令)이여, 겨우 유무(有無)를 건넌다 하더라도 상신실명하리라.

밖으로 무엇에 의지해서 인생의 행복을 충족하려고 하지 마십시오. 역대 조사스님 중에 조주 스님의 이런 말씀이 있습니다. 어떤 분이 조주 스님에게 묻기를 "인도에서 중국으로 오신 조사의 뜻이 어떠한 것입니까?" 하니 "앞 이빨에 털이 났다."라고 말씀하셨고, "뜰 앞에 잣나무다."라고도 말씀하셨습니다. 이 말씀은 천 년이 되도록 어느 누구도 시비를 하는 자가 없습니다. 비방도 하지 못합니다. 어느 누구도 시비하지 못하는 이 한 말씀은 지금도 찬란히 빛나고 있습니다. 이렇게 이 한 말씀이 일체중생에게 빛을 주고 있습니다.

어느 날 이 산승에게 누가 묻기를 "어떤 것이 불법의 대의냐?"고 묻기에 "달 속에 검은 팥(月裏烏豆)."이라고 했습니다. 이런 도리에 바로 알아 계합하면 무한한 보물을 쓰는 것이요, 남을 위해 이익을 주는 사람이 되는 것입니다. 우리는 받는 것보다 주고 사는 사회가 되어야 합니다.

청산은 말이 없이 묵묵히 앉아 있지만 많은 사람이 찾아 오는 것은 받는 것이 있기 때문에 찾아오는 것입니다. 청산이 많은 것을 주기 때문에 오라고 유인하지 않아도 많은 사람은 무조건 산행을 합니다. 무엇 때문에 산에 가는 줄 모르고 가 는 사람도 많은 것 같습니다. 인간의 저하된 의식은 결국 깨 끗했던 지구를 오염시켜서 많은 생태계를 말살시켰고, 흐르 는 자연수를 먹지 못하게 만들었고, 그로 인한 오염된 공해가 인류의 생명에 위협을 주고 있는 심각한 상태에 직면하였습 니다.

그래서 사람들은 아직도 오염되지 않은 신선한 맑은 공 기를 마시기 위해 산사를 찾아옵니다. 그것뿐 아닙니다. 산은 우리에게 주는 것이 많습니다. 산나물을 주지요, 생명을 살리 는 많은 약초와 산삼을 주지요, 건강하지 못한 사람이 산에 오르면 건강을 받지요, 아름다운 산새 소리 그리고 수많은 기 암절벽의 모든 모양이 우리 인간을 즐겁고 편안하게 해 줍니 다. 초발심자경문에 스님들도 도시보다 산에서 공부하는 것 이 많은 도움이 된다고 했습니다.

무당도 산에 가서 빌면 원하는 대로 받아 갑니다. 채석하는 업자가 산을 사면 돌도 가져가고, 흙도 가지고 가서 요긴하게 사용합니다. 소는 일생을 인간을 위해 일을 해 주고 몸까지 보시하듯이 이 산도 아낌없이 대가도, 조건도 없이 인간에게 줍니다. 부처님도 49년 동안 이와 같이 중생에게 아낌없이 모든 것을 주셨습니다.

이 산은 생활에 활기를 주는 소중한 자산인데 바다와 강도 마찬가지로 절대적인 자산입니다. 인간은 이 소중한 자연 박물관과도 같은 산과 물에 무엇을 주고 사는지 한번 생각해 봐야 합니다. 산에다 쓰레기 더미를 마구 버리고, 인간의 탁한 에너지 기운을 산에다 몽땅 쏟아 버리고 가니 산도, 강도, 바다도 큰 몸살을 앓고 있습니다. 이것보다 더 심각한 것은 우리 인간의 의식입니다.

의식이 오염되어 탁하다 보니 어리석은 일을 많이 자행하고 있습니다. 아동들은 성폭력 때문에 공포 속에 떨고 부모님들도 마음을 놓고 살지 못하는 세상이 되었습니다. 그것뿐 아니라, 가정에서는 자식이 부모의 보험금을 타려고 부모를 불에 태워 죽이는가 하면, 학교에서는 제자가 스승에게 폭력을 가하는 등 말할 수 없는 악행이 도를 넘어 심각한 지경에 이르렀습니다.

우리는 세계적으로 유일하게 한 나라, 한 동족이 분단이 되어 원수처럼 서로 대치하고 있으니, 언제 하나로 통일되어 화합이 될 지 불확실한 어려움 속에서 불안한 마음을 가지고 사는 애석한 민족입니다.

　한국이라는 이 땅에 많은 종교가 범람을 하고 있습니다. 그럼에도 불구하고 국민의 의식은 향상되지 않고 개인의 편리 위주와 독단적인 아집(我執)만 더욱 높아지고 분열은 더욱 심화되고 있습니다. 사회의 구성된 단체와 개개인의 불협화음이 더욱 치성해지고 있는 이런 때 종교인은 무엇을 해 주었는가 한번 반성해 봐야 할 일입니다.

　우리나라는 고구려, 신라, 백제의 삼국시대를 거쳐 조선 500년에 와서 더욱 의식이 변형, 퇴락하였습니다. 불교를 믿고 따른 삼국시대에는 차원 높은 백성들의 의식과 정신문화가 꽃을 피워 태평성대를 이루었으나, 조선시대 500년 동안 불교정신과 문화를 배척, 말살하면서 국민의 의식은 극도로 저하되고 타락하게 되었습니다.

　사촌이 땅 사면 배 아프고, 남이 잘되는 것보다 안 되었다는 말을 들으면 기분이 좋아지는 의식이 점유하고 있는 한, 사회 통합과 상생과 공익을 함께 공유할 수 있는 사회가 이루어지지 않습니다.

　이런 차원에서는 정치, 경제, 학문이 저차원의 의식으로 전락하여 세계 일등 문명국으로 가는 것은 더욱 어렵습니다.

　이러한 모든 모순된 불행을 치유하는 데에는 부처님 말씀 이상 가는 어떤 방법도 없습니다. 하늘에 범천왕이 부처님께 물었습니다.

"세존이시여! 누가 세간에 복 밭이 됩니까?"

부처님께서 대답하시길,

"보리(菩提)의 성품을 무너뜨리지 않는 자이니라."

최상의 진리, 부처의 진리를 바로 보아 깨달아 네 가지 원력을 세워 행하라는 것입니다. '중생이 가없어도 다 건지겠습니다.', '번뇌망상이 다함이 없어도 다 끊겠습니다.', '진리의 법문이 무량해도 다 배우고 가르치겠습니다.', '불법이 위가 없어도 다 이루겠습니다.'라는 원입니다.

우리가 해야 할 진로 방향을 바로 정하는 것이 올바른 목표를 정하는 것이고 대승보살의 사상으로 행하는 것입니다. 여기에 사섭법을 함께 실천에 옮겨야 악행과 불행의 요소를 퇴치하고 이 땅에 모든 사람들의 의식이 상승되어서 평화로운 한 몸, 한 뿌리의 극락세계를 정착시킬 수 있습니다. 보시(布施), 애어(愛語), 이행(利行), 동사(同事)를 행하여 봉사와 희생정신으로 남을 위해 조건과 대가 없이 베풀어 주는 마음을 낼 때 자신은 스스로 위대한 존재가 되는 동시에 무한한 복과 덕과 지혜를 성취하여 밖으로 쓰게 되는 것입니다.

첫째로 무엇을 베풀어야 되는가? 부처님 마음을 베풀어 주어서 모든 사람이 의식을 고쳐 새로운 사람으로 태어나게 하고 재물과 몸을 바쳐서 생활 경제를 풍족하게 하는 사회를 이루라는 것입니다. 이렇게 끊임없이 노력하라는 것입니다.

서로 평화로운, 즐거운 세상 분위기를 만들면 사랑이 넘치는 세상이 되므로 모두가 함께 이익을 공평하게 나누는 세계가 되는 것입니다.

이와 같이 성취하기 위해서 모두가 함께 노력하여, 적극적으로 모든 곳에서 실천에 옮겨야 모든 중생이 속박에서 벗어나 대자유인으로 참 주인이 되어 살 수 있습니다.

이래야만 진, 선, 미를 갖춘 사람이라고 볼 수 있습니다. 속세에서 미스코리아만 진을 갖추고 선과 미가 따로 있지만, 여기에 말하는 진, 선, 미는 대승보살의 마음으로 육바라밀과 사섭법으로 행하여 계(戒), 정(定), 혜(慧)를 다 갖춘 사람은 홀로 진, 선, 미를 다 가지고 있는 뛰어난 스승이요, 모든 이의 스승이 되는 것입니다.

범천왕이 또 부처님께 물었습니다.

"세존이시여! 누가 이 세상에서 제일가는 부자입니까?"

부처님 말씀하시길,

"일곱 가지 재물을 성취하는 자니라."라고 하셨습니다. 일곱 가지란 무엇입니까?

첫째, 믿음입니다. 자신이 부처의 마음을 가지고 있는 것을 믿어야 되고, 세상 모든 사람을 부처님으로 보고 서로 믿으라는 것입니다. 믿는 사회가 없으면 불안해서 살지 못합니다. 믿는 사회가 이루어져야 화합과 안정된 세상이 이루어지는 것입니다. 그래서 화엄경에도 55위 가운데 믿음을 첫머리에 두신 것입니다.

둘째, 사람마다 법을 잘 지키고 살아가라는 말씀입니다. 개개인의 권리와 인격을 존중하고 올바른 부처님의 계법을 잘 지키라는 것입니다. 법은 원래 약자를 보호하기 위해 만든 것이 육법전서입니다.

이 법은 어디까지 속세에서 만든 법이지만 약자를 보호하기보다 강자가 독점하여 역으로 자신의 이익을 위해 이용하는 도구로 쓰이고 있는 현실을 볼 수 있는데, 이런 분들은 대승보살의 마음이 없기 때문에 그러합니다. 대승보살의 마음만 가지면 그 사람이 바로 부처님 계법을 잘 지키는 현인군자 성인으로 존경을 받을 수 있는 사람입니다.

셋째, 올바른 부처님의 말씀을 잘 듣고 세상 사람의 모든 소리를 들어줄 수 있는 사람이 되라는 것입니다.

넷째, 자신이 부끄러운 줄 아는 자를 말하는 것입니다.

다섯째, 자신이 항상 수치스러운 것을 알고 진리적인 명예를 회복하여 사람답게 살라는 것입니다.

여섯째, 모든 욕심을 버리고 중생을 위해 보살도를 행하고 살라는 말씀입니다.

일곱째, 정과 혜를 말씀하신 것인데, 앞에 여섯 가지를 잘 행하면서 안정과 지혜를 이루고 사는 것이 제일 부자라고 말씀하셨습니다.

또 범천왕이 부처님께 물었습니다.

"세존이시여! 누가 제일 만족하고 구족한 사람입니까?"

부처님 말씀하시길,

"출세간의 지혜를 얻은 자가 만족한 자이고, 능히 일체의 번뇌를 끊은 자가 제일 구족한 자니라."라고 말씀하셨습니다. 이런 사람이면 능히 아끼지 않는 봉사와 희생을 기쁜 마음으로 실천에 옮길 수 있습니다.

말없이 묵묵히 앉아 있는 사람에게 현실적으로 평가를 할 수 없습니다. 행동이 없으면 귀천과 선악을 판별하여 평가할 기준을 세울 수 없듯이, 행동에 옮겨야 비로소 높고 낮은 존재인지, 성인인지 범부인지 판단할 수 있습니다. 그래서 행동 하나가 큰 비중을 차지하는 것입니다.

오늘날 첨단 과학이 고도로 발전하여 인류에게 이익을 주고 있지만, 반대로 공포와 불안을 주기도 했습니다.

에디슨은 전기를 발명해서 인류에 크게 공헌을 하였습니다. 모든 인류가 밝은 등불 빛에서 여러 가지 편리한 이익을 받고 있지만, 이 시대를 사는 중생은 그 이상을 바라고, 또한 공허와 허탈에 빠져 욕구를 더 충족코자 상호 간 투쟁과 배반을 일삼고 있는 것을 보면 과학으로는 우리 중생의 탐(貪), 진(瞋), 치(癡) 삼독심(三毒心)을 뽑아내지 못합니다. 오히려 욕망을 충족하는 이용물이 되어 불안을 더 조성하게 됩니다.

인류의 평화와 행복은 먼 곳에 있는 것이 아니고 그 모든 것을 만족하게 풀 수 있는 열쇠는 자기 자신에게 있습니다.

부처님께서 말씀하시길 인(因)과 연(緣)이 중요하다고 말씀하셨습니다. 인연이 무수한 역사를 창조하게 됩니다. 그 인연은 여러 가지가 있지만 가장 중요한 것은 바로 자신에게 인과 과(果)가 있다는 것입니다. 모든 만물이 다 완벽한 불성 종자를 가지고 있는데, 그냥 허송세월로 지내면서 아무것도 하지 않는 무위도식으로 지내면 부처의 열매를 밖으로 거둘 수가 없습니다.

행동에 따라 여러 가지 결과를 받는데, 어떠한 행동의 실천을 하느냐에 따라 성인도 되고, 범부중생도 되며, 부자도 되고, 과학자도 되고, 정치인도, 학자도, 그 외 모든 것이 마음을 밖으로 드러내어 행동에 옮길 때 그에 따라 모양을 나타내게 되어 있습니다.

부처의 씨앗이 밖으로 반연해서 싹을 틔워 거룩한 부처의 열매를 거두게 된다는 말입니다. 참선을 하는 스님은 속세적인 대통령이나 재벌가, 철학자, 과학자 등 어떠한 것도 바라고 구하지 않습니다.

다만 자성의 진면목을 되찾아서 깨달아 밖으로 중생을 위해 보살행, 육바라밀행을 하여서 32상 80종호의 거룩한 몸매를 나투는 부처의 과를 얻기 위해 참선정진하는 것입니다.

고행으로 정진하는 것은 바로 부처의 씨앗에 싹을 틔우는 것이고, 깨달아 보살행을 하는 것은 부처의 과를 얻는 것이고 바로 나타내는 것이 됩니다. 이러한 과정은 과학으로, 의학으로 되는 것이 아닙니다. 과학자가 만약 사람의 마음을 밖으로 끌어내어 분석할 줄 안다면 얼마나 좋겠습니까? 나쁜 마음은 분석해서 파괴해 뽑아 버리고 순수한 진여자성, 즉 불성만 넣어 준다면 이 세상에는 참선도 필요 없고, 종교도 필요가 없습니다. 과학이 중생을 부처로 탄생시킬 것이고, 이 세상이 전부 부처님 세상이 될 것이니 무슨 걱정이 있겠습니까?

이 문제를 과거 30년 전에 어느 큰스님이 하도 과학 만능이라고 하기에 마음을 분석할 수 있느냐고 물어본 적이 있습니다. 그랬더니 큰스님 말씀이 "요사이 중생들이 하도 답답해서 불교를 이해시켜 보려고 고전물리학과 현대물리학을 비교해 불교를 이해시켜 보려고 한 것인데 자네가 나의 말을 잘 이해했구나." 하시면서 "그래, 과학자가 어떻게 마음을 분석해 보겠나? 어림없지. 거리가 멀다. 자네 이렇게 찾아와서 이런 질문을 하니 내 마음이 기쁘다. 대원 수좌 말이 옳다."라고 말씀하셨습니다.

오늘날 승속을 막론하고 이론과 이상은 높은데, 실지 체험해서 깨달아 내외가 명철한 해와 달처럼, 청풍처럼 밖으로 행동을 나타내는 분은 드뭅니다. 말로만 하는 구두선(口頭禪), 의리선, 문자선을 하는 이는 많은데 진인(眞人)이 드뭅니다.

저는 사람들이 의식을 돌이켜 보고, 중생의 우매한 의식을 바꾸어 깨끗한 의식으로 되돌아와 자성을 깨달아 지혜롭게 살아갈 수 있는 세상이 되게 하기 위해 산사에 시민선원을 개설하였습니다.

1995년, 미국에 선을 강의해 달라는 요청을 받고 미국에 가 보니 미국에는 오히려 일반 사람들이 선을 선호하고, 참선 하는 사람이 많은 것을 보았습니다. 서양 사람들은 오히려 부 처님께서 말씀하신 '모든 것을 풀 수 있는 모든 열쇠는 자신 에게 있다'는 말씀을 믿고 참선을 하는 분이 날이 갈수록 늘 어나는 추세를 보고 저는 또 한 번 놀랐습니다.

한국은 1,700년 전부터 선의 정신, 정신문화를 가진 나 라인데, 지금은 오히려 이러한 정신을 도외시하고 살아가는 한국인이 안타까워서 원력을 세우고 제일 먼저 시민을 위한 시민선원을 개설하였습니다. 그 후로 불교 전체에서 시민선 원을 많이 열어 많은 사람들로 하여금 심의식(心意識)을 바꾸 어 상승시키는 포교를 많이 하고 있으며, 사회복지사업에도 눈을 뜨고 실행에 옮기는 분위기를 만들어 가고 있는 실정입 니다.

제가 오대산 상원사 선방을 나와 1966년 겨울에 어느 마 을을 지나가다 언덕 밑에 어떤 헐벗은 거지 여인이 아기를 안 고 허기와 추위에 몸은 얼고 탈진하여 죽어 가면서도 아기를 살리려 젖을 먹이는 모습을 보았습니다. 동네 사람들에게 연 락해서 여러 사람이 먹을 것을 가지고 갔지만, 이미 여인은 아기만 살려 놓고 이 세상을 떠나고 말았습니다.

그때 저는 크게 한 생각 한 바가 있었습니다. 보살은 중생을 위해 모든 고통을 자신이 받을지언정 중생에게 고통을 주지 않고 자식처럼 아끼고 모든 고통에서 벗어나게 해 주려는 마음이 있으니, 마치 죽어 가는 어머니가 아기를 살리기 위해서 지친 몸은 생각하지 않고 젖을 주는, 자비심을 끝없이 일으키는 분이 바로 보살이라는 것입니다.

법화경에 희견보살은 자신의 온몸을 중생을 위해 소신공양 올렸습니다. 관세음보살님 역시 '중생을 위해 고통을 대신하신다'고 보문품에 말씀하셨고, 화엄경에서 보현보살은 '중생을 위해 몸을 던진다'라고 하였습니다.

화엄경에서는 진여법계(眞如法界) 연기법의 일심도리를 잘 굴리고 쓰는 것을 말씀하셨고, 금강경에는 머무른 바 없이 집착이 없고 상이 없는 공한 참마음을 쓰고 살아가는 것을 말씀하셨으며, 육조 스님은 다만 자성심을 밖으로 드러내 쓰기만 하면 바로 부처님이라고 말씀하셨습니다.

오늘날 이 어려운 시대에 자신을 바로 보아 참 부처의 눈을 다시 뜨고, 장엄하고 위대한 부처님처럼 인생을 크게 창조하고, 인생의 여정을 멋지게 마감할 수 있는 행을 실천에 옮겨 봅시다.

오늘을 사는 모든 사람들이 이런 분이 우리 곁에 오시기를 간절히 바라고 있습니다. 마지막 한마디 더 하고 마치겠습니다.

보리심을 내어 물러나지 않는다면
삼천대천세계가 공양구요,
만약 이보다 더한 공양이 있다 해도
이 사람은 이 공양을 받으리라.

술 취한 나그네에게는 아침 홍합국이
배를 시원하게 해 주는 해독제요,
높은 자리 올라가려면 요사이 돈이 약인데
눈 세 개 달린 돌 사람은 속지 않고
수미산 정상에서 줄 없는 비파를 끝없이 타고 노래한다네.

丈夫氣宇衝牛斗(장부기우충우두)
一踏鴻門兩扇開(일답홍문양선개)

대장부의 기운은 북두칠성을 뚫고 뛰어나고
한 번 홍문을 밟으니 두 부채가 열리네.

할!

이재옥 엮음, 『산사의 문을 두드리다』, 함찬재, 2010

본분소식으로 만천하를
다 응하고 쓰니
매일매일이 좋더라

쿵! 쿵! 쿵!

　방금 산승이 법상에서 묵연히 앉아 있다가 주장자를 세 번 치고 이렇게 들어서 보여 드렸습니다. 금일 대중께서는 아시겠습니까? 설사 안다고 하더라도 천지현격이라, 여기서는 하늘땅 사이로 거리가 멉니다. 더욱 서른 방을 면치 못하도다. 할!

　법사가 법상에 오르고 무슨 법을 얘기할 것이 있습니까? 없습니다. 그러나 '없다'고 생각하고 있으면 틀렸습니다. 오늘 이 법회에서 여러분이 이 산승의 눈과 척 마주쳤을 때 거기서 모든 법이 원만하게 되어 있기 때문에 말하고 말고 할 것이 없습니다. 원래 법은 말이나 문자로 하는 것이 아닙니다. 선 역시 그렇습니다. 말하기 이전이 중요한 것입니다. 말하기 전에, 문자로 전하기 전에 떡 하니 천거할 수 있어야 합니다. 여러분이나 제가 말하기 이전, 문자로 전하기 이전에 그런 것을 척 하니 계합할 수 있다면 얼마나 좋겠습니까? 그렇게 안 되기 때문에 법상에 법사를 청하고, 묻기도 하고, 대답하기도 하는 것입니다.

오늘 이 자리에서는 속세에서 지금까지 생각했던 사고방식은 필요 없습니다. 다 내던져야 합니다. 그동안 열렸던 많은 법회에서 기초 교리부터 화엄경 법문이나 선어록에 나오는 말씀까지 많은 것을 듣고 배웠을 것입니다.

지금까지 듣고, 보고, 익혀서 마음 가운데 담아 놓은 모든 것은 오늘 이 자리에서는 필요 없습니다. 모든 것을 버리고 참으로 내가 무엇인가를 돌이켜서 깊이 생각해 봐야 됩니다.

종사가 자리에 앉기 이전에 벌써 알았다 하더라도 낙제이두(落第二頭)라, 제2두에 떨어짐을 면치 못합니다. 법상 위에 법사가 앉았을 때 그 모습을 보고 알았다면 중근기를 면치 못하는 것이며, 주장자를 치고 들어 보이며 묻고 답할 때 계합했다면 최하근기의 사람입니다. 오늘 이 자리에 계시는 대중은 어느 근기에 머물러 있습니까? 설사 그 세 가지 근기에 관계가 없고 머무르지 않는다고 해도 그 사람 역시 무면평지사(無免平地死)라, 평지에 드러누워 죽음을 면치 못하는 사람입니다. 그러면 필경 어떤 것입니까?

(말없이 잠시 침묵하다가 주장자를 내리친 뒤)

蝦跳上梵天(하도상범천)
蚓驀過東海(인맥과동해)

두꺼비는 한 번 뛰면 저 범천에 오르고,
지렁이는 한 번 뛰니 동해 바다를 지나감이로다.

악!

여기서 바로 보아야 됩니다. 잘 알아들었습니까? 만약 알지 못했다면 그분을 위해 부득이 다시 말씀드리겠습니다.
"맑고 푸른 하늘에 천둥 번개가 치고 평평한 땅에서 파도가 일어남이로다. 사당패는 십자거리에서 풍류를 더하고 아쟁은 고봉 정상에서 소리 없는 곡조를 높이 타더라. 얼음 덩어리가 불꽃을 토하고 썩은 고목에서 상서로운 광명이 대천 세계에 드리우니 운문의 똥 막대기여! 옥쟁반 위의 금과이요, 산해진미가 도리어 비상(砒霜)이로다. 부처도 죽이고, 조사도 죽임이여! 또한 원수의 집에서 해탈을 얻음이로다."
이러한 말씀을 잘 들어서 그대로만 척 하니 계합되면 그 사람은 정말로 법문을 잘 들은 사람입니다. 또한 산승이 하는 이야기를 전혀 모르는 분도 있을 것입니다. 모르는 것이 좋은 것입니다. 뭘 알려고 하지 마세요. 교리를 배워서 담고 익히려고도 하지 마세요. 이 자리에서는 자기가 갖고 있는 모든 재산을 던져 버려야 됩니다. 그래야 자기의 본래면목으로 돌아갈 수 있어요.

"부처님이 세상에 나오기 이전에도 사람 사람의 콧구멍이 하늘에 통해 있는데 부처님이 세상에 출현한 이후에는 무엇 때문에 아득히 소식이 없는가?"

사람들의 의식이 지향해야 할 바를 모르고 있는 이런 때에 여러분 속에서 척 하니 계합된 분이 나와야 합니다.

엿가락을 치고, 집에서 설거지를 하고, 직장에서 일을 하는 가운데 부처님과 조사스님들이 말씀하신 최고의 진리가 있습니다. 매일 밥 먹고, 물 마시고, 숨 쉬는 거기에 다 되어 있는데, 보지 못하고 모를 뿐입니다. '본래 닦을 것이 없다. 본래 청정한데 닦는 것은 망상이다.' 하는 소리를 듣고 혹시라도 착각하면 일생을 망칩니다.

어떤 스님이 공부를 하다가 화두가 안 되고 망상이 자꾸 나서 고민하던 중에 육조단경을 펼쳐 보게 됐어요.

"우리 본성이 본래 청정하여 중생도 없고 부처도 없고 조사도 없다. 이 깨끗한 진여자성을 그대로 가지고 있는데 닦는다는 것은 망상이요, 그르친 것이다."라는 구절을 보고 알았다는 거예요. '아하, 내가 괜히 선방에 앉아서 참선한다고 망상을 부리고 있었구나!'라고 생각한 이 스님은 그날부터 참선을 풀고 전국을 방방곡곡 유람하며 세월을 보냈습니다. 그러다 내가 우연히 길거리에서 그 스님과 만나서 물었습니다.

"요새 어떻습니까?"

"뭐, 별로 할 게 있나? 괜히 옛날에 참선한다고 망상했지."

"그러면 지금은 일을 해 마친 무사인(無事人)이요?"

"그렇다고 봐야지."

그러면서 대폿집에 가서 막걸리도 마시고 시장 바닥에서 거지들과 어울리기도 하면서 무애행을 한다는 것입니다. 그러다가 한 30년 만에 그 스님이 저를 찾아왔기에 제가 물었습니다.

"공부를 해 마쳤다고 생각한 암두 스님이 나룻배를 저으며 승객들을 건네줍니다. 어느 날 한 여인이 아기를 안고 와서 스님한테 말했습니다. '제가 하나 묻겠습니다. 스님이 대답을 하시면 아기는 살 것이요, 대답하지 못하면 아기는 죽습니다.' 암두 스님은 자신 있게 물어보라고 했지요. 여인이 '이 아기는 어디로부터 쫓아왔습니까?' 하고 묻자 암두 스님은 삿대로 여인의 어깨를 탁 쳤습니다. 그러자 여인은 '첫아기를 낳았을 때 어느 곳에 공부인이 있다고 해서 찾아가 물었더니 그 스님도 오늘처럼 대답하기에 아기를 그 자리에서 죽여 버렸어요. 오늘도 이 아기는 살릴 수가 없군요.'라면서 아기를 물에 던져 버리고 돌아갔습니다. 스님 같으면 어떻게 하시겠습니까?"

그랬더니 이 스님이,

"잘 생각이 나지 않는다."면서 아무 말을 못해요. 제가,

"그래 가지고 어떻게 공부를 해 마쳤다고 무애행을 하시오?"라고 하니 아무 말 못하고 처소로 돌아갔습니다. 이튿날 아침에 그 스님이 다시 와서 말하기를,

"나한테 묻는다면 안고 있는 아기를 얼른 빼앗아서 오겠습니다."라고 했습니다. 그래서 제가 그랬습니다.

"아이고, 먼젓번에는 아기 하나가 죽었지만 오늘은 둘이 죽겠네! 스님은 해결하지 못했습니다."

"내가 아직도 확실히 해결되지 않았단 말입니까?"

"그럼요, 착각한 것이지요."라고 했더니, "한 생각을 다시 해야 되겠다."며 돌아갔습니다.

'본래 할 게 없다.', '닦으면 망상이다.'라는 말에 속아서 그르치는 사람이 엄청나게 많습니다. 용인지 뱀인지 가릴 줄 아는 눈이 있어야 합니다. 반야심경이나 금강경을 다들 '공(空) 도리'라고 강의하는데 그렇지 않습니다. 그렇게 알면 부처님의 뜻은 천리나 거리가 멉니다. 거기에는 공과 무(無)를 내세우고 전제하는 뜻이 있는데 그걸 알아야 됩니다. 공과 무를 내세운 것은 그 이면에 무변광대(無邊廣大)한 반야지혜의 실체를 드러내기 위해서입니다.

근본도리는 반야지혜인데, 이것을 제쳐놓고 공 도리다, 뭐다 합니다. 용과 뱀을 분명하게 가릴 줄 알아야 합니다.

저의 스승이신 고암 큰스님이 어느 날 제가 공부를 마치고 가니,

"내가 하나 물어보겠다. 마조 스님이 원상을 그려 놓고 '들어가도 서른 방이요, 나와도 서른 방'이라 했다. 너는 어떻게 할래?" 하고 물었습니다. 그 즉시 제가 좌복을 들어 머리에 이고, "자, 이것이 안에 있습니까? 밖에 있습니까?"라고 물었습니다. 그러니까 고암 큰스님이 주장자로 때리려고 하는데 제가 그 좌복을 스님 머리에 콱 씌우고는 "사람을 속이지 마십시오." 하며 문을 열고 나가 버렸습니다. 나중에 다시 들어오니 큰스님이 "눈이 열린 납자는 속이기가 어렵구나!" 하셨습니다. 그뿐 아니라 천칠백 공안을 낱낱이 말씀하시며 점검했습니다. 선방에서 공부할 때 저는 항상 조실 방에 찾아가 열심히 묻고 점검을 받았습니다.

공부하는 납자는 선지식이 중요합니다. 선지식의 점검 없이 자기 혼자서 나름대로 공부하면 혼자 생각을 지어서 그 생각이 옳은지 그른지 가려내지를 못해요. 서울을 보지 못한 사람이 부산에서 서울로 올 때 대구같이 휘황찬란한 큰 도시가 나오면 거기가 서울인 줄 알고 속기 십상입니다. 더구나 '야, 굉장하구나!' 하면서 거기에 주저앉아 버리면 나중에 고치기도 힘들어요. 누가 뭐라고 해도 안 듣고 오히려 상대방이 틀렸다고 나오거든요. 그땐 서울에 와 본 사람이라야 바로잡아 줄 수 있어요. 선지식이 그래서 필요합니다. 용과 뱀을 가

릴 수 있는 눈이 있어야 범부와 성인을 단련하여 사(邪)와 정(正)을 판단하거든요. 세간과 출세간의 두 가지 문을 잠근 자물통을 가차 없이 부숴서 통과하는 사람이라면 이렇게 해도 얻었고 저렇게 해도 얻었고, 이렇지 않다 저렇지 않다 해도 얻어진 것입니다. 그 도리가 어떤 것입니까?

雪覆天地 萬物消落(설부천지 만물소락)
無孔鐵鎚 碧眼壁觀(무공철추 벽안벽관)

흰 눈이 온 천지를 덮으니 만물의 잎이 떨어지고 쇠락하는구나.

구멍 없는 쇠뭉치요, 달마도 돌아앉아 벽을 보고 있도다.

그렇다면 이 두 가지 문을 뚫고 지나가지 않았을 때는 어떻습니까? 그런 사람은 이렇다고 해도, 저렇다고 해도, 이렇지 않다고 해도, 저렇지 않다고 해도 얻지 못합니다. 도를 배우는 이는 모름지기 쇠뭉치와 같은 사람이라는 것은 어떤 소식입니까?

薰風蓋天地(훈풍개천지)
淸水流花開(청수류화개)
水平上船高(수평상선고)

340

金烏飛兔走(금오비토주)

봄바람이 불어와서 천지를 덮으니,
맑은 물이 흐르고 꽃이 피도다.
잔잔한 수평선 위에 배가 높고,
금 까마귀는 날고 토끼는 달아남이로다.

그러면 이 두 가지를 묶어서 필경에 어떤 도리입니까?

燕乘春氣弄空陸(연승춘기농공육)
鐵牛大哭過長江(철우대곡과장강)

제비는 봄기운을 타고 저 육지와 허공을 희롱하고
쇠 소는 크게 한 번 울고 장강을 건너감이로다.

그렇습니다. 오늘 선에 대해 말했지만 제 얘기를 담아 놓
고 외우지는 마십시오. 이 자리에서 듣고 깨달아서 계합하면
좋고 깨닫지 못하거든 오늘 이야기는 마음 가운데 한 글귀도
남아 있어서는 안 됩니다. 여러분이 이 자리를 일어설 땐 떨
어뜨린 것도, 이 사람이 말한 것도 없어야 됩니다. 마음 문을
한 번 잡아들여서 무엇인가를 알 수 있는 것은 아닙니다. 의
사는 수도 없이 죽은 송장을 끌어안고, 해부해 보고, 실체를

확인하고, 몸뚱이를 구성하는 모든 부분을 다 봐야만 비로소 시술할 때 실수하지 않습니다. 하지만 몸뚱이를 연구하는 사람은 많지만 앉아서 천리만리를 다녀오고 별별 것을 다 만들어내는 이 마음의 실체를 돌이켜 보고 분석해서 알려고 노력하는 사람은 극히 드뭅니다. 내 마음을 확인하지 않고 사는 사람은 반쪽 인생을 살고 가는 것이니 슬픈 일입니다.

마음의 실체를 모두 연구해 봐야 됩니다. 이것은 말로 되는 게 아닙니다. 일생 동안 매일 와서 들어도 되는 것은 그뿐입니다. 그렇다고 해서 '본래 청정하고 깨달아 있으니 할 것이 뭐 있느냐'며 공부도 않고 법문도 듣지 말라는 게 아니라 듣되 듣는 그 순간 깨닫는 것이 목적입니다. 언하에 대오(大悟)라, 말끝에 바로 깨달으라는 겁니다. 조사 어록이나 경(經), 율(律), 론(論) 삼장(三藏)이나 계와 염불 등이 모두 깨달으라고 하는 거예요. 사교입선(捨敎入禪)이라면서 교(敎)를 버리고 선으로 돌아가라고 가르치는 걸 보면 기가 막혀요. 경전 말씀이 바로 깨달으라고 해 준 소린데 거기서 못 깨달은 사람이 조사스님 말씀 듣고 깨달으라고요? 조사스님 말씀을 부정하는 것이 부처님 경전이나 조사스님 말씀이 다 한 글귀 보고 깨달으라는 것인데 그걸 말로 익혀서 장사를 하려고 하니 이건 업을 짓는 중에서 더 큰 업을 짓는 거예요.

오늘날 우리의 생명을 위협하는 환경 오염과 공해보다 더 무서운 것은 중생들이 가진 의식의 공해입니다. 의식에 때가 묻어있고 잘못된 사고방식으로 살고 있는 국민의 의식, 이 공해가 엄청나게 무서운 것입니다. 엄청난 문제를 만들고 있는 이것을 깨끗이 세탁해서 뒤집어야 해요. 그러면 백두산 천지에서 맑은 물이 끝없이 솟아나듯 깨끗한 의식에서 깨끗한 기운이 흘러넘칩니다. 그런 사람이 대통령이나 장관을 하면 한 점 부끄럼 없이 임무를 수행하고 육바라밀 보살행을 하게 됩니다. 또한 그런 사람이 한 가정의 아버지라면 그 집은 매일 매일 좋은 날이고 편안하고 즐거울 것입니다. 또한 그런 보살님이 가정에 있으면 스트레스가 싹 가십니다. 이런 가정에서는 자식한테 공부해라, 뭐 해라 말을 안 해도 잘합니다. 화엄경도, 금강경도, 이 산승이 오늘 하는 말도 다 버리라고 하는 것은 모든 것을 버려서 의식을 깨끗하게 하기 위해서입니다.

어느 날 신도님의 아들 둘이 애인을 하나씩 데리고 저를 찾아왔기에 '세상에서 제일 좋아하는 게 뭐냐?'고 물어봤어요.

큰아들은 좋아하는 것이 없다고 하고, 작은아들은 돈을 제일 좋아한다고 해요. 그래서 제가 '너는 앞으로 돈 때문에 네 부인도 잡히고 경우에 따라서는 부모도 죽이겠구나. 세상에서 자기가 무엇을 제일 좋아하는지 알고 살아야지 않겠느냐?'고 나무랐어요. 그랬더니 '뭘 제일 좋아해야 되느냐'고 묻기에 제가 이렇게 일러 주었습니다.

"너는 네가 좋아하는 것도 모르고 사는구나. 네가 제일 좋아하는 것은 돈도, 부모도, 부인도 아니다. 이 세상에 바깥으로 존재하고 있는 모든 것은 제2일뿐 제1이 될 수 없다. 네가 제일 좋아하는 것은 네 생명, 제 몸뚱이다. 이 생명은 하늘땅과도 바꿀 수 없는 절대적인 존재요, 귀중한 보물이지 않느냐. 이 보물을 너는 뒤로 제치고 버렸다. 만물의 근본 실체, 우주만유의 절대적인 존재 가치는 바로 진여자성이라고 부처님과 조사스님들이 말했다. 마음이 근본인데 이를 버리고 바깥을 취하면 영원히 불행한 것이다. 그러나 절대적인 존재 가치가 무엇인지 확실히 아는 사람은 매일 콧노래를 부르며 행복에 넘치는 편안하고 멋진 삶을 살 수 있다. 바로 이 생명 하나 때문에 모든 사람이 그렇게 나부대는 것인데도 이 가치를 도외시하고 돈이나 남녀 간 애정이 제일이라며 산다면 엄청난 불행을 초래할 수밖에 없다."

두 젊은이한테 장장 2시간이나 법문을 해 줬더니 일어나서 큰절을 하고는,

"이제야 불교를 알겠습니다. 우리 부모님은 절에 갔다 오셔도 이런 얘기를 안 해 줍니다." 그래요. 어떤 가정이 번창할 것인지는 가장의 마음 씀씀이와 의식 수준을 보면 드러납니다. 우리 국민이 중류 이상으로 살면서도 외국에 가서 하대받는 것은 의식 수준 때문입니다. 의식을 청정하게 바꿔야 합니다. 그러면 국회의원도, 대통령도, 면장 하나라도 바로 뽑을 수 있고, 자식이 방향을 똑바로 설정하도록 가르쳐 줄 수 있습니다. 부처님이 하신 진리의 말씀은 세상을 바로 보고 지향할 방향을 설정할 수 있는 의식을 가르쳐 주는 것인데도 절에

오는 부모들이 어떻게 법문을 듣고 집에 가서 무슨 말을 해 주는지 모르겠어요. 자식들이 존재의 근본적인 가치와 실체가 무엇인지는 알아야 할 것 아닙니까?

부처님과 조사들의 말씀은 여러분이 당장에 의식을 바꾸라고 한 것이지 그 말씀을 외워서 말하라는 것이 아닙니다. 내 마음이 말하는 것이 뭔가를 좀 알아봐야 합니다. 그것을 제1로 삼으세요. 나를 알고 돌아보는 공부를 제1로 삼고 사회생활을 열심히 해 나가면 의식이 상승되어 이 세상을 사는 모양이 달라집니다. 이렇게 공부를 해서 알게 되고 의식이 바뀌면 옛날이나 지금이나 관계없고 부처나 무엇이나 관계치 않아요. 그런 사람은 아무 데도 걸리지 않아서 모로 들어가나 가로로 들어가나 거꾸로 들어가도 관계없어요.

어느 절의 신도라는 사람이 찾아와서 말하길,

"절이라는 곳이 좋은 줄 알고 갔더니 천하에 몹쓸 곳입니다."라고 해요. 자기가 그 절에서 구도회를 만들어 회장도 맡고 총무도 맡아서 봉사도 하고 그랬는데, 단체가 커지자 사찰의 총무라는 사람이 모략중상(謀略中傷)을 해서 결국 구도회가 해체되고, 남편들이 화가 나서 아무도 절에 못 오게 됐다는 겁니다. 그런데 여기는 어떻게 왔느냐고 했더니,

"여기는 큰스님이 계시고 선방도 있어서 좋은 곳일 줄 알고 왔습니다."

그래서 제가 이렇게 일러 주었습니다.

"이 사바세계는 한 살림살이지 두 살림살이가 없소. 여기도 선방이지만, 보살님이 생각하는 다른 곳과 똑같습니다. 여기라고 그런 일이 없다고 볼 수도 없어요. 그러면 어떻게 하겠소? 부처님이나 조사스님의 말씀은 내가 감당하기 어려운 중상모략, 인격 모독을 당했을 때가 바로 자기 자신을 바로 보고 깨달을 수 있는 절호의 기회라고 했습니다. 그때에 보살님이 '이것은 나의 일이요, 나의 허물이요, 나로부터 일어난 것이다.'라고 하면서 모든 허물을 끌어안고 "모든 것은 제 허물입니다. 내가 책임지겠습니다."라고 해 봤습니까? 그렇게 하지 못하고 다들 눈치 보고 도망가기 바쁜 사람들이 이 세상에 살면 절이든, 직장이든, 어느 곳이든, 가는 곳마다 항상 허물이 따릅니다. 어떻게 하겠습니까?"

그랬더니 그 보살이 눈물을 비 오듯 쏟으며 한참 울더니 일어나 절을 하고는 이랬습니다.

"스님, 제가 크게 잘못 생각했습니다. 제가 그렇게 넉넉하게 마음을 쓰려고 절에 온다는 것을 잊고 살았습니다."

그렇습니다. 부처님 말씀은 좋다고 해서 좋은 데 집착하지 말고, 나쁘다고 해서 나쁜 것에 집착하지 말고, 좋거나 나쁘거나 그대로 끌어안고 내 살림살이로, 좋은 약으로 삼아서 넉넉한 마음으로 살아가라고 했습니다. 그런 마음을 쓰려고 절에 오는 것이고, 그런 마음과 의식을 찾으려고 참선하고, 염불하고, 독경하고, 절에 와서 법문도 듣는 것입니다.

가장 위태롭고, 어렵고, 좋지 못한 일이 나에게 닥쳤을 때가 나의 본래면목을 깨달을 절호의 기회입니다. 그때 턱 하니 뒤집어엎어서 끌어안을 줄 아는 사람은 천하의 제일입니다. 그런 사람은 조금도 두려워하지 않고 분심을 내서 앞장서고, 누가 무슨 소리로 덮어씌워도 관계없습니다. 옭아매려 해도 그런 데에 걸리지 않고 머무르지 않습니다. 하늘땅이 크다 하여 거기에 옭아매려 해도 반 푼어치도 미치지 못합니다. 두두물물, 만나는 사람마다 다 응해도 그때마다 본분소식에서 떠난 게 아닙니다. 마음에 본래 있는 본분소식으로 만천하를 다 응하고 쓰니 매일매일이 좋습니다. 그래서 그 사람의 힘은 아주 엄청나서 허공을 지나고 땅을 지나갑니다. 역대 조사가 그러했고 부처님이 그러했습니다.

　　부처님께서 태어나자마자 하신 '천상천하 유아독존(天上天下 唯我獨尊)'이라는 한마디 말씀은 천하를 다 담을 큰 그릇입니다. 그분의 면목과 소식을 감히 누가 알아듣겠습니까? 작은 생각으로는 못 알아듣는 그 면목을 알아들어야 합니다. 그 뜻을 중생들이 못 알아듣자 운문 스님이 한 말씀했습니다.

　　"내가 그때 있었으면 밥그릇을 당장 망치로 박살내고 개밥으로 줬을 것이다. 그랬더라면 오늘까지 재앙이 미치지 않았을 것인데, 그때 해치우지 못해서 지금도 재앙이 계속되고 후손들이 고통받고 있다."

　　그냥 '믿으면 다 이뤄지고, 부처님이 다 해 준다'고 하면

편할 텐데, 내가 하면 부처처럼 된다고 하는 바람에 후대인들이 지금까지 고민이라는 겁니다. 이 말을 잘 알아들어야 합니다. 이런 말은 부처님 문중에나 있지 다른 종교에는 없기 때문입니다. 이것은 운문 스님이 부처님의 진면목을 바로 가르쳐 주는 소식입니다.

또한 향엄 스님은 뭐라고 했는가?

어떤 사람이 나뭇가지를 입에 물고 손도 놓은 채 절벽에 대롱대롱 매달려 있는데 저 밑에 누가 찾아와 묻습니다.

"조사가 서쪽에서 온 뜻이 무엇입니까?"

뭐라고 대답을 하면 수천 길 낭떠러지에 떨어져 죽을 것이고, 말을 안 하자니 그 사람 묻는 뜻을 어길 것입니다. 이런 때에는 어떻게 해야겠느냐고 향엄 스님이 물은 것입니다. 그러자 호두라는 수좌가 이르길,

"스님, 나무 위의 소식은 묻지 않겠거니와 나무에 올라가기 이전의 나무 밑 소식을 일러 주십시오."

향엄 스님이 이에 '하하하!' 하고 웃었습니다.

이걸 어떻게 해야 하겠습니까?

분양 선소라는 스님이 여기에 대해 한마디 한 적이 있습니다.

"향엄이 나뭇가지를 물고 사람들에게 보여 준 소식은 모든 사람이 본래의 진실을 깨닫게 함이다. 거기서 바로 알지 못하고 헤아리고 머뭇거린다면 몸을 상하고 목숨을 잃는 사람이

티끌과 같이 많을 것이다. 나 분양이 그대를 위해 미로(迷路)를 여나니, 구름이 흩어지니 드넓은 하늘에 해와 달이 새롭다."

이 산승은 거기에 대해서 이렇게 말하겠습니다.

"흙더미를 쫓아가는 것은 사자 새끼가 아니잖은가? 산 사람 둘이서 죽은 송장을 매고 가서 묻었는데 돌아올 때 보니 죽은 송장이 도로 산 사람 둘을 매고 돌아오더라."

어디 그것뿐이겠습니까? 석상 경제라는 스님은 위산 영우 스님의 회상에 쌀을 관리하는 미두(米頭)를 맡아 어느 날 쌀을 일고 있는데 위산 스님이 말씀했습니다.

"쌀은 신자들이 보시한 삼보의 재산이니 한 톨이라도 버려서는 안 된다. 만 가지 쌀이 그 쌀 한 톨로부터 나왔느니라."

그러자 경제 선사가,

"스님, 모든 쌀이 그 한 톨로부터 나왔으면, 그 한 톨은 어디로부터 나왔습니까?"라고 되물었고 위산 스님은 '하하하' 하고 웃었습니다.

왜 웃었을까요? 거기에 제가 한 말씀 드린다면,

"창천 창천(蒼天 蒼天)!"이라고 하겠습니다. 위산 스님이 왜 웃었는지, 산승이 '창천 창천'이라고 한 까닭을 생각해 봐야 합니다.

절에 와서 참선이나 기도를 하면서 금방 무엇인가 얻으려고 하는 그런 마음을 가지면 안 됩니다. 오랜 겁 동안 많이 공부한 사람은 부처님 글귀 한마디에 대번에 해 마칩니다. 그러나 법문을 듣고 부처님과 조사스님의 말씀을 들어도 안 되는 분은 아직 의식이 미치지 못해서 그런 것이니 꾸준히 정진하세요. 금생에 얼른 깨달아도 좋고 안 깨달아도 좋으니까, 부지런히 일하며 사는 가운데 내 마음이 뭔가를 알아봐야겠다는 생각을 등지지 말고 부지런히 하세요. 숨이 떨어질 때에도 '무엇인고?' 하는 일념의 힘을 무너지지 않고 가져갈 수 있다면 다음 생에는 천하의 영웅으로 태어납니다. 그래서 한마디에 그냥 깨달아 버려요. 대근기의 씨앗을 심은 사람은 대근기로 태어나고, 죽어도 절대 악도에 떨어지지 않습니다.

참선을 한다고 해서 집안일이나 사업이 풀리고 안 풀리는 것이 아닙니다. 참선을 하는 사람은 자기 인생을 자기가 알아서 처리하고 살아갑니다. 극락암에서 경봉 스님을 모시고 30년 동안 참선한 대법행이라는 보살이 있었습니다. 제가 극락암에서 입승을 볼 때인데, 어느 날 극락암에서 해제를 하고 서울 명륜동의 집으로 돌아가니 장정 다섯 명이 집에 압류 딱지를 붙이고 있더랍니다. 아들이 사업을 하다가 망해서 집이 넘어갔다는 겁니다. 보통 사람 같으면 까무러칠 텐데, 그 보살님은 전혀 마음이 움직이지 않아서 불안한 것이 없었답니다. 허공처럼 담담한 마음으로 보따리를 싸서 집을 비워 주고 서울 변두리에 열두 평짜리 월세를 얻어서 아들, 며느리와 함께 살았습니다. 제가 그 집에 갔더니 아들이 통곡을 하며 용서를 비는데, 어머니는 "이 사람아, 대장부가 왜 우는가? 세상에서 이 몸과 생명이 최고의 보물이고, 이 마음이 그보다 더 큰 보물이다. 이것 하나 잘 간수하면 천하를 또 이룰 수 있고 살 수 있으니 걱정하지 말라." 하는 것입니다. 그런데 일 년 뒤에 보니 친구의 사업을 도와준 덕분에 50평짜리 아파트를 마련했고, 프랑스에 살던 딸이 옛집을 되사서 거기에 살고 있었습니다.

참선하는 사람은 모든 것을 끌어안아 자기가 처리하고 살아갑니다. 바닷물은 더러운 물이든 깨끗한 물이든 가리지 않고 받아들여 짠맛 하나로 만들어 버리기 때문에 바다로 존재하는 것입니다. 참선하는 사람은 무한히 큰 바다를 걸어서 건너고, 어떤 악천후라도 알아서 견뎌내는 멋진 사람입니다.

지금까지 많은 말을 했지만 다 쓸데없는 소리입니다. 어떻게 해야 열 가지를 다 만족할 수 있을까요?

拈得一枝無孔笛(염득일지무공저)
逆風吹又順風吹(역풍취우순풍취)

가지 하나를 꺾어 구멍 없는 피리를 만들어 부니
거꾸로도 불고 옆으로도 불고 마음대로 불더라.

악!

원혜 엮음, 『오늘 부처의 일기를 써라』, 은행나무, 2006

화두란
현실에서 부딪히는 문제를
해결하는 것

계룡산 제석골에 위치한 학림사에 들어서면 '선불장(選佛場)'
이라는 현판이 눈에 들어온다. 학림사는 출가 수행자들의 수
행처인 오등선원과 재가자들을 위한 오등시민선원이 나란히
'부처 뽑는 도량'인 것이다. 오등선원은 눈 밝은 이가 있어
불꽃 튀기는 진검 승부를 겨루어 볼 수 있는 곳이라 하여 많
은 수좌들이 이곳을 찾고 있다. 눈 밝은 이가 휘두르는 활인
검에 살아나간 이가 몇이나 되는지 누가 알까마는, 그 칼날
에 베이고 싶은 사람들은 태산처럼 여여부동한 대원 스님을
찾아온다.

　　사람들은 한때 '남진제 북송담'(부산 해운정사의 진제 스님과
인천 용화사 송담 스님을 두고 선지식으로 존경하는 뜻에서 일컫는 말)을
말했다. 이제 대원 스님을 덧붙여서 '중앙에는 대원 스님이

있다.'고 한다. 공부인으로서 진검 승부 끝에 얻어낸 명성인 만큼 오등선원에는 진실로 깨닫겠다는 수좌들이 방부를 들 인다. 대원 스님은 깨우침에 있어 조금의 숨김도 없이 자신의 공부를 낱낱이 드러내어 제접하기에 '남진제 중앙대원 북송 담'이라는 말이 터져 나오는 것이다.

대원 스님의 거처는 선승의 거처답게 소박하고 단출했 다. 대원 스님의 방에는 용성 스님과 고암 스님의 사진이 걸 려 있다. 용성 스님의 법맥을 이은 분이 고암 스님이고, 고암 스님의 법맥을 이은 분이 대원 스님이다.

대원 스님은 남장사에서 행자 시절을 보냈다. 먹물 옷을 입은 스님이 지나가면 그저 좋아 줄레줄레 따라다니다 학업 도 채 마치지 못하고 들어왔으니 주지스님의 말씀 한마디가 그대로 법인 줄 알았고, 강사스님의 가르침 또한 귀히 여겨 한 글귀도 허투루 듣지 않았다. 아무리 힘들어도 그리해야 되 는 줄 알고 5년 동안 일주문 밖을 나가지 않고 공양주를 비롯 하여 채공, 갱두까지 도맡아서 했다. 대원 스님이 5년 행자 노 릇을 할 때 500여 명 정도가 왔다가는 도망갔을 정도였으니 그 힘든 것은 이루 말할 수 없었다.

주지스님은 쌀 두 말을 주면서 5일 동안 먹으라고 했지 만 절 집안의 대중이 일정치 않고 들쑥날쑥하였기에 쌀은 항 상 모자랐다. 그럴 때마다 주지스님은 쌀을 어디다 감추었냐 면서 야단을 치고는 한겨울에도 밖으로 내몰았다. 내복도 입지 않은 채 홑겹의 옷을 입고 매서운 추위에 몸을 맡긴 때도 허다했다. 이런 어려움을 견디어내는 것을 보고 사람들은 '저 행자는 대근기'라 칭찬했다. 대원 스님은 공부가 높은 스승을 모시고 공부하고 싶은 열망이 너무나 컸다.

"여러 번 강원을 보내 달라고 청했지만 일만 시키고 보내 주지를 않아요. 그래서 생각하다 못해 사미계를 받고는 걸망을 매고 도망치다시피 해서 청암사로 갔어요. 청암사에서 고봉 스님으로부터 사집과 선요를 배웠는데 그때 경안이 조금 열리데요."

그 후 통도사에서 성능 스님과 호경 스님께 사교를, 대교는 혼해 스님께 배워서 내전을 두루 다 익혔다. 훌륭한 스승을 모시고 공부할 수 있다는 것이 너무 좋아 잠을 아껴 가며 공부했다. 혼해 스님은 용맹정진을 하는 대원 스님의 기상을 보고는 "대원 수좌는 강사하지 말고 선방에 가서 열심히 참선 수행토록 하라."고 일렀다. 그 길로 곧장 의정부 쌍용사의 전강 스님을 찾아뵙고 참선 수행에 대한 가르침을 받았다.

"하나의 화두를 의심해 나아간다는 것은 생과 사에 대한 의심, 본래 부처에 대한 의심 등 천 가지, 만 가지 의심을 하나로 몰아붙이는 것입니다. 화두에 대한 의심이 해결되면 모든 의심이 일시에 없어지게 되어 있어요."

대원 스님은 '깨우침'이란 철저히 '인생 문제에 대한 해결'이라면서 화두가 무엇인지 간결하게 설해 주었다.

"사람은 타고난 환경과 능력과 성격이 다 제각각입니다. 그러니 모든 사람이 경험하는 것은 자신의 이러한 조건에 따라서 달라질 수가 있어요. 각기 다른 경험 속에서 부딪히는 문제에 대한 물음을 해결하는 이것이 바로 화두입니다. 부처님은 생로병사가 무엇인지를 알고자 하는 것이 화두가 되어 깨우쳤고, 어떤 이는 부모의 죽음이나 친구의 죽음을 통해서 인생의 무상함을 갖고서 '인생이 무엇인가' 하고 의문을 갖고서 생각하다 보니 깨치게 되었어요. 또 어떤 이는 부귀영화의 헛됨을 보고, 또 어떤 이는 권력의 무상함 속에서, 어떤 이는 감당하기 어려운 환경에 처하여 자신의 의문을 해결하고자 간절하게 생각하다 보니 깨치기도 합니다. 이것이 화두입니다. 화두 참선이 결코 현실과 우리 생활에서 동떨어진 것이 아닙니다."

우리의 삶은 끊임없이 무엇인가를 해결해야 하기 때문에 실은 수행이라고 따로 내세울 것이 없단다. 삶에 대한 의문이 자연스럽게 형성되어 그것이 화두로 이어진다면 좋겠지만, 그렇지 못할 때는 스스로가 수행상을 만들어 나가야 한다는 것이다.

대원 스님은 선방에 다닐 때도 조실 방에 가서 열심히 묻고 점검받는 것을 멈추지 않았다. 상원사, 범어사, 송광사, 칠불암 등 전국의 제방선원에 안거하면서 효봉, 동산, 고암, 경봉, 전강, 향곡, 성철 스님 등 당대의 선지식을 모시고 입승 및 선덕 소임을 맡아 경책을 받아가면서 30년 세월을 선 수행으로 일관했다.

대원 스님은 고암 스님으로부터 전법게를 받던 당시를 회상했다. 고암 스님은 3대, 4대, 6대에 걸쳐 세 번이나 대한불교조계종 종정을 지냈던 분으로 자비보살로 통하고 있는 분이다.

1972년 고암 스님이 해인총림 방장으로 머물 때에 저녁 정진을 마치고 방장실을 찾으니,

"지금도 뜰 앞의 잣나무(庭前栢樹子) 화두를 참구하고 있는가? 몇 년이나 참구하였는가?" 하면서 한 말씀 일렀다.

"잣나무 꼭대기 위에서 손을 놓고 한 걸음 나아갔을 때에 어떤 것이 너의 본래면목이겠는가?"

대원 스님은 이 한마디에 홀연히 크게 깨우쳐 박장대소했다. 다시 고암 스님이 마조원상 공안을 물었다. 주장자로 원상을 그리더니,

"여기에 들어가도 서른 방이요, 나가도 서른 방이니 일러라."고 했다.

깔고 있던 좌복을 머리에 이고서,

"이것이 안에 있습니까? 밖에 있습니까?" 하고 물으니,

"아니야!" 하고 주장자로 대원 스님을 치시려고 하시는 찰나에 좌복을 스님 머리 위에 던지고 문밖으로 나가 버렸다. 잠시 후에 다시 들어와 앉으니 고암 스님께서 '눈 푸른

납자는 속이기 어렵도다.' 하시고는 천칠백 공안을 두루 물으셨다.

천칠백 공안에 대한 답까지 다해 마치고서 고암 스님으로부터 인가를 받았다. 이렇게 해서 대원 스님은 고암 스님의 법제자가 되었다. 자신의 전 존재를 담아낸 질문 앞에서 자신의 일체 생명을 걸고 답하는 점검을 겨루는 그 자리에는 한 치의 빈틈도 있을 수 없다. 스승의 날카로운 취모검은 제자의 마지막 번뇌의 주라발(周羅髮)을 베어 버린다. 삼세제불(三世諸佛)의 향기와 비교해도 일호(一毫)의 차이가 없는 것이다.

'평상심이 도'라고 했듯이 우리가 공부하는 것은 생활 속에서 이뤄져야 한단다. '마음이 본래 부처'란 말이 맞는 말이지만 그 말을 듣고 바로 알 수 있다면, 그 소리 하나 듣고 남전이나 원효, 육조 스님처럼 현실성 있게 살 수만 있다면 공부가 필요치 않다고 한다.

"부처님 말씀을 예로 들면, 내 옆에 있는 사람이 가장 어려운 곤경에 처해 있다면 그 사람을 좋은 마음으로 돕는 것이 선(禪)이라 했어요. 여러모로 세상 사람들에게 도움을 주었을 때 그것이 바로 선이라는 것이지. 일체중생 모두가 다 이런 마음으로만 산다면 이렇게 앉아 있을 필요가 없어요. 모든 이가 부처 마음으로 사는데 그 위에 무엇이 더 필요하겠어요. 우리는 말로는 알아도 실제로 그렇게 안 되니까 부득이 공부를 해야 하는 것입니다. 놓으라 해도 안 되니 '이뭣고' 하며 살펴보라는 것이지. 천 가지 파도 속에서도 전혀 간섭받지 않고 순풍으로 바꿀 수 있어야 하며, 싸움하는 속에 가서도 어깨춤을 출 수 있어야 깨달음이 현실화된 것입니다."

그런데 우리네 중생들은 상대방이 폭언을 하거나 집안에 무슨 일이 일어나면 마음이 당장 따라 일어나 버리니 좌복 위에서 마음을 조련해야 하는 것이다.

"자신의 일상생활을 잘 살펴보세요. 일생의 대부분은 불안하고 걱정거리로 가득 차 있습니다. 걱정 없이 좋은 때는 극히 적습니다. 그리고 남편이 아내를, 부모가 자식의 안전을 보장해 줄 것 같지만 그렇지 않습니다. 우리가 불안해하고 걱정하는 것에 대해 삼엄하게 경계하고 안전장치를 많이 할수록 오히려 더욱 불안해지기만 합니다. 불안하다는 것은 그런 일이 터지기를 무의식 중에 기다리고 있다는 반증입니다. 수행을 통해 마하반야에 이른다면 불안과 초조, 걱정에서 벗어나 한가로운 사람이 될 수 있어요. 마음이 분주하지 않고 고요하여 여유롭다는 것이 얼마나 좋습니까?"

대원 스님은 '선이란 불안과 공포로부터 해방될 수 있는 대안'이라 했다. 고(苦)라 여겼던 삶을 행(幸)으로 전환해 주는 것이니 '행복을 찾는 길'인 것이다.

대원 스님께 화두 참선을 어떻게 하면 잘 할 수 있는지를 여쭈었다.

"이뭣고 화두를 참구한다면 단도직입적으로 '나는 뭐냐'

라고 치고 들어가야 합니다. 생각을 일으켜서 화두를 들면 오래가지 못해요. 본인들이 생각 안 하려 해도 안 할 수 없을 정도로 '이것이 무엇인가' 하고 간절하게 물어야 하고 지극한 의심을 품어야 합니다. 그런데 '이뭣고'를 받아서 담아 놓고는 '뭣고', '뭣고' 되풀이만 하는 것은 화두를 잘못 드는 것입니다. 밥 먹고 똥 싸고 잠자는 일상생활 속에서도 의심을 그대로 깊이 끌고 나가면 내가 의식이 없는 세계에 가서도 그 의심 덩어리 하나가 그대로 성성하게 됩니다. 공부가 다 되었을 때는 마지막에 가서 본인이 어떠한 경계든 경계에 부딪혀서 뒤집어집니다. 비로소 본인이 '아!' 하고 깨닫는 것이지요. 그것을 누가 해 줄 수는 없습니다."

대원 스님은 납자에게는 선지식이 곁에 있어야지 혼자의 생각으로 공부를 지어가는 것은 위험하다고 했다. 서울을 가 보지 못한 사람이 서울을 간다고 할 때 도중에 대구 같은 큰 도시가 나오면 휘황찬란하니까 그곳에 주저앉을 수 있다. 서울의 궁전까지 가서 제8아뢰야식을 박살낸 경험이 있는 선지식이라면 자신 있게 천하의 도인이라 할지라도 점검해 줄 수 있는 것이다.

대원 스님은 "부처님 경전이나 조사 어록은 다 깨달으라고 하는 말입니다. 본인이 생사를 걸고 정진을 하다 기연이 되어서 스승을 만나 깨달은 분도 있지만, 많은 선사들이 부처님 경전이나 조사스님 어록을 통해서 깨달았습니다."면서 선 수행과 함께 경전이나 선어록을 공부해야 진척이 있음을 강조했다.

스님은 무구자(無垢子)도인의 반야심경주해를 강설하고 책으로 펴내어서 선가에 일대 반야심경 열풍을 일으켰다. 오등선원에서는 10년도 훨씬 넘게 토요일마다 대원 스님의 강설이 있고, 강설이 끝나면 밤을 새워 용맹정진을 하는 전통을 이어오고 있다. 그동안 대주선사어록과 증도가 강설이 있었고, 지금은 금강경오가해 법문을 매주 토요일마다 하고 있다.

사람들은 때로 '당장 눈앞에 감원 조치를 당해 언제 해직될 지 몰라 조마조마하면서 사는 데 무슨 선을 하라는 것인가? 왜 현실성 없는 참선을 하라고 하는 것일까?' 하고 의문을 품을 때가 있다. 대원 스님은 이런 의문에 대해 다음과 같은 가르침을 주었다.

"중생은 단지 살기 위해서 살지만 어떻게 사느냐가 중요합니다. 오늘 돈을 벌지 않으면 이 생명 유지하지 못하기 때문에 서로 다툰다고 하지만, 짐승들도 고기 한 점을 두고 서로 다툴 줄 알고 이 육체를 살찌울 줄 압니다. 그런 의미 없는 인생을 살아서 되겠어요? 모든 경계에 부딪혔을 때 둥글둥글 원만하게 다 소화를 시키고 걸림이 없이 살아가는 사람이 되려면 자기 자신의 있는 문제를 녹여 없애야 합니다. 반야지혜는 자기 자신이 문제를 벗겨내요. 마음속에 쌓여 있는 자기 자신의 모든 불만을 지혜의 빛으로 녹여야 합니다. 본래면목을 바로 깨달아 인생을 지혜롭게 살고 최상의 행복과 영원한 편안함을 누리고 사는 자리, 그 자리를 해탈이라고 합니다."

대원 스님은 '불안해하지 않고 멋지게 행복하게 잘 살 수 있는 길'은 내 마음의 고향인 마하반야에 이르는 것이며, 불안과 공포로부터 해방될 수 있는 대안이 바로 '참선'이라 했다.

줄 없는 거문고를 타고, 구멍 없는 피리를 불면서 고향으로 돌아가는 그 길을 안내해 주시는 대원 스님께 감사의 예를 올리고 나오니 봄 햇살이 가득하다.

따뜻한 봄바람이 우주 법계에 불어와서 그 기운이 흰 꽃과 푸른 잎으로 모양을 나타내 보이는 것, 그러니 흰 매화꽃을 볼 때 꽃만 보지 말고 우주 법계에 꽉 차 있는 봄을 보아야 하는 것이다.

문윤정 지음, 『바람이 꽃밭을 지나오면』, 우리출판사, 2013

道無不是無
道有不是有
東望西耶尼
面南看北斗

없다고 해도 없는 것이 아니요
있다고 해도 있는 것이 아니니
동쪽에서 서쪽 나라를 바라보니
얼굴을 남쪽으로 해서 북두칠성을 봄이로다.

화두 해결에
생명을 걸어 보자

오늘부터 석 달 간, 있는 힘을 다해서 자기 인생을 걸어 봐야 됩니다. 하루하루 그냥 지내다 보면 공부를 했다고 하지만 아무런 공부한 표적도 없고 하기 전이나 다를 바 없이 됩니다. 그렇게 되어서는 안 됩니다.

공부는 일주일이면 족히 해 마치고, 크게 걸리면 석 달이라 했습니다. 요번 석 달의 안거에서 여러분이 생명을 걸고 화두를 참구해서 본인들의 화두를 타파해야 됩니다. 화두 타파를 못하면 아무 소용이 없습니다.

공부할 때는 천길 되는 벼랑 끝에 서 있는 것 같이 화두를 참구하라고 했습니다. 그런 마음으로 화두를 참구하면 석 달 안에 해결할 수 있습니다. 석 달이면 해결 안 할 수가 없습니다. 그런데 느슨하게 공부하다 보니까 아무 표가 안 나고 석 달 지나도 그렇고 그렇습니다.

화두 타파하는 외에 알았다는 견해를 가지고 있으면 화두 공부가 안 됩니다. '무엇인고?' 할 때는 어떤 것도 통할 수 없고 어떤 것도 인정이 될 수가 없습니다.

'이놈이 무엇인가'는 몸뚱이가 뭔가, 마음이 뭔가 그런 게 아닙니다. 본인 자신을 통틀어서 '이놈이 본래 뭔가'입니다. 몸뚱이도 아니다, 마음도 아니다, 부처도 아니다, 물건도 아니다, 일체 모든 것이 아니라고 부정하고 끊어 버리면 그 다음에 어떻게 됩니까?

어떤 이들은 주먹을 들고, 소리를 지르고, 절을 하고 이러는데 그에게 "그대가 지금 몸뚱이가 존재해 있으니 소리도 지르고 절도 하고 주먹도 들고 하지만, 그대가 죽고 나서 화장해 뼛가루를 다 뿌린 뒤 그때는 어떻게 할 것이냐?" 또 "죽은 무덤에 가서 너 지금 한 마디 일러라! 네가 지금 있느냐 없느냐 하고 물으면 뭐라고 하겠는가?" 하고 물으면 해결이 안 됩니다.

참으로 자기 자신이 무엇인지를 깨달은 사람은 어떤 곳에서도, 어떤 공안도 막히지 않고 대답할 수 있습니다. 그런데 어떤 것은 알고 어떤 것은 막히는 건 공부가 된 게 아닙니다.

그것은 좋지 못한 견해이기 때문에 모조리 집어 던지고, 오직 자기 화두 하나를 24시간 생명을 걸고 참구한다면 왜 안 되겠습니까?

밥 먹을 때, 잠잘 때, 걸어 다닐 때, 포행할 때 화두가 끊어지는 간단(間斷)이 있으면 안 됩니다.

24시간 생활하는 가운데 끊어지지 않는 화두를 해야 됩니다.

금년 하안거에 열심히 하셔서 "나는 화두를 해결했습니다!" 하는 사람이 나와야 됩니다.

이 세상을 살면서 급하고 꼭 해야 할 일이 이 문제를 해결하는 것입니다. 이걸 해결하는 것을 우선으로 열심히 공부하면서 일하고 사회생활을 병행해서 하는 이는 이 세상에서 가장 멋지게 사는 사람입니다.

오늘 결제에 참석하신 분은 그야말로 이 세상에서 하늘 땅을 주고도 바꿀 수 없는 큰 복과 지혜의 인연을 심고, 깨달음의 길로 갈 수 있는 인연의 길이 열립니다.

현실에서 공부 안 하고 살아가는 사람은 더 말할 것 없이 이 세상에 사는 데 아무 의미도 없고, 어떤 좋은 편안한 행복도 이룰 수가 없습니다.

그러니 결제철 석 달 동안 모두 열심히 정진해서 화두를 해결했다는 분이 나와 주시기 바랍니다.

本自不生(본자불생)이요 今亦無滅(금역무멸)이니
孤朗宇宙(고랑우주)에 獨露乾坤(독로건곤)이라.

본래 스스로 남이 없고 지금에 멸하는 것도 없으니
고고하게 밝은 것이 우주에 홀로 드러나 있다.

불기 2562년(2018), 하안거 법문 중

구모토각

시회 사부대중께서는 아시겠습니까?
목전에서 바로 계합을 해서 바로 알면,

묘희세계는 백 가지 잡된 것을 다 부수었다.
돌 소가 쇠로 된 가시넝쿨 속에서 편히 잠을 자도다.
목녀는 불 속에서 연꽃을 밟고
남산은 북을 치고 북산은 춤을 추네.

이 도리를 아시겠습니까?
만약 알지 못했을진대 다시 말씀드리겠습니다.

금강의 바른 몸은 당당하게 드러나고
만상삼라가 반야의 광명이라.

가고 오는 기틀이 없어지면 생각(當念)도 초월함이라.

무음양지(無陰陽地)에는 이치가 확연히 드러나는데

나무 닭이 새벽을 알리는 깊은 것에서 모든 걸 거둠이라.

돌 여자는 봄을 맞이해서 동방(洞房)에서 나오고

함께 즐기는 용호(龍湖)에 상서로운 기운이 많도다.

하늘 바람이 불어와서 향로의 향기를 보내도다.

대중은 이 도리를 아시겠습니까?

작년에 무술년 한 해가 초하루로 시작하더니 잠깐 사이에 지나갔습니다. 지나갔지만 그걸로 끝나는 것이 아니라 또 기해년의 초하루를 다시 시작합니다. 금년 일 년도 잠깐 사이 지나가고 또다시 내년 초하루를 맞게 됩니다.

끝없는 시작과 끝없는 마침이라서 그 자체를 가만히 들여다보면 그 실체는 딱히 시작도 없고 마치는 것도 없는 것입니다. 그 없는 데서 초하루를 세우고, 한 달을 세우고, 일 년을 세웠는데, 그 세운 데서 살아가는 것을 구모토각이라 합니다. 구모토각은 실체는 없는데 이름은 있습니다.

이러한 도리를 바로 보고 알면, 사바세계 사는 이대로 여러분 자신이 영원한 줄을 알고, 영원히 고통이 없는 것도 알고, 영원히 행복하고 편안한 것도 알 수 있습니다.

여러분이 시작이 있고 마침이 있는 것만 알면, 나고 죽는 생멸에서 벗어나지 못하고, 주고받는 두 가지 생멸의 모양과 이름에 속아서 실지로 있는 양 집착하고 착각을 하고 살기 때문에 영원한 행복도, 편안함도 모릅니다.

이 도리를 바로 보면 금강의 바른 몸(金剛正體)이 항상 드러나서 만상삼라가 반야지혜의 광명인 것입니다.

수산 선사에게 어느 스님이 묻기를,
"어떤 것이 불법 대의입니까?"
"초나라 성의 언덕이요, 여수(汝水)는 동으로 흐른다."
여기에 대해 송하니,
여름이 가고, 추운 것이 오고, 다시 봄이요, 가을이 온다.
석양은 서쪽으로 가는데 물은 동으로 흐름이로다.
망망한 우주세계 사람들이 수가 없는데
어떤 것이 친히 일찍이 이 머리끝에 이르리오.

이런 법문 하나를 알아듣느냐에 인생이 좌우됩니다.

부딪히는 것도 아니요, 또한 긍정하는 것도 아님이라.
부질없이 헤아림을 내는구나.
입을 열어서 다시 또한 헤아리네.
백운은 천만리에 오고 가더라. 악!

___
불기 2563년(2019), 정월초하루 법문

믿음은
도의 근원이요,
공덕의 어머니

항상 우리가 듣고 익히 알고 있는 것인데, 알고 있기만 할 뿐이지 실지로 뼛골 깊이 사무치는 확실한 믿음이 없는 것이 큰 결점이라고 봅니다.

'신위도원공덕모(信爲道源功德母, 믿음은 도의 근원이요, 공덕의 어머니)'라는 말은 많이 듣고 보지만, 하나의 지식으로 알고 있을 뿐이지 실지로 확실히 믿느냐는 것입니다.

반신반의(半信半疑)만 되어도 다행이라고 봅니다. 거의가 믿지를 않습니다. 그냥 무슨 소리인가 들어 보는 것이지요. 그렇게 해 가지고는 이 도의 문에 들어오기가 정말로 어려운 일입니다.

믿는 것이 바로 확철대오하고 직결되어 있습니다.

과거 역사에도 보면 부처님과 역대 조사들은 믿고서 생

명을 아끼지 않고 몸을 던졌습니다. 그래서 거기에서 모두가 도를 이루었습니다.

그런데 여러분이 옛날 부처님이나 조사스님과 비교를 해 보면 과연 그렇게 하느냐는 것입니다.

선재동자는 53선지식을 친견할 때마다 절대 의심하지 않고 믿었습니다.

시장 바닥에서 관상, 사주 보는 사람을 선지식이라고 거기서 도를 배우라고 하면 선재동자는 믿고서 갔습니다. '분명히 여기에 진리의 도가 있다. 이분이 가르치는 관상, 사주 보는 데 무슨 진리가 있는지 배워 봐야겠다.' 하고 발 벗고 달려든 것 아닙니까?

그런데 여러분은 다 생각에 분별해서 가지고 있는 주견이 있는데, 그게 무너지지 않고는 백천 번 법문을 들어도 바람결에 스쳐갈 뿐이지 가슴 깊숙이 심금을 울려 뒤집어지게 하는 한마디가 안 되는 것입니다.

내가 깨달음의 말을 지금까지 수도 없이 했는데, 아무리 들어도 왜 안 되는가 보면 불신하기 때문입니다.

그냥 '조주가 뭐라고 한마디 했는가 들어보니 답답하고 별 도움이 못 된다. 가슴을 뒤집어 놓을 만한 것도 없고 답답하기만 하네.' 이럽니다. 이렇게 근기가 하천하고 하천 중의 하천한 기틀이라 안 되는 것입니다.

무성천제(無性闡提)라도 자꾸자꾸 신심을 내서 부처님 말씀을 들어 놓으면 그것이 씨앗이 되어 결국에는 성불의 길로 나아갈 수 있다 해서 부처님이나 조사스님들이 동분서주하면서 설법을 하셨습니다.

그래서 거기서 확실히 발 벗고 믿고 나선 사람들은 깨달았습니다. 그런데 믿지 않고 그냥 그저 듣는 마음을 가지고는 아무리 들어도 이익이 없습니다.

그걸 부처님은 뭐라고 하셨느냐? 무연중생불능제도(無緣衆生不能濟度)라. 인연이 없는 중생은 제도하기 어렵다 하셨습니다.

"아픈 환자에게 병을 고치라고 아무리 약을 줘도 안 먹는 걸 어찌하겠느냐? 인연이 없는 중생은 제도하기 어려우니라."

이건 여러분이 깊이 생각해 볼 점입니다. 그냥 토요일 와서 들어 본다는 마음으로 들으니, 들어 봐도 재미도 없고, 그 말이 그 말 같고 별로 마음에 신심이 일어나지 않지요.

그러니 법회에 듬성듬성 이 빠진 것처럼 오다 안 오다 하다가 나중엔 안 옵니다. 그러다가 몇 달 지나서 나타납니다. '저분이 저래서 무슨 이익이 있는가?' 하고 나중에 소참 시간이나 별도로 만나서 이야기해 보면 참 기절초풍할 일이거든요. 캄캄하고 얼토당토 않는 생각을 또 나름대로 가지고 있는 겁니다.

그래서 소 길들이듯이 바짝 잡아서 때리고 볶아대는 원

인이 있습니다. 그렇게 하지 않고는 도저히 안 되거든요. 거기서 견뎌내는 사람은 되더라는 겁니다. 거기서 견뎌내지 못하고 도망가는 사람은 안 됩니다. 그러니 인연이 없는 중생은 어렵다는 것입니다.

근기가 얕은 중생들이라고 부처님께서 설법을 하지 않고 열반하시면 안 되니, 중생들에게 씨앗이라도 심어 주시라는 청을 받아들여서 부처님께서 중생을 위해서 일생을 동분서주하며 설법을 하신 것입니다.

최초에 화엄경을 설하실 때나 마지막에 법화경 설하실 때 다 도망을 갔는데, 도망을 안 가고 남은 분들은 부처가 되리라는 수기를 받았습니다.

지금 그래도 여러분이 법문 듣는 것만 봐도 말세가 아니라고 봐야겠지요?

어쨌든 한마디 듣고 여러분이 해결되어야 되는데 해결이 안 되니까 이런 말씀을 드리는 겁니다. 왜 해결이 안 되느냐? 확실하게 믿고 달려들지를 않는다는 말입니다. 확실하게 믿고 달려들면 됩니다.

저는 어려서 절에 들어왔지만 절대 불신해 본 일이 없습니다. 주지스님이 여자를 끌어안고 잔다고 해도 나는 '저분이 나쁜 사람이다, 스님이 아니다' 이런 생각을 해 보질 않았습니다. '저분은 도인이다' 이렇게 생각했습니다. 그렇게 했기 때문에 그분이 오만 구박을 다 하고, 경책을 하고, 모질게 해도 그분이 도인이라는 마음이 있었기 때문에 그걸 받아들였지, '저게 무슨 가짜 땡초 아닌가.' 이런 생각이 있었다면 내가 그 사람 경책을 받겠습니까? 어림없지요. 그때 그렇게 못 견디고 도망간 사람이 500명이 넘었습니다.

불기 2562년(2018) 6월 9일, 조주록 강설 법회

대승보살의
마음

오늘 이 자리의 여러분은 마음속으로 구하는 바가 있어서 여기 오셨습니다. 나름대로 개인이 바라는 소원이 있어서, 부처님께 와서 그 소원을 빌고 그 소원을 성취하고자 해서 오셨다는 말입니다.

여러분이 개인적으로 바라는 생각이 무엇이겠습니까?

돈을 많이 벌고, 명예를 날리고, 권력을 잡고, 좋은 사람 만나고… 세상 사람들이 바라는 뜻은 뻔한 것이지요. 누구나가 똑같습니다. 누구나 인정받고 싶고 무시당하기 싫어하거든요.

그런데 무시를 당하면 본인 자신이 모자라서 무시당한 건 모르고, 상대방만 보고 원망을 하고 욕을 하거든요. 이게 문제입니다. 내가 무시를 당했을 때는 얼른 자신을 돌이켜 보고 '내가 무시를 당할만한 뭔가 허물이 있구나!' 이걸 먼저 깨달으면 되는데, 그건 우선적으로 안 하고, 상대방한테 먼저 이목이 집중돼 따라가서 이러니 저러니 시비가 오고 가고 하지 않습니까?

여러분이 각자가 나름대로 가진 소원은 결국 완전한 행복과 편안함, 해탈은 아니라는 것이지요.

해탈은 우리 중생의 마음에서 벗어나는 걸 말합니다.

새가 새장 안에 갇혀 있듯이, 우리들은 불성의 마음을 가지고 있지만 그게 중생심 속에 갇혀 있습니다. 육근육식(六根 六識)의 중생심은 주인이 아닌데, 이것이 여러분의 주인이 되어 있습니다. 중생들은 다 그렇습니다. 불성의 마음이 주인인데, 주인은 종이 돼 있고, 종인 중생심은 주인이 돼 있습니다.

중생심을 주인인 줄 알고 살아가는 중생의 관념이 너무 강해서, 아무리 그게 아니라고 얘기를 해도 귀에 안 들어갑니다. 워낙 중생심이 강해서 종(중생심)이 주인이 아니라고 하면 도리어 아주 싫어합니다.

현실 살아가는 여러분이 설사 법당에 와서 기도를 해서 소원을 이뤘다고 합시다. 그 소원 한 가지 이뤄졌다고 해서 여러분이 진정 앞으로 어려운 것이나 고통스러운 것이 완전히 해결되고, 영원히 자기 자신과 가정이 편안하게 될까요?

이번 소원은 이뤘지만 또 다른 소원이 있어서, 와서 또 빌고 또 빌고… 일생을 두고 육근육식의 중생심의 도적을 받들고 섬긴 것밖에는 안 됩니다. 그것은 진정한 참 행복과 편안함은 아니라는 것입니다.

"스님! 그러면 나는 당장 눈앞에 3천만 원을 은행에 안 넣으면 부도가 나는데, 그건 가만히 놔두고 봐야 됩니까? 전부 중생 노릇이고 좋지 않은 거라면, 집에 어려운 일 닥치는 걸 놔두고 그냥 지나가야 됩니까? 눈앞에 현실적으로 어려운 것이 닥쳤는데, 이건 육근육식의 종노릇 하는 거니까 놔두고 가만히 있어야 됩니까? 우리는 그걸 해결하려고 부처님께 기도를 하는데, 그걸 놔두고 어찌해야 합니까? 화두를 들고 부처가 돼야 한다는 말인데, 부처되는 건 너무 어렵지 않습니까? 언제 부처가 돼서 이 어려움을 면하겠습니까?"

이렇게 묻는 분이 하도 많아서 이 말씀을 드리는 겁니다. 전화로도 저에게 묻습니다.

"스님. 제가 이십 년을 시민선방에 다녔는데, 요사이는 자꾸 처사님이 짜증을 내요."

"왜 처사님이 짜증을 냅니까?"

"스님. 참선을 하면 사업이 잘됩니까? 못됩니까?"

현실적으로 남편은 사업하면서 '부인이라도 가서 열심히 기도하면 내 사업이 잘 되겠지.' 이런 마음으로 절에 보내줍니다. 깨달아 성불하라는 뜻으로 보내는 건 아닙니다. 여러분은 안 그렇겠지요?

"여보 당신! 그동안 열심히 절에 가라고 불전금도 주고 했는데, 어째서 요새 사업이 안 되고 입찰하면 다 떨어지고 죽을 지경이야! 절에 가서 어떻게 기도를 했길래 이러냐?”

하고 화를 낸다는 겁니다.

“내가 참선을 했는데, 사업하고 관계없는 겁니까?”

이렇게 묻는데 나도 난처합니다. 뭐라고 대답을 해 줘야 될 거 아닌가요.

그런데 중생이 살아가는 욕심을 해결하고자 하는 마음으로 절에 오고, 또 선방에도 그런 마음으로 간다는 건 근본적인 생각이 틀린 거지요.

왜냐하면 우리들은 ‘중생심’부터 알아야 됩니다.

우리가 현실에 가진 마음은 완벽한 것이 아닙니다. 이 마음은 끊임없이 채워도 만족하는 게 없습니다.

사업해서 남편이 돈 많이 벌고 잘 됐다고 하면 남편이 그걸로 만족하느냐? 아닙니다. 또 얼마 안 가 만족이 되지 않아서 제2의 더 큰 욕심을 바랍니다. 그러한 중생심을 가지고 하는 사업은 한때 좀 된다 하더라도 금방 그 뒤에는 안 좋고 망할 수 있는 그런 게 계속 따라다닙니다. 그런 중생심을 가지고 살아가는 살림살이는 완벽한 게 아니라 항상 불안하고 괴로운 게 따라다니게 되어 있습니다.

여러분이 잘못된 중생심을 정리하고, 맑고 깨끗한 불성의 마음으로 사업을 한다면, 국화 향기는 천 리를 가도 하나와 같듯이, 항상 불성의 깨끗한 그 마음이 일을 하기 때문에 거기에는 부침(浮沈)하는 게 절대 없습니다.

불성의 마음으로 사회생활을 하느냐, 중생의 마음으로 사회생활을 하느냐, 여기에 따라서 살아가는 판도가 달라집니다.

깨끗한 불성의 마음으로 사업을 하고, 정치를 하고, 돈을 벌고, 사회 모든 것을 하면, 그 사회는 생멸과 흥하고 망하는 데 일체 관계를 안 받습니다. 그런 게 없이 너무 편안하고 다 잘됩니다. 그런데 중생의 마음은 부침과 흥망성쇠가 있어서 오늘 아침이 좋으면 저녁에는 나쁜 게 생기고 그렇습니다.

또 남녀 간에 애정의 마음을 주고받는 뒤에는 백 가지 괴로움이 따른다는 것입니다. 남녀 간에 서로 결혼을 한다고 합시다. 그럼 영원히 행복하냐? 아닙니다. 그때부터는 죽었다고 봐야 돼요. 주고받는 대가성이 반드시 요구되는 속에 살다 보면 서로가 기대에 어긋나는 것이 많습니다. 기대에 어긋나면 그때부터는 안 좋은 마음에 서로 싸움하고 속 썩는 일이 어디 한두 가지인가요?

부모가 자식을 하나 놓으면 지옥이 하나라는 거예요. 자식이 말을 안 해도 척척 알아서 잘한다면 무슨 걱정이 있겠어요? 그런데 안 그렇거든요. 자식을 하나 낳았다 하면 그때부터는 죽었다고 봐야 돼요.

이런 중생의 보따리는 완벽한 게 아니라서 그런 마음으로 사업을 해 봐야 그 사업은 오래 못 갑니다.

불성의 마음으로 세상 살아가는 것을 '대승보살심(大乘菩薩心)'이라고 합니다.

'대승보살의 마음'으로 일체 사업도 하고 정치도 하고 가정 살림도 한다면, 거기에 무슨 부작용이 있고, 괴로운 것이 있고, 안 될 일이 뭐가 있겠습니까? 다 잘됩니다.

그래서 우리는 애당초 마음 소지를 잘 가져야지, 절에 올 때 잘못된 마음을 달고 오면 안 됩니다.

절에 와서 기도해서 잘 되면 돈도 갖다 올리고 감사하다고 하는데 입찰에 떨어졌다, 학교 시험에 떨어졌다 하면 절에 안 와요. 그리고 집에 무슨 일이 있다고 핑계를 댑니다. 그러면 나는 속으로 '뻔한 거지 뭐. 학교 떨어졌구만.' 하고 압니다.

"학교 떨어졌나 보네요?"

"예. 이번에 기도했더니 떨어졌습니다."

그러고 절에 안 옵니다.

생각해 보세요. 본래 푸른 하늘은 영원히 푸른 하늘인데, 변함이 없는 진리의 마음자리를 중생의 욕심된 생각으로 버렸다가 가졌다가 그렇게 해서야 되겠습니까?

진리는 버리려야 버릴 수 없는 건데, 사업이 됐다고 믿고, 안 됐다고 안 믿고 그러는 건 올바른 게 아닙니다. 중생의 사특한 마음으로 진리를 버렸다가 가졌다가 하는 건 업(業)만 짓는 것입니다. 진리의 믿음은 절대 불변입니다. 사업이 되고 안 되고, 학교에 합격이 되고 안 되고 그런 건 관계가 없는 것입니다.

진리를 가진 사람은 나쁜 길로 가서 업을 짓는 일을 안 합니다. 그런데 진리를 삿된 마음으로 믿는 사람은 하루아침에 진리를 버립니다. 그럼 그 사람이 그다음에 어디로 갈까요? 계속 삿된 길로 갈 수밖에 없습니다. 점점 더 업을 많이 쌓아 가지고 점점 더 안 되게 됩니다. 될 수가 없습니다.

그래서 오늘 말씀드리는 건, 중생심 일체를 버리라는 것입니다.

불기 2563년(2019) 10월 16일, 지장재일 법문

바로
알아차려라

부처님과 조사스님들은 수행을 통하지 않아도 자연스럽게 바로 보고 알아차리게 됩니다. 중생들은 그게 안 돼서 알아차려 보려고 참구를 합니다.

'무엇인고'는 단박 깨닫게 해 주는 말인데, 사람들은 '무엇인고' 하는 말에 따라갑니다. 말을 담아 놓으면 안 됩니다. '개에게 불성이 있습니까, 없습니까?' 물음에 조주 스님이 '무(無)'라 했을 때 그 의지는 '무' 하고는 관계가 없습니다.

모든 외형상의 경계에서 알아차림이 있고, 내심에서 일어나는 것도 알아차림이 있습니다.

부처님 당시 어느 천한 신분의 사람이 부처님께 와서 가르침을 청하였습니다.

"너는 나를 믿느냐?"

"네. 말씀해 주십시오."

"나도 그렇고 너도 그렇고 똑같은 불성의 마음이 있는 건 아느냐?"

"모릅니다."

"불성의 마음이 있는 걸 확실히 믿어야 된다. 저 땅속에 금이 있는데, 저기에 금이 있다는 말을 네가 믿으면 저 땅속을 파 볼 것이고, 안 믿는다면 땅속을 안 파볼 것 아니냐?"

"네. 안 믿어서 땅을 안 파 보면 헛일이겠지요."

"그렇지. 땅속에 금이 있다는 걸 네가 믿고 땅을 파 들어가 보면 그 속에 금이 있는 걸 발견하는 것처럼, 불성이 있다는 내 말을 믿고 확인을 해 봐야 되지 않겠느냐?"

"네. 불성이라는 것은 도대체 어떤 마음입니까?"

"불성이라는 것은 일체 생로병사가 없다. 생멸이 없고 영원히 편안하고 대자비심과 대지혜의 마음이어서 살아가는 데 일체 근심, 걱정과 고통이 없다. 그 마음을 쓰는 사람에게는 천리를 가도 맑고 향기로운 바람이 한 바람이듯이 살아가는 데 잡된 것이 일체 없다. 순수한 부처의 마음을 쓸 뿐이다. 거기에는 영원히 행복하고, 편안하고, 즐겁다. 그 마음은 일체중생을 내 몸과 같이 사랑하는 것이고, 일체중생을 보고 저 사람이 어떤 면에 괴로운 것이 있다, 저 사람은 어떤 면에 허물이 있다 하고 거울같이 환히 다 본다. 그래서 그 근기를 보고 의사가 환자에게 처방을 해 주듯이 일체중생의 병을 고쳐 주는 대의왕(大醫王)이다. 불성의 마음을 안 사람은 그와 같이 일체 걸림 없는 지혜를 쓰게 되는데 거기에 불행과 고통이 있겠느냐? 그게 불성의 마음인데, 그것이 너한테 있는 것을 믿어야 한다."

"믿겠습니다. 그런데 저는 불성을 확인해 볼 여가가 없습니다. 일하느라고 바쁘고, 조금만 쉬려고 하면 주인이 욕하고 채찍으로 때리니 앉아서 생각할 시간이 없습니다."

"그럼 좋은 수가 있지. 네가 앉아서 쉬려고 할 때 욕하고 채찍으로 때리면 마음이 어떠하더냐?"

"나를 이렇게 학대하고 무시하니 지독한 나쁜 놈이다 하는 생각이 듭니다."

"지독한 나쁜 놈이다 하는 그 생각은 어디서 일어나느냐?

"그 사람이 저한테 욕하고 때리니까 일어나지요."

"그렇지. 반드시 상대에 의해서 일어나지? 그런데 화가 일어나는 건 상대가 아니라 너한테서 일어나지 않느냐?"

"예. 가만히 생각해 보니 저한테서 일어납니다."

"그럼, 화가 네 안 어디에서 일어나느냐? 어디서 나는지를 돌이켜 보아라."

그래서 그 사람이 화가 어디서 나는지 가만히 찾아보았습니다. 순간적으로 상대 경계를 접해서 화가 나왔지만, 나온 근원자리를 찾아 들어가 보니 아무것도 없는 것입니다. 또 화를 낸 그놈은 어떤 물건인가 추적해 들어가 보니 그것도 무슨 뚜렷한 실체가 없는 거였습니다. 화를 내야 할 모양이나 자체가 없는 것입니다.

"부처님. 찾아보니 아무것도 없습니다."

"그렇다면 화를 내야 할 일이 없지 않느냐?"

"아! 알았습니다."

"무엇을 알았는고?"

"욕하는 소리를 들었을 때 상대 경계에 따라가서 화를 냈는데, 그 순간 화내는 것이 본래 없는 것이 있는 줄은 제가 알아차리지 못했습니다. 이제는 본래 화를 내야 할 것이 없는 그걸 알아차렸습니다. 나뭇잎이 바람결에 자연히 흔들리는데 지나가는 바람 때문에 화낼 것이 없는 것처럼, 상대방이 욕하는 것도 돌이켜 실체를 보니 실체가 본래 없는 것이고, 화내는 자체도 돌이켜 보면 근본적으로 화내는 근본 뿌리가 없습니다. 내가 착각을 해서 따라가서 화를 냈는데 지금은 본래 화낼 것이 없는 걸 알아차렸습니다."

"그래, 이제 너는 화를 내고 안 내고 하는 그것과 관계가 없다. 화를 낸다는 것도 그 실체가 없고, 본래 화를 안 내는 물건이다 하는 것도 관념이고 본래 실체가 없다. 그렇지 않느냐?"

"예. 본래 없는 것을 깨달았습니다."

"그렇다면 앞으로 살아가면서 그런데 속아서 같이 싸움하는 일은 없지 않겠느냐?"

"예. 그렇습니다."

"이제 너는 마음이 영원히 평정이 되었다. 생사가 없는 아라한과를 증득하였다."

불기 2563년(2019) 10월 19일, 조주록 강설 167회

마음의
눈

업을 지어서 업의 굴레에 따라 태어나면 꼼짝 못하고 거기 묶여서 살아야 됩니다. 도무지 자유가 없습니다.

만약 짐승이 된다고 하면 짐승이 자기 몸뚱이 벗어날 수 있나요? 어떻게 하든 고통을 받아야지 자기 마음대로 나올 수가 없습니다.

지옥에 가도 마음대로 나올 수 있는 사람은 자기 부처의 마음자리를 안 사람입니다. 자기 부처의 마음자리를 아는 사람은 지옥에 가도 겁날 게 없습니다. "나는 지옥에 가서 부처의 마음의 세계를 펴리라." 하고 지옥에 갑니다. 그러면 지옥세계가 극락세계로 변하는데 무슨 걱정이 있느냐는 것입니다.

그렇지 못한 사람은 짐승 가죽을 씌우면 꼼짝없이 헤어날 힘이 없고 지옥에 가도 헤어날 힘이 없습니다.

내가 젊어서 공부할 때, 과연 현실하고 사후에 보이는 게 같은지, 다른지 궁금해서 공부하면서 이 몸뚱이를 벗어봤습니다. 법당, 요사채 등 사방에다 표시를 해 놓고 몸을 유체 이탈(遺體離脫)해서 바깥에 나갔습니다. 나가서 돌아다니며 보니까 하나도 제대로 보이는 게 없었습니다. 전부 반대로 거꾸로 보였습니다. 그러니 우리가 가는 길을 자기 마음대로 가는 것이 안 됩니다.

그런데 유체 이탈해서 나가기는 쉬웠는데 돌아오려고 하니까 요만큼 오면 툭 튕겨 나가고 하면서 이 몸뚱이 안으로 못 들어가겠는 것입니다. 아주 큰일 났다는 생각이 났습니다. 내가 입승이라 죽비를 쳐야 되는데, 다시 못 들어가면 영원히 떠나야 되는데 큰일 났다 하고 있는 힘을 다해서 계속 돌아오려고 시도를 해서 어찌어찌 하다가 다시 몸에 떨걱 붙어서 정신을 차려 깨어났는데, 온몸 전체가 땀이 나서 젖은 옷을 짜내니까 물이 흘렀습니다. 얼마나 애를 써서 땀을 흘렸는지요, '이거 쉽게 벗어날 게 아니구나! 큰일 나겠구나!' 하는 생각이 들었습니다.

그렇게 현실에는 개는 개, 소는 소, 말은 말, 사람은 사람, 나무는 나무, 이렇게 확실하게 보이는데, 죽어서 보면 달리 보인다는 게 틀림없습니다. 그러니 가는 길을 마음대로 못 가고 거꾸로 가게 되는 것입니다.

그럼 마음의 눈이라는 것이 무엇이냐?

내 부처의 마음자리는 무한한 광명이라서 일체 모든 걸 바로 봅니다. 몸을 벗기 전에도 바로 보고, 벗고 나서도 바로 봅니다. 바로 본다면 자기가 어디 나쁜 데 들어가겠습니까?

내가 중한 곳에 떨어져서 업신(業身)을 받으면 도무지 자유의 분이 없어서 꼼짝 못하고 해탈이 안 되는 것입니다.

그럼 오늘 영가는 어떻게 해야 되느냐?

이 산승이 말하는 이 소리를 분명히 듣고 아는 놈이 있습니다. 오늘 영가도, 오늘 이 자리의 여러분도 분명히 듣고 아는 이놈이 무엇인가를 일념으로 돌이켜 보면 자기 부처의 마음으로 가까이 가는 것이라서 걸림이 없습니다.

그래서 사십구재는 왜 지내느냐?

내가 일념으로 부처의 마음을 돌이켜 보고 깨달음으로 들어갈 힘이 못 된다고 할 때, "그럼 당신은 일념도 안 되니까 어쩔 수 없이 지옥에 가시오." 이럴 수는 없습니다. 그러니까 또 길이 있습니다. 부처님은 삼계도사 사생자부(三界導師 四生慈父)요, 충만어법계(充滿於法界)라 우주법계에 아니 계신 곳 없고, 무소부지(無所不知) 무소불능(無所不能)하시고, 만 가지 복과 덕과 지혜를 갖추신 만덕지존이니, 부처님께 기도하면 부처님의 가피로 당신은 오늘 천도를 받습니다 하는 것입니다.

이렇게 영가를 위해서 기도를 하면 80퍼센트는 자손들이 그 복을 다 가지고 갑니다. 우리나라에 천 년 이상 내려오는 문화의 정신이 효(孝)입니다. 이 나라가 지금 현실 생활이 각박해지고 불협화음이 끊임없이 일어나는 것이 우리의 좋은 문화를 버려서입니다.

　우리는 영가님만 천도하는 것이 아니고 살아 있는 자손들이 복되고, 인간답고, 멋지게 살아갈 수 있는 사람으로 거듭 태어나기 위해서 부처님 전에 와서 그동안 잘못된 점을 바꾸고 부처님의 은혜와 가피를 모자람 없이 받는 것입니다.

불기 2564년(2020) 2월 2일, 사십구재 법어

코로나19
사태와
인과법

모든 것이 자업자득(自業自得)이라, 오늘날 코로나19 사태도 업을 지은 인과의 과보를 받는 것인데, 그 인과의 원인이 어디서 나왔을까요?

소나 돼지가 병이 들면 그 무리 전체를 다 생매장을 해서 죽였고(구제역 사태), 오리와 닭이 병 걸렸다 하면 안 걸린 것까지 전체를 다 생매장해서 죽였습니다(조류 인플루엔자). 이렇게 죽인 모든 소, 돼지, 오리, 닭의 원혼이 병균으로 다시 세상에 나타나서 인간에게로 돌아오는 것입니다. 우리들이 이런 인과 법칙을 모르면 왜 이런 병이 나는지 모릅니다.

이런 근본적인 원인을 알고 근본적인 것을 해결해야지, 겉으로 병균이 달려든다고 도망가고, 숨고, 무슨 약이나 뿌린다고 해결되는 게 아닙니다.

그래서 학림사에서는 현수막을 크게 내걸고 아침저녁으로 '코로나 병균 소멸 기도'를 올려서 부처님 가피를 빌고 코로나 병균 영가를 천도하고 있습니다.

내가 이것을 종단에도 건의를 했습니다. 총무원장이 담화문을 발표하길 '지극한 마음으로 발원하면 위기를 극복할 수 있습니다. 대한불교조계종은 국민 모두의 안전과 건강을 위해 지극한 마음으로 기원드립니다.'라고 했습니다. 그리고 절 마다 '코로나 병균 소멸 기도로 국태민안'이라고 다시 현수막을 붙였습니다.

그렇게 해야지 숨는다고 코로나 병이 안 들어오나요? 그것은 따라옵니다. 근본적인 해결이 되어야 됩니다. 그래서 내가 야단을 쳐서 종단적으로 다시 바꿨습니다.

우리 불자님들은 용기와 희망을 가지고 모든 사람들을 위해서 보살행을 해야 합니다. 이런 어려운 것이 나타나는 시국에 우리 불자들은 사람들에게,

"부처님의 가피로 모든 것이 소멸되도록 우리 함께 기도합시다. 모두 불쌍한 축생 원혼들이 이렇게 나타나는 것이니 부처님의 가피로 병균으로 나타나는 영가들을 다 천도합시다. 모두 해결되니 걱정 마십시오!" 하고 자신 있게 말을 해주고 그래야 됩니다. 아시겠어요? 건강하시고 성불하세요.

불기 2564년(2020) 3월 12일, 지장재일 법어

망념,
가장 무서운
병균

여러분이 법문 들을 그릇이 되어 있다면 법문하는 사람도 신심이 나고 좋은데 여러분은 들을 그릇이 안 되어 있거든요. 매일 그냥 바람결에 지나가듯이 그렇고 아마 지금도 할 수 없이 듣는 이도 있을 겁니다.

그 자체가 바로 뭐냐? 오탁*악세라는 것입니다.

오탁이라는 이 안에 모든 재앙이 다 들어 있습니다.

오탁의 근본 근원이 무엇입니까? 바로 망념입니다.

망념이 이 세상에서 가장 무서운 병균입니다.

● 　오탁(五濁): 겁탁(劫濁), 견탁(見濁), 명탁(命濁), 번뇌탁(煩惱濁), 중생탁(衆生濁).

우리 중생들은 그 무서운 병균을 항상 가지고 있고, 요즘 유행하는 코로나19 바이러스의 근본 뿌리도 망념입니다.

의식의 때가 묻은 망념이 밖으로 표출되면 어떤 현상이 일어나는가?

자기의 욕망을 충족하고자 하는 목적으로 많은 살상을 하게 되고, 소, 돼지, 닭, 오리를 무수히 죽여야 되고, 밖으로 엄청난 재앙을 만들어 일으키는 업을 중생들이 스스로 짓는 것입니다.

그래서 풍재(風災), 화재(火災), 수재(水災)가 일어나고, 팔난(八難)이 일어나서 코로나19와 같은 병균이 창궐하고, 또 형과 동생이 서로 죽이고, 부모와 자식이 서로 죽이고, 서로가 서로를 배반하고 죽이는 그런 재앙이 끊임없이 일어납니다.

우리의 더럽고 때 묻은 의식의 공해가 짙어지고, 커지면 커질수록 밖으로는 무한한 재앙이 일어납니다.

이 망념이 근본 원인인데 밖으로 코로나 병균이 나타났다고 약 뿌리고 마스크 쓰고 하는 건 근본적인 해결이 아닙니다. 나무뿌리가 병이 든 걸 모르고 잎에다 자꾸 약 치고 물 주고 그런다고 근본적인 해결이 되나요? 지금 우리가 살아가는 게 그런 격입니다. 겉으로 아무리 해 본들 또 제2, 제3, 제4로 계속 변형돼서 밖으로 오게 됩니다. 근본을 해결해야 됩니다.

중생의 생각에 때가 묻어서, 업이 두터워서, 그 중생의 망념이 밖으로 표출되는 때가 말세(末世)이고, 중생의 의식이 때

없이 맑아지면 바로 부처님 정법(正法)시대와 똑같고 청정극락 국토가 되는 것입니다.

중생은 유념(有念)이라 생각을 가지고 있는데, 그 가지고 있는 생각이 뭐냐 하면 바로 망념입니다. 이 망념을 근절해서 없앤 것을 무념(無念)이라 합니다. 염불의 마음, 불심의 마음이 무념입니다. 그건 일체 공해가 없어서 코로나19 병균도 없습니다.

이 무념이 밖으로 나타나면 어떻게 될까요?

생각 없이 가만히 있는 것이 무념이 아닙니다. 맑은 물이 밖으로 쏟아져 나오는 것과 오염된 구정물이 밖으로 쏟아져 나오는 것하고는 다릅니다.

오염된 마음이란 탐, 진, 치 삼독심을 말합니다. 사바세계 중생이 오욕(財色食名睡)에 집착을 해서 그걸 충족하고자 하는 목적으로 사는 생각의 무서운 독을 가지고 있습니다. 돈을 축적해서 부귀하게 살아야겠다는 그런 욕심의 생각이 무서운 독입니다.

그 무서운 병균을 가지고 있으면서 그걸 밖으로 끊임없이 드러내어 자연계에 공해를 만들고 있습니다. 이게 가장 심각한 겁니다. 우리가 자신을 관찰해서 확실히 살펴보면 그렇게 되어 있는 걸 알게 됩니다.

그 망념에 가로막혀 있어서 불성의 마음을 못 쓴다는 것 아니겠습니까?

그걸 버리라고 해도 죽으라고 안 버립니다. 그걸 방하착(放下着)했다면 그 사람은 천하인이 자동으로 받듭니다. 무한한 에너지, 밝은 기운이 일월보다 밝고 크게 만상을 비춰 주기 때문입니다. 그런 거사가 있다면 그 거사는 청풍명월과 같아서 앉아 있기만 해도 방안 분위기가 달라집니다. 그런 보살이 있으면 남편이 바깥에 나가서 저물도록 일하고 들어와서 부인 얼굴 보는 순간 그날 하루의 피로가 싹 가셔집니다. 보면 볼수록 좋은데 딴 데 바람피우러 갈 일이 없지요.

그런데 망념을 못 버리면 그렇게 안 되거든요. 어제는 "여보 사랑해." 하다가 오늘 싸움하고 나면 "꼬라지도 보기 싫다."고 이러잖아요? 허허허. 이게 중생의 독인데 왜 그걸 모릅니까? 자기한테 비위를 맞춰 주고 해 주는 걸 좋아하지 내가 상대방한테 백 퍼센트 맞춰 주는 마음은 잘 안 냅니다. 상대를 위해서라면 나에게 괴로움이 있다 할지라도 괜찮다는 그런 마음 낸다면 DNA가 좀 좋은 걸로 바뀐 것이지요. 그런데 대부분 자기 맞춰 주길 바라고 남을 보면 '에이, 저 사람 시원찮네.', '저런 스님도 무슨 스님인가? 별수없지.' 이러고 자기 생각으로 삽니다. DNA가 고약한, 무서운 세균이 주인 노릇하고 있어요. 그래서 사람과 사람 간에 소통이 안 되고 서로 격리되고, 자기 혼자만 목에 힘주고 앉아서 제일이라 그럽니다. 그런 인생의 삶이 뭐가 있나요? 아무것도 아닌데요.

우리들이 안으로 자기 자신을 돌아보면 압니다. 여러분

이 공부하면서 그걸 깨닫지 못하면 안 됩니다.

'내가 생각하고 말한 것이 만인이 공감을 하고 그 말을 듣고 시원하고 편안한 느낌을 받을 수 있는 그런 기운을 주는 가?

내가 일거수일투족 움직이는 거동이 모든 사람들이 볼 때 환희심이 나고 가슴이 시원해지고 마음의 위안이 되는 것인가?'

본인이 그걸 모른다면 바보, 멍청이이고, 부처님 밥 먹는 도둑놈이라, 그런 놈은 천 명을 죽여도 살생죄도 안 범한다고 부처님이 말씀하셨습니다. 한번 생각해 봐야 됩니다.

천자(天子)의 자리도 헌신짝처럼 생각하고 버리고 공부하는 것인데, 스님이 되어 가지고 정치하려고 하는 사람이 있고 기가 차는 사람 많아요. 세상 사람이 어떻게 존경할 수 있나요? 삼계를 뛰어난 스승이라 했는데 뭐가 뛰어났느냐 이거예요. 세상 사람들한테 물들어 가지고 왔다 갔다 하는데 뭐가 뛰어나요?

여러분이 여기 와서 2시간 정진하고 나면 그 다음부터는 그냥 생각 놔 버리고 망상으로 살고, 틈만 나면 외식이나 하자 이러고. 정말 냉정히 자기를 생각해 봐야 돼요. 과연 내가 일거수일투족 행동하는 자체가 상대방이 봤을 때 환희심이 나고, 가슴이 시원한 걸 주고, 마음에 편안한 위안을 줄 수 있는 거동이 되는가 생각해 보라고요. 전연 아닌데 뭐.

그래서 본래 불성의 마음으로 돌아가라. 불성의 마음은 일체 모든 것을 뛰어난 것이고, 해와 달보다도 밝고, 우주 허공보다 더 크고 무한대하니, 그 밝고 맑은 상대가 끊어진 절대의 세계, 그 불성의 마음자리를 가지고 있는데 왜 버리고 사느냐? 그걸 안 사람은 절대의 가치를 가진 사람이니, 그 마음을 밖으로 옮기고 쓰는 사람은 밝은 해가 광명을 비추듯이 불성의 광명을 밖으로 비춘다는 겁니다. 일하고, 움직이고, 말하고 하는 일체 모든 행동이 그대로 빛이어서 모든 사람이 느낍니다.

자기 집에 부인이 예수쟁이가 돼도 부인 하나 제도 못 하는 사람도 있어요. 도리어 꼼짝도 못 하고.

남편이 예수교 믿고 외도에 빠지면 부인이 제도해야 되는데 여러분이 제도합니까?

(대중 말이 없자)

그러니 아무것도 아니잖아요? 그런데 여러분이 무슨 고개를 들고 목소리 높일 것이 있어요? 네가 잘났니, 내가 잘났니 따질 일이 뭐가 있어요? 내가 남한테 따질 아무 존재의 가치가 없는데요.

자신부터 깨끗하게 정화가 되려면 어찌해야 되느냐?

관법에서 하는 맑히는 법은 너무 복잡하고 장황해서 하

다 보면 그것도 하나의 업이 된다고 했습니다.

그러니 간화선을 하라는 겁니다. 간단하게 화두 하나만 가지고 단도직입적으로 밀고 나가면 거기서 계, 정, 혜가 다 이루어집니다. 일체가 다 맑아질 뿐 아니라 일체가 다 부서져 버립니다. 간단명료한 것입니다.

'이뭣고? 이놈이 본래 무엇이지? 마음도, 물건도, 사람도 아닌데 그렇다면 본래 나는 뭔가?' 하고 골똘히 깊이 생각해 들어가면 중생의 망념의 DNA가 무너져서 벗어납니다.

여러분이 공부 제대로 해야지, 놀고 그래서는 안 됩니다. 그래야 가풍이 무엇이냐 물으면 자기의 멋진 가풍을 한마디 할 수 있습니다. 지금 여러분은 가풍이 있긴 있지만 흉악하고 무서운 세균인 중생의 가풍, 그걸 가지고 있지요. 그 가풍이 대단합니다. 뭐라고 비위 거슬리면 '네가 뭔데 날 무시하면서'라며 대번 독사같이 팍 튀어나오지요.

여기서 조주 스님께 "어떤 것이 화상의 가풍입니까?" 할 때 조주 스님이 "이 새끼야!"이랬다고 하면 어떻게 생각해요? 조주 스님 가풍을 제대로 드러낸 건가, 안 드러낸 건가요?

(그때 대중이 말하기를)

"멋진 가풍입니다."

멋진 가풍이라고? 허허. 그러면 여러분도 다 멋진 가풍이겠네? 그런데 그런 말이 있어요.

'정법을 삿된 이가 가져다 쓰면 마구니법이 되고, 마구니법이라도 깨달은 사람이 쓰면 정법이 된다.'

그래서 조주 스님이 "이 새끼야." 했더라도 중생들이 "이 새끼야." 한 거하고는 다르겠지요? 그렇다고 조주 스님이 "이 새끼야."라고는 안 하겠지요. 조주 스님은 가풍을 물었을 때 "병풍은 찢어져도 뼈대는 남아 있다."고 참 멋지게 한마디 하시잖아요. 여러분도 진짜 자기의 가풍을 드러낼 수 있어야 합니다.

그래서 요컨대, 가장 무서운 병균이 무엇이냐?

여러분의 망념의 병균, 그게 가장 무서운 건데 망념의 병균을 왜 끌어안고 있느냐? 그걸 밖으로 풍기지 마라. 그것이 세상에 만 가지 재앙을 일으키는 근본 근원이라는 것입니다. 그걸 여러분이 알아야 됩니다. 그걸 해결하자고 우리는 이뭣고를 하고 수행을 하는 것입니다.

불기 2564년(2020) 3월 29일, 소참법문

무엇을
어디서부터
닦느냐

道無不是無(도무불시무)
道有不是有(도유불시유)
東望西耶尼(동망서야니)
面南看北斗(면남간북두)

없다고 해도 없는 것이 아니요
있다고 해도 있는 것이 아니니
동쪽에서 서쪽 나라를 바라보니
얼굴을 남쪽으로 해서 북두칠성을 봄이로다.

부처님의 일대시교에서 연기법에 의해 중생들의 고통이
애착과 집착에서부터 생겨났다는, 존재에 대한 걸 말씀하셨고, 그 존재의 고통을 면하는 길은 자신을 들여다보고 공(空)함을 알고 깨닫는 것이라고 하셨습니다. 비어 있으니까 자체가 없다는 겁니다.

그 자체가 실체가 없는 걸 확실히 보면 중생의 생각을 버리고 본래 진면목의 마음으로 돌아가게 됩니다.

이런 걸 그 자리에서 듣고 단박에 깨닫는 사람이 있고, 이 말을 들어도 단박에 못 깨닫고 긴가민가 반신반의하는 사람이 있고 사람마다 다 다릅니다. 그러면 어쩔 수 없이 점점 깊이깊이 조금씩 닦아야 합니다.

그럼 무엇을 어디서부터 닦느냐?

법당 앞에 와서 풀 한 포기라도 뽑으면 밖에서 풀 뽑는 사람보다 백번 낫고, 법당 밖의 풀을 뽑는 것보다 법당을 닦는 것이 훨씬 낫고, 법당을 닦는 것보다 부처님 다기(茶器)를 닦는다면 더 좋다는 것입니다.

처음 절에 들어와서 날 보고 인물이 안 좋다고 해서 물었습니다.

"어떻게 해야 인물이 좋아집니까?"

"그거 중요하지. 그 방법 가르쳐 주면 곤란한데…."

그래서 내가 몸이 달아서 절을 올리고 무릎 꿇고,

"어떻게 하면 인물이 좋아지는지 가르쳐 주세요."

"그럼 내 다리 좀 주물러라."

시키는 대로 다리 주무르고 심부름을 해 드리니,

"이걸 꼭 명심해라. 부처님 앞의 다기를 네가 꼭 닦아라. 다기를 닦으면 환하게 빛이 나지 않느냐? 그리고 다기물을 네가 꼭 올리고 그 물을 네가 먹어라."

그래서 다기를 누가 닦기 전에 내가 얼른 가서 닦았습니다. 다기물도 내가 올려서 먹고 그랬는데, 그러고 난 뒤에는 날 보고 "너 인물이 좋아졌네!" 그래요.

어느 보살이 꽃을 꼭 갖다 올리는데, 누구나 보면 그 사람이 인물이 좋다는 겁니다.

나는 돈이 없어 살 수도 없고, 산에 다니며 꽃을 몰래 꺾어서 부처님 앞에 올렸습니다. 그랬더니 그 보살이 나한테 오더니,

"내가 꽃을 올리는데 스님이 왜 또 꽃을 올려요? 내가 올릴 테니 스님은 하지 마세요!"

"이런 고약한 게 있나? 너만 인물 좋으려고 그래?"

그랬는데, 그 공덕이란 게 틀림없거든요.

처음 절에 와서 참선을 모르는 사람한테 선방 문고리라도 잡아라. 그러면 죄업이 녹는다. 그거보다 더 죄업이 빨리 녹는 건 뭐냐? 공양실에 가서 밥을 지어서 부처님께 올리고 대중한테 공양 올려라. 그러면 업만 닦는 것이 아니고 복을 또 많이 짓고 지혜도 늘어나서 복혜구족(福慧具足)이 된다 했습니다. 그래서 나는 다른 사람이 공양주 한다는 걸 내가 얼른 공양주 한다고 해 가지고 5년을 공양주 하는 거기서 한번

도를 통했습니다. 공양주를 하면 반드시 도를 통하게 되어 있어요. 나는 그건 아주 분명하다고 봅니다.

부처님 전에 와서 하는 것은 모든 것을 닦는 것입니다. 여기는 복 밭(福田)이라서 마음을 얼마만큼 옮기고 실천해 봉사를 했느냐에 따라서 복을 많이 가져가고, 적게 가져가고 그렇습니다.

그렇게라도 해서 하는 거는 얻어지는 겁니다. 얻어져서 하는 거는 맨날 배고픈 사람이고, 공부를 해서 자신을 보고 깨달아 본래 구족함을 아는 사람은 우주에 가장 부자요, 존귀한 사람입니다.

그런데 우주에 가장 존귀하고 부자라는 가치성을 처음부터 바로 깨닫는 사람이 어디 많아야지요. 눈 닦고 봐도 없습니다. 그래서 할 수 없이 중생을 가르치기 위해서 부처님 전에 와서 뭘 어떻게 해라. 그 다음에 천수경이나 반야심경이라도 독경한다면 풀 뽑는 데 비하겠느냐? 독경도 좋지만, 일념으로 관세음보살을 10분이라도 부르면 일주일 독경한 것보다도 훨씬 낫다. 또 아무리 관세음보살을 십 년 동안 불렀어도 잠시 5분 동안 앉아서 '나는 무엇인고' 하고 들여다보는 그게 훨씬 낫다고 합니다.

불기 2564년(2020) 4월 23일, 초하루법어 중

모든 건
여러분의
생각입니다

우리가 현실 생활을 살아가는 데 있어서 다가오는 모든 것을
받아 줘야 합니다.

　　부부간에도 살면서 좋은 점, 나쁜 점 할 것 없이 받아 줘
야 되고, 친구간이나 모르는 사람끼리 만나서 주고받는 모든
것에 이해타산이 따르는데, 이런 사람 관계에서 모든 걸 받아
줘야 되고, 자연계도 받아 줘야 되고, 이별도, 슬픔도, 괴로움
도, 죽음도 다가오면 받아 줘야 합니다.

　　모든 건 여러분의 생각입니다. 생각이 없으면 창조가 안
됩니다. 휴대폰을 만들겠다고 미리 생각으로 완성이 돼야 밖
으로 휴대폰을 만들어내고, 오늘 절에 가야겠다, 뭘 해야겠다
하고 일차적으로 생각이 나야지, 안 나오고는 행동을 옮기지
못하는 것입니다.

남에게 편안함과 행복을 주는 좋은 것을 생각해서 만들어내는 것이 있고, 생각을 고약하게 해가지고 좋지 않고 해로운 걸 만들어내는 것이 있습니다.

왕궁이 좋다고 해도 왕이 죄를 제일 많이 짓는다고 합니다. 자기 비위에 안 맞으면 충신이라 할지라도 죄명을 만들어 씌워 벌을 내리고 죽입니다. 이렇게 참 희한한 생각을 사람들이 합니다.

후배가 들어와서 자기보다 먼저 직위가 높아진다면 밤에 잠이 안 오고 밥이 안 넘어간다는 겁니다. 내 밑에 있을 때는 '야, 야' 했는데, 그 사람한테 내가 고개 숙이고 '예, 예' 해야 되니, 이걸 내가 어떻게 뒤집어엎느냐 하고 그때부턴 잠이 안 온다는 겁니다.

여기 있는 분이야 그럴 리 없겠지요. 부처님 법의 진리의 말씀을 잘 알기 때문에 "감사합니다." 하고 존경하고 받들어 주겠지요.

남을 진심으로 받들어 주면, 받들어 주는 그 사람이 바로 만인의 머리 위로 올라갑니다. 그런데 반대로 상대를 모략중상해서 없는 죄명을 씌우고 이렇게 하면 나중에 몇백 배 더 큰 엄청난 과보를 받습니다.

중생의 의식은 양면성을 가진 무서운 것이라 완전히 믿을 수 없습니다. 오늘은 서로가 하나같이 의리를 지키는 것처럼 하지만 독사가 풀 속에 숨어 있는 것과 같아서 언젠가는 해치고 배신할 수가 있습니다. 중생인 사람끼리는 완전히 믿을 수 없는 것입니다.

십이연기법과 오음(五陰, 색·수·상·행·식)의 요소로 만들어진 중생의 살림살이는 완전한 작품이 아니고 항상 고통이 수반됩니다. 아침에 좋으면 저녁에 나쁘고, 저녁에 좋으면 아침에 일이 터지고 하는 게 늘 이어집니다. 이러한 문제를 가지고 있는 중생심이 고약하고 안 좋은 것인데, 사바세계 중생은 이걸 좋다고 찰거머리처럼 붙잡고 절대 놓지를 않습니다.

여러분 중에 마음의 괴로움이 완전히 해결된 사람이 있습니까? 왜 해결이 안 됩니까?

마음 부처 자리에 해결할 수 있는 게 분명히 있다는 것입니다. 일체 만물이 불성을 가지고 있음을 믿는 것이 첫째이고, 그 불성의 마음자리를 돌이켜 보기 위해서는 사바세계 욕심에 집착하는 마음보다 불성의 마음에 돌아가려는 그 집착심이 더 강해야 됩니다. 그러면 현실을 살아가는 그 사람은 모든 게 잘됩니다.

중생심은 업인데, 수미산보다 더 큰 이 중생심을 없애 치우려면 어떻게 해야 할까요?

부처님께 참회하고 기도하는 마음이 좋은 마음입니까, 나쁜 마음입니까? 좋은 마음, 좋은 생각입니다.

여러분은 하루를 살면서 좋은 마음, 좋은 생각을 얼마나 일으킵니까? 자신이 오늘 업을 닦을 수 있는 좋은 생각을 많이 일으켰는지, 쓸데없는 생각을 많이 일으켰는지 계산해 보면 압니다. 쓸데없는 생각 일으킨 것이 아마 수천 배 많을 것입니다.

그러니 여러분이 법당에 와서 부처님께 절을 하고, 법당을 닦고, 다기를 닦고, 후원에서 봉사한 이것이 전부 불사(佛事)입니다. 불사는 불성의 마음자리에 돌아가기 위해서 그걸 한다는 것입니다. 기도하고, 봉사하고, 보시하는 모든 제반사가 불성의 마음에 돌아가는 행이니 그것이 닦는 것입니다.

그래서 부처님이 말씀하신 불성의 마음자리를 믿고, 안으로 참선이나 염불이나 독경을 하면 마음을 닦아 중생심을 바꾸는 것이고, 밖으로 좋은 보살행을 하면 복을 짓는 것입니다. 그래서 지혜와 복을 함께 갖추는 복혜구족이 됩니다.

불기 2564년(2020) 4월 30일, 초파일 법어 중

뜻대로
잘 사는 법

(주장자를 세 번 치고 세워 보이시다.)

　여기서 바로 계합해서 알 것 같으면 영원히 걱정, 근심이 없이 태평성세를 누리고 살아갈 수가 있습니다. 바로 보지 못하고 계합이 되지 않는다면 여러분은 많은 빚을 지고 살아야 합니다. 이걸 알지 못하면 우리는 일생을 살아도 허송세월하며 허망하게 살다가 마치는 것입니다. 이걸 뼛골 깊이 사무치는 느낌을 가져야 합니다. '이게 무엇인가 물었는데 왜 모를까? 이걸 바로 알았다면 이 세상을 아무 걱정, 근심 없이 멋지게 살 수 있는데 왜 안 될까?'
　제가 이 자리에서 주장자를 들어 보이는 여기에는 가장 높고 높은 최상의 진리가 몰록 드러나 있고, 가장 넓고 넓어서 무한광대하기도 합니다.

그럼 필경에 이것이 높은 물건인가, 넓고 큰 물건인가, 어떤 것이겠습니까?

(주장자를 한 번 치시고)

큰 잉어는 용문폭포를 거슬러 뛰어올라 가도다.

여기에서 여러분이 알아듣는다면 더 말할 것이 없습니다. 여기 눈앞에 여러분이 구하는 모든 것이 다 되어 있습니다.

여러분이 돈을 구하는 분도 있을 것이고, 건강을 구하는 분도 있을 것이고, 대통령이 되고 싶어 하는 마음도 있을 것이고, 나름대로 가지고 있는 소원은 여러 가지로 다 다를 것입니다.

이 지구상에 존재해 있는 모든 사람이 구하는 것이 눈앞에 보고 있는 여기에 다 되어 있습니다. 대통령이 되고 싶으면 대통령을 가져가고, 장관이 되고 싶으면 장관을 가져가고, 부자가 되고 싶으면 부자를 가져가고, 대학자가 되고 싶으면 대학자를 가져가고, 일체 모든 것이 다 갖춰져 있기 때문에 여러분이 마음만 내면 다 가져갈 수 있습니다.

그런데 교통사고로 비명횡사하는 것도 있고, 사업을 하다 하루아침에 망하는 것도 있고, 일찍 죽는 것도 있습니까, 없습니까? 여기는 좋은 것만 있는 게 아니고 나쁜 것도 다 가지고 있습니다.

이 자리에는 다 있는데, 뭘 가지고 가시겠습니까?

좋은 걸 가지고 가시겠지요? 집이 풍비박산 안 나고, 교통사고도 안 나고, 병도 안 걸리고 건강하고, 여러 가지 좋은 것만 가지고 가지, 나쁜 건 안 가지고 가려고 하지 않겠어요?

그런데 참 이상한 것이 좋은 걸 가지고 가고 싶은데 왜 반대로 나쁜 것이 따라갈까요?

나는 대통령이 되어야지 하고 그걸 가지고 갔는데, 가지고 가서 보니까 반대로 저 면장, 반장도 못하는 걸 가지고 갔더라 이거예요. 그게 왜 그렇겠어요?

여러분이 가지고 간다는, 구하는 그 생각이 처음부터 잘못되어서 그런 것입니다.

나쁜 것도 자기 것이고, 좋은 것도 자기 것이고, 일체가 다 자기 것인데, 취사분별을 해서 좋은 건 가지고 가고, 나쁜 건 안 하겠다고 마음 내는 것이 틀렸다는 것입니다. 오늘 부처님께 기도 드려서 재수 대통해 좋은 걸 얻어 가야지, 집에 불화가 나고 심장 상하는 일을 달라고 빌지는 않았을 거란 말입니다. 그런 그 마음이 틀렸다는 것입니다. 그것이 왜 틀렸느냐?

손바닥과 손등 같아서 앞은 재벌가라면 뒤에는 아주 가난하고 천한 게 붙어 있습니다. 앞의 걸 취하려다 보면 뒤의 것이 먼저 따라간다는 겁니다. 중생의 마음이 그렇게 되어 있어서 자기가 만드는 것입니다.

그러나 좋고 나쁜 걸 가리지 않고 모조리 담아서 과감하게 소화시키고 살아가는 사람은 무엇을 해도 멋지게 살아갑니다. 높은 자리, 높은 빌딩, 대통령 자리를 봐도 헌신짝처럼 별 게 아니라고 생각합니다. 이 세상에서 크게 만족하고 더 구하고 부러울 것이 없습니다. 그런 인생을 살아가야 됩니다.

그럼 어떻게 해야 되느냐?

바닷물은 더러운 물, 깨끗한 물을 가리지 않고 모든 흘러오는 물을 다 삼켜서 짠맛 하나로 만듭니다. 짠맛, 그것은 영원불변입니다. 여러분 인생살이도 마찬가지로 좋고 나쁜 일체 모든 걸 자기가 가지고 있는데, 왜 좋은 것만 취하고 나쁜 것은 버리려고 합니까? 아무리 버리려 해도 그게 따라가는 것인데요.

용이 여의주를 가지고 자기 생각대로 신통을 부리는 것 같이, 우리들이 이 세상에서 뜻과 같이 안 되는 것 없이 살아가야 되는데, 사는 것이 어디 그렇습니까? 뭘 하나 만들려면 힘이 들고, 하는 대로 성공이 안 됩니다. 자식도 자기가 낳지만 부모가 마음먹은 대로 자식이 돼야 말이지요. 자식도 자기가 복을 가지고 타고나는 것입니다. 그런데 자식도 부모가 기도와 정성을 들여서 그 공덕의 힘으로 우주의 대기운을 타고난 큰 인물이 태어나기도 하지만, 요새 그렇게 기도하고 자식을 낳는 사람이 누가 있습니까?

그런 기도를 안 합니다. 그렇기 때문에 훌륭한 자식이 나오지 않지요.

모든 게 다 마음의 소산인데, 여러분이 어떤 마음을 가지고 살아가느냐에 따라서 인생이 바뀌는 겁니다.

그런데 사람들은 취사분별이 심합니다. 좋은 건 내가 하고, 나쁜 건 안 하고 남이 해야 되고 그렇지요.

좋고 나쁜 걸 알고 보면 자기가 다 가지고 있는 거라서 한쪽을 떼어내면 죽는데 되는가요? 좋고 나쁜 것이 붙어서 하나가 된 것인데 한쪽을 떼어내려 하면 안 됩니다.

그래서 어떻게 하면 이 세상을 뜻과 같이 멋지게 살아갈 수 있느냐?

이 산승이 주장자를 치는데 다 되어 있고, 이걸 보는데 다 되어 있다는 겁니다. 다 되어 있는 걸 바로 보라는 겁니다. 바로 봐 버리면 거기서 여러분 마음의 차원이 달라집니다. 좋고 나쁜 걸 취사분별하는 마음을 가지고 있다가 그게 뒤집어져 버립니다.

그럼 뒤집어지려면 어떻게 해야 되느냐 할 때,

'이것은 가장 높고 넓다. 가장 얕기도 하고 깊기도 하다. 그렇다면 이것이 무엇입니까?', '이것이 무엇입니까?' 하는 데 와서는 지금까지 말씀드린 '좋다', '나쁘다', '일체가 있다', '높기도 하고 낮기도 하다' 하는 이런 모든 것이 끊어집니다. 싹 비워져서 거기에는 어느 것도 붙일 수가 없습니다.

두 가지 취사분별하는 마음이 모조리 끊어져서 없는, 무한하게 뜻과 같이 살아가는 걸 보여준 것입니다.

'무엇인고?' 이러면 좋은 것도 무너지고, 나쁜 것도 무너지고, 두 가지 양변도 다 무너지고, 중도실상(中道實相)도 무너지고, 일체가 다 무너져 버립니다.

이렇게 여러분이 잘사는 걸 바로 가르쳐 드렸습니다. 처음에는 내가 다 가지고 있다고 했지만, '뭐냐' 하는 데 가서는 그게 다 무너져서 붙이지 못합니다.

이 세상의 경전 가운데 무슨 경전이 가장 귀중합니까?

언어 문자를 떠나 있는 경이 천하에서 가장 귀중하고 최상의 진리요, 최상의 편안함이요, 최상의 행복이요, 최상의 영광이요, 그 이상은 없다고 그랬습니다.

그럼 그 경이 어디에 있습니까?

(주장자를 치고 들어 보이며)

자, 아시겠습니까?

제가 말하는 여기에서 정말로 바로 알 수 있는 것입니다. 아주 쉬운 것이고 절대 어려운 게 아닙니다. 이것보다 더 쉬운 것은 없습니다.

이걸 바로 척 알면 되는데, 여러분이 살아가는 데도 부부간에 다투다가 성질이 나서 화를 냈다고 합시다. 화를 내는 것, 그것만 봤기 때문에 여러분 자신을 잊어버리는 겁니다. 화낼 때 자기의 면목을 돌이켜 볼 줄 아는 사람은 화내는 자체가 없어져 버립니다.

화내는 놈을 척 돌이켜 보면 본래 화내는 놈이 아니지요? 그러니까 화나던 마음이 싹 없어져 버리지요. 순간 찰나에 자기의 진면목을 바로 돌이켜 볼 수 있는 사람이 되어야 됩니다. 그런 사람은 이 세상 속에서 정말 멋지게 살아갑니다. 자기를 알고 살아가는 사람은 천하 만민, 우주 만물과 함께 살면서 절대 등지고 적이 되는 것 없이 완전히 하나로 융화가 됩니다. 가는 곳마다 융화가 돼서 화합이 잘 이루어지기 때문에 불협화음이 일어날 일이 절대 없습니다.

여러분이 나를 잊어버린 데서부터 불협화음이 일어나는 겁니다. 어쩌다 보면 싸움하고, 누가 귀 걸린 소리하면 거기 따라가서 속습니다. 바깥에 속아서 자기라는 모양은 아주 잊어버립니다. 여러분이 속는 줄을 바로 알면 안 속는 것입니다. 거기 휘말려 따라가면 그 다음 2단계, 3단계로 벌어집니다. 나중에 가 보면 아무것도 아니고 죄업만 지어 놓은 것입니다.

그래서 첫 번째 한 생각이 나올 때 바로 잡으라는 것입니다. 빨리 자기 면목을 돌이켜 보라는 겁니다.

그것이 하도 안 되니까 남방에서 하는 위빠사나 관법이라는 것이 살핌과 느낌과 알아차림입니다. 그건 아주 세세밀

밀하게 초학자부터 해 나가는 것인데, 무한정한 단계를 밟아 올라가도 아라한과에 갈까 말까 그렇습니다.

그런데 조사선에서 말하는 '무엇인고?' 하고 돌이켜 보는 여기는 범부, 성인, 지위 점차가 모조리 끊어지고 무너져서 부처님 여래지(如來地)를 바로 증득하는 소식입니다. 이 조사 문중에서만이 이렇게 간단하고 바로 깨달을 수 있는, 가장 쉽고 빠른 걸 가르쳐 주는 것입니다.

남과 부딪히면서도 도대체 나는 뭔가 돌이켜 보면, 본래 이놈이 화내는 물건도 아니었고, 이것도 저것도 전부 아니라 하는 걸 알게 됩니다. 아니라 하는 걸 알면 일체 시비 분별에서 벗어납니다. 그래서 한번 뒤집어지는 것입니다.

일체가 아니다 하는 데까지 가면 깊고 깊은 밑바닥까지 들어가는 소식입니다. 더 들어갈 데가 없는 곳까지 들어가서 거기에 머물러 있느냐 하면 그건 아닙니다. 요새 도 닦는 사람들이 거의가 거기서 머물러 있습니다. 깊이 들어가서 거기 머물러 가지고 누가 물으면 "말 못 해요." "어째서?" "이건 본래 말 못 하거든요." "왜 말 못 해?" "말하면 어긋나기 때문에 말 못 합니다." 그래서 컵 같은 물건을 들고 "그럼 이건 뭐냐?" 물으면, "말 못 합니다." 또 한참 있다가 "지금은 뭐냐?" "아, 말 못 한다니까 왜 자꾸 물어요?" 이렇게 되는 판입니다. 이 사람은 아주 밑바닥까지 내려가서는 되돌아볼 줄 모르는 사람입니다.

여러분이 정말로 인생을 잘 살려면, 이름과 글자가 없는 이 경을 가지고 있으니, 이걸 바로 보고 보십시오. 만약 보아서 얻을 것 같으면 모든 사람이 한 집의 사람입니다.

불기 2555년(2011) 8월, 초하루 법문

三

학산 대원 대종사 인터뷰·대담

본래 깨끗한
마음 알아야
시비 없이 살 수 있어

충남 공주의 학림사는 20여 년의 짧은 역사를 갖고 있는 반면 일 년 365일 죽비 소리가 그칠 날이 없을 정도로 이름난 수행 도량이다. 안거 기간이 아닌 산철에도 학림사 선불장 오등선원에는 10여 명의 출가 대중이 화두를 참구하고 있다. 대웅전과 어깨를 나란히 하고 있는 이 오등선원 30여 미터 앞쪽엔 재가 불자와 일반인을 위한 시민선원이 있다. 학림사에서는 스님들이 정진하는 이 오등선원을 '상(上)선원', 시민선원을 '하(下)선원'이라고 한다. 이 조용한 도량에서 불과 백여 미터 거리의 사찰 초입은 형형색색의 모텔이 즐비하고, 사찰 뒤편 계룡산 수리봉엔 자연사 유물을 포함한 거대한 사설 박물관이 버티고 있다. 상하(上下) 승속(僧俗), 출세간과 세간의 경계를 하나의 수행 도량으로 일구며 늘 푸르게 이끌어 가는 선장(禪杖)이 있다. 바로 오등선원 조실 대원 스님이다.

"사람들이 한쪽으로 치우쳐 불협화음을 내고 있습니다. 사람들이 물질적 현상에 치중하다 보니 청정하기 그지없는 본래 마음이 퇴락하고 있는 것입니다."

스님의 눈빛은 일순간 손 앞의 죽비를 향했다. 정치, 경제 등 우리 사회 전반의 도덕적 불감증을 깨우치려는 듯 스님은 죽비를 잡았다. 스님을 찾았던 날은 청명을 앞두고 있어서 글자 그대로 청명하기 이를 데 없는 날씨였지만 안양 지역 어린이 살해 유기 사건, 일산 지역 어린이 폭행 납치 사건 등으로 불안감과 공직사회에 대한 불신이 고조되고 있는 시기였다. 자식 가진 부모라면 잠 한번 제대로 이루기 어려운 때다.

"타락해서 그렇습니다. 한없이 맑고 밝은 본래 마음이 항상 깨어 있어야 하는데 그렇지 못한 것입니다."

잘못된 것을 가르쳐 줄 수 있는 사람은 많은데도 이런 문제가 일어난다고 한다. 자기 욕심, 상(相)을 버리지 못하기 때문이다.

"신부, 목사, 교사, 부모, 그 누구도 자기 신도, 자기 학생, 자기 자식에게 나쁜 짓을 하라고 하지 않습니다. 그렇지만 어떻습니까? 대부분은 우리 신도가 국회의원이 돼야 한다. 내 제자, 우리 아이는 꼭 대학에 합격해야 한다는 생각을 먼저 갖지 않습니까?"

개인의 작은 희망이고 사소한 욕심에 불과하다고 생각할

수 있지만 크나큰 패권 다툼도 작은 데서 시작된다는 것이다.

"본래 깨끗한 그 마음을 찾지 못하면 정신적 균형이 무너지게 되어 결국 사회 전반 인식도 어느 한쪽으로 치우치게 됩니다. 본마음이 살아 있어야 시비 없이 살 수 있습니다."

그러면 그런 본마음은 어떻게 찾을 수 있을까?

"우리나라는 사실 이것을 뒷전으로 생각했습니다. 세계적으로 인정받을 만큼 모든 것을 경제 성장에 쏟아붓는 동안 정신세계는 등한시한 것입니다. 물질적 욕구를 방하착해야 합니다. 사회 지도층, 공직자들부터 정신을 차려야 합니다."

일산 지역 어린이 무차별 폭행 사건에 대한 미진한 대응으로 여론이 들끓자 대통령이 일선 경찰서로 달려가 관계자들을 질책하는 모습이 화제가 됐었다. 이보다 더 화제가 된 것은 이 일이 있은 지 하루도 안 돼 피의자가 잡힌 일이다.

"사회 지도층은 이익과 아픔을 대중과 함께 나눌 수 있는 사람들이어야 합니다. 국가 공무원, 학교의 교사, 집안의 가장이 먼저 깨어 있어야 합니다. 그래야 잘못된 길을 가는 이들의 인식을 바로 잡을 수 있습니다."

대원 스님은 1986년 학림사 창건에 이어 1995년 오등선원, 그리고 2001년 시민선원을 열었다. 선방에만 앉아 있을 땐 그렇지 않았지만 이곳에 머물면서 스님은 별의별 사람을 다 만났다. 부부 싸움한 내색은 하지 않고 부부 궁합을 봐 달라는 이, 사업하는 데 한몫 잡고 싶어서 '운' 타령을 하는 이,

나무란다고 대들다가 집까지 뛰쳐나가려는 자식을 둔 부모 등. 줄곧 선방에서 정진하던 수좌로서 일일이 대응하기가 결코 쉽지 않은 일이다.

"끊임없이 노력한다고 했지만 스트레스가 쌓이기도 했어요. 생활고를 해결하기 위해 온 분들인데 이러면 안 된다는 것을 곧 느꼈습니다. '의식 공해'가 심각해지면 많은 사람들이 피해를 받게 됩니다. 우리 사회가 불행해질 수도 있습니다."

참선이 필요한 것이다.

"나는 누구인가? 알아야 합니다. 하루 30분이라도 해 보세요. 달라집니다."

짧다면 짧은 시간이지만 사회생활을 하는 일반 재가 불자들에게 쉽지 않은 일이다. 나의 참모습이 무엇인지 점검하고 확인하기 위한 일이지만 이내 마음은 한곳으로 쏠리기 일쑤다. '내가 바라는 일이 잘 돼야 할 텐데', '이 치욕을 어떻게 갚아야 할까?' 각자 가지고 있는 욕구 불만 해소, 작은 소원을 성취하는 쪽으로 빠져든다.

"차선책이 있지요. 생활선(生活禪)을 하라는 것입니다."

하루 30분도 제대로 하기 어렵다는데 어떻게 하면 될까?

"사람에게는 극한 고통을 피하고 쉬운 것만을 얻으려는 속성이 있습니다. 어렵다고 무조건 도망가려는 것은 잘못된 생각입니다. 남이 나를 무시하고 면박 줬다고 신경질부터 내기 전에 '나는 무엇인가'를 먼저 생각하세요. 상대방을 먼저 보면 화를 내게 되고, 결국 상대방에게 끌려가게 됩니다. '바깥 경계에 속지 말라'는 것입니다."

스님의 말이 이어진다. 버릴 것이 있다면 챙길 것도 있다.

"회사 문제가 바로 나의 문제다. 내가 책임진다. 구성원 모두 자기가 책임자라는 생각을 가졌으면 좋겠어요. 살다가 난관에 봉착했다고 피하지 말고 모든 것을 뒤집어서 보세요."

비록 자기의 책임이 아니더라도 그런 사람이 하나하나 늘어가다 보면 직장, 사회 전체를 구할 수 있다는 것이다.

"극한 상황에서 자신의 참모습을 볼 수 있다고 했습니다. 극한 상황이 본마음을 찾는 절호의 기회입니다. 부처가 있기 때문에 중생이 있고, 중생이 있기 때문에 부처도 있는 것입니다. 상대적인 측면이 있습니다."

상대적이라면 지금 세상엔 부처가 많을까? 중생이 많을까? 스님에게 물었다.

"좌삼(左三) 우오(右五)라."

어느 쪽이 많다는 말인가? '잘 모르겠다'고 했더니 답이 더 짧아진다.

"답은 이미 했습니다."

상대에게 '속은 것일까' 문턱을 넘지 못했다. 그렇다고 발길을 돌릴 수는 없었다. 스님의 기억을 50년 전으로 돌렸다.

죽으로 끼니를 때울 만큼 어려웠던 시절, 스님은 행자가 됐다. 절 사정도 마찬가지. 온갖 잡일까지 다 하는 공양주 생활이 5년이 되어갈 즈음 스님의 '인식'에 변화가 왔다. 깨친 바를 얘기하니 선배스님이 그대로 글로 옮겨 주었다. 이 오도송을 보신 만옹 스님이 극찬하며 대원 스님에게 '한암'이라는 호를 내렸다고 한다.

> 竈內火光蓋天地(조내화광개천지)
> 鼎中湯聲脫古今(정중탕성탈고금)
> 拄杖三下是何法(주장삼하시하법)
> 目前歷歷只底是(목전역력지저시)

> 부엌 안에 한 무더기 빛나는 둥근 불빛 천지를 덮고
> 솥 안에서 끓는 한 소리 옛과 이제를 벗어났음이라.
> 주장자 세 번 치면서 무슨 법이냐 하니
> 목전에 역력하여 다만 이것이로다.

공양주 소임을 보며 다시 가다듬은 이 초심이 이어져 훗날 혼해 스님은 '태허'라는 호를 내렸고, 은사 고암 스님은 '학산'이라는 호와 함께 아래 전법게를 내렸다.

> 佛祖傳心法(불조전심법)
> 不識又不會(불식우불회)

趙州茶一味(조주다일미)
南泉月正明(남전월정명)

불조가 전한 심법은
알지 못하고 알지 못함이라.
조주의 차 맛이 일미이거니
남전의 달은 정히 밝도다.

김선두, 〈불교신문〉 2417호, 2008. 4. 12

수마 조복 받으면
공부 쉽고
자신감 생긴다

역사는 짧지만 명성은 천년을 쌓아 온 탑처럼 높고 장엄하다. 계룡산 제석골의 장군봉, 제석봉, 임금봉이 내려다보이는 수승한 길지에 자리한 오등선원에는 오늘도 20여 명의 수좌들이 용맹정진 중이다. 조실 한암 대원 스님 회상에서 한 철 나겠다며 찾아온 납자들이다. 동안거를 맞아 지난 8일 대원 스님을 만났다. 수좌들 사이에서는 당대의 선지식을 일컬으며 남진제 북송담, 그리고 중부의 대원 스님이라고 한다.

이곳 선원은 남다르다. 동안거 3개월을 한숨도 자지 않고 정진한다. 하룻밤 새기도 힘든 보통 사람들의 상상을 초월한다. 그 힘들다는 동안거 용맹정진도 보통 일주일인 것을 생각하면 인간의 한계가 어디까지인지 가늠키 힘들다는 감탄 외에 헤아릴 수 없는 경지다. 백 일 용맹정진을 자청하는 수좌들이 넘쳐난다. 오직 선지식 회상에서 공부해서 본분사를 깨치겠다는 일념 하나로 이곳 계룡산을 찾아든다. 잠을 자고 안 자고 하는 인간사의 문제는 이들에게 털끝만큼의 관심사도 아니다. 죽고 사는 문제도 관심 없다. 선불장에서 급제하는 것만이 유일한 관심사며 목표다.

스님은 이들이 기특하면서도 애처롭다. "다른 곳에서는 해제비도 많이 준다는데 오직 공부할 목적 하나만 갖고 해제비도 얼마 되지 않는 데다 잘 입지도, 잘 먹지도 못하는 이곳에서 공부에 전념하는 수좌들이 대견하고 고맙다."고 말했다. 스님은 "백 일간 잠도 안 자고 오직 화두만 참구하다 보니 해제 때 모두 깡말라 차마 못 볼 지경"이라고 덧붙였다. 얼마 전 신도들은 오등선원에서 공부하는 스님들을 돕기 위한 후원회를 결성했다. 스님도 직접 농사를 지어 내다 판 돈으로 해제비에 보탠다. 그만큼 어렵게 수좌들을 뒷바라지한다. 우연히 그린 달마도도 농사에 큰 도움이 됐다. 눈빛이 살아 있는 듯 노려보는 달마도를 본 신도들이 농사에 필요한 트럭을 보시해 한결 수월해진 것이다.

스님은 "관공서 등 외부에서 손님들이 와서 조계종이 참 큰일이라며 걱정 어린 소리를 하는데 여기서 보면 전혀 아니다. 조계종이 정말 희망이 있음을 알게 된다."고 말했다. 스님은 "너무 잠을 안 자면 혼침에 시달려 오히려 공부에 방해가 되니 단 두세 시간이라도 자는 것이 좋다고 반론을 펴는 분들이 있다는 것을 알지만 공부에 전력투구를 하다 보면 잠을 일부러 안 자는 것이 아니라 자연스럽게 안 자게 된다."고 말했다. 또 수마(睡魔)를 조복 받고 나면 그 다음부터 공부가 쉽고 자신감도 크게 길러져 많은 도움이 된다는 것이 스님의 가르침이다.

스님은 작금의 선원 풍토에 대해서도 애정 어린 충고를 아끼지 않았다.

"부처님과 조사의 말씀을 정확하게 전달해야 한다. 모르면 모른다고 해야 하는데, 알지도 못하면서 자신의 뜻이 맞는 것처럼 이야기하는 분들이 있다. 아주 잘못됐다. 그런데 요즘 법어라고 내놓는 것들 중 일부를 보면 이만저만한 걱정이 아니다. 불교도 아니고 말도 안 되는 소리들을 법어라고 버젓이 내놓는다. 모르면 뜻을 새길 뿐이라고 솔직하게 털어놓아야 다른 사람들에게 혼란을 주지 않는다."

스님은 끝으로 "동안거를 맞아 한마디 이른 바 있는데, 눈 밝은 납자들의 공부에 조금이나마 도움이 되기를 바란다."며 결제 법문을 들려 주었다.

(법상에 올라 묵연히 앉았다가 주장자를 세 번 치고 이르시되)

아시겠습니까? 즉하에 계합하면 장부로서 능히 일대사

를 마칠 것입니다. 도리어 아시겠습니까?

　　가을 국화가 단풍에 들어가니
　　문수는 손을 거두고 돌아가고
　　누른 벼가 불 속에서 나오니
　　보현은 향 파는 것을 그만두었네.
　　백운이 건곤을 삼키고
　　정반성이 북두칠성을 토하고
　　원숭이가 나무 위에 거꾸로 올라가니
　　높은 봉우리에는 새가 깃들지 않는 도다.

　　이에 일구가 있는가.

　　(잠시 묵묵하다 주장자를 치고 이르되)

　　가야가 북을 치고 노래하니
　　계룡산이 박수치고 춤을 춤이로다.

　　금일 대중은 도리어 아시겠습니까?
　　만약 알지 못할진대 또 일러라.
　　동서남북 사면이 문이 없으니 시방세계가 막힘이 없음이
로다.

머리는 더부룩하고 귀는 초생달 같아서 누구나가 다 남
아 대장부인데

어찌 노끈이 없는데 스스로 얽어 매여 있는고.

벗어나는 일구를 어떻게 이르겠는가?

(잠시 묵묵하다 이르되)

떨어진 짚신짝을 부셔 버리고 맨발로 걸어가고

진흙 가운데 파도 속에서 일월이 나타남이로다.

조주 스님이 백장 스님에게 참례하니 백장 스님이 말씀하
시길,

"어디에서 오는고?"

"남전 스님 회상에서 옵니다."

"남전이 요사이 무슨 말로 사람들에게 가르쳐 보이는
고?"

"요사이 사람들에게 바로 초연(悄然)해 가라고 가르칩니
다."

"초연은 그만두고 망연일구(茫然一句)를 일러 보게."

이에 조주가 앞으로 가까이 삼보를 걸어가서 서니, 백장
이 "악!" 하고 꾸짖거늘, 조주가 머리를 움츠리는 자세를 짓고
물러서니 백장이 말씀하되,

"크게 초연해 감이로다(大好悄然)." 하거늘 조주가 소매를 떨치고 나가 버렸다.

낭야각이라는 스님이 여기에 대해서 말하기를,

"조주 노인이 사자굴 속을 향하여 어금니와 발톱을 바꾸어 얻었음이로다."

산승이 이르되,

선혜선인이 연등불을 만나서 이름을 석가모니로 바꾸어 얻었음이로다.

두 사람 마음의 일은 두 사람이 앎이니 장부는 하늘의 북두칠성을 뚫음이로다.

지주 노조산 보운 선사가 평소에 스님이 오는 것을 보면 벽을 보고 돌아앉거늘, 남전 스님이 듣고 말하기를,

"내가 평소에 그 중을 향하여 이르기를, 부처님이 세상에 나오기 전에 알아 얻었다 하더라도 오히려 한 개, 반 개도 얻지 못함이요, 저의 이런 짓이 당나귀 해에 가리라."

해인 스님이 이르되,

"면벽을 모두들 말하길 상상의 기틀(上上機)이라고 하니, 납승이 여기에 이르러서 머뭇거리니 어찌하리오. 바로 천강의 물을 막아 끊을지라도 종문의 두 번째 방망이에 떨어짐이니라."

불타손이 이르되,

"시시비비를 마침내 쉬지 못하니 어찌 푸른 봉우리에 단정히 앉아 있는 것만 같으리오. 들에 원숭이와 새가 우는 무심처에 꽃이 떨어져 저 물을 쫓아 흐름이로다."

여기에 산승이 가로되,

함흥차사는 돌아오지 않으니
방원(芳遠)이 근심하여 잠을 이루지 못하다가
부자(父子)가 서로 만나 막혔던 마음을 풀리니
각자 방으로 돌아가 편안히 잠잠이로다.

금일 결제 대중이여.

항우가 태산을 뽑아 올리고, 쇳덩어리를 씹어서 즙을 내는 거와 같이 힘을 다하고 다하여 화두를 참구할 것 같으면 해결하지 못할 일이 없이 다 해결할 것임이라.

무상이 신속하니 머뭇거릴 틈이 없음이라. 백 일 용맹정진 끝에 좋은 소식 있기를 바라노라.

넓은 파도가 아득하고 또한 파도가 하늘에 흘러넘치네.
콧구멍을 잡아 얻으니 도리어 입을 잃음이로다.

(주장 삼하 후 할을 하시고 하좌하시다.)

佛紀 二五五三(己丑)年 十月 十五日 冬安居 結制法語
陞座拄杖三下云 會麼? 卽下契合 丈夫能事畢 還知麼?

秋菊入丹楓 文殊拱手歸
黃禾出火裏 普賢止賣香
白雲呑乾坤 定盤吐北斗
猢猻倒上樹 峰高鳥不棲

玆裏一句在麼? 良久 拄杖一打云

伽倻打鼓歌 鷄龍拍掌舞

今日大衆은 還知麼? 若不知 且道
四面亦無門 十方無碧落
頭髼鬆耳卓朔 箇箇男兒大丈夫
何得無繩而自縛?
且道透脫一句又作麼生? 良久云

踏破草鞋赤脚走
泥中波渡日月現

百丈이 見趙州來參하고 師云하되 甚麽處來오한대 州云南泉來니다하다. 師云하되 南泉이 近日有何言句示徒오한대 州云하되 今時人으로 直教悄然去니다하다. 師云 悄然은 且置하고 茫然一句는 作麽生道오하니 州近前三步한대 師咄之어늘 州作縮頭勢하니 師云하되 大好悄然이로다하거늘 州拂袖便出去하다. 瑯琊覺이 拈하였다. 趙州老人이 向獅子窟裏하여 換得牙爪로다하다. 師曰

善慧逢然燈佛 換得号釋迦라
兩人心事兩人知 丈夫衝天斗牛星

池州魯祖山 寶雲禪師가 尋常에 見僧來하면 便面壁이어늘 南泉이 聞云하되 我尋常에 向僧道 佛來出世時會取라하여도 尙不得一个半个온 他恁地가 驢年去니라. 海印信이 頌하되 面壁咸言上上機라하니 衲僧到此擬何五리오 直饒堰斷千江水라도 也落宗門第二槌니라. 佛陀遜이 頌하길 是是非非竟不休라 爭如端坐碧峰頭리오 野猿啼鳥無尋處에 花落從他逐水流로다. 師曰

咸興差使不歸來
芳遠愁心不沈宿
父子相面解隔心

各者歸房流自在로다.

今日 結制大衆이여! 項羽가 泰山을 뽑아 올리고 쇳덩어리를 씹어서 즙을 내는 거와 같이 힘을 다하고 다하여 화두를 참구할 것 같으면 해결하지 못할 일이 없이 다 해결할 것입니다. 무상이 신속하니 머뭇거릴 틈이 없음이라. 백일 용맹정진 끝에 좋은 소식 있기를 바라노라.

洪波浩渺浪浮天
拈得鼻孔失脚口로다.

喝

拄杖三下後 下座하시다.

박부영, 〈불교신문〉 2583호, 2009. 12. 16

세상 시름 싹
날린 선승의
사자후

지난해 병신년은 유난히 다사다난했다. 북한의 핵 실험, 한미 사드 배치 갈등, 경주 대지진 등 큰 사건들로 넘쳐났다. 하지만 대한민국 국민을 거리의 촛불집회로 나오게 만든 최순실 국정농단 하나만으로 대한민국은 공황 상태가 됐다. 이는 결국 블랙홀이 돼 대통령 탄핵에까지 이르렀다. 경제도 더욱 힘들어졌다. 온통 악재들이 양수겸장으로 터지며 위기감이 고조되고 있다. 한마디로 총체적 난국이다. 이제 다시 밝아 온 2017년 정유년 새 아침에는 그 수습의 가닥이 잡힐까? 그리고 선지식들은 그 해법을 알고 계실까?

  1956년 15세에 출가해 오늘에 이르기까지 참선 수행으로 일관한 공주 학림사 오등선원 조실 대원 스님은 스스로 참선 수행의 오묘한 이치를 체득, 1986년 제석사 옛 절터에 선원을 창건해 후학 양성에 매진 중이다. 특히 오등선원은 전국 제방선원서 유일하게 한 철 백 일 동안 용맹정진하는 수행처로 유명하다. 새해를 일주일 앞둔 구랍 26일 대원 스님이 주석하시는 오등선원을 찾아가 승풍 진작과 국가적 난국을 해결할 수 있는 지혜를 구했다.

| 간화선 수행 |

問_나날이 갈수록 출가자 수 감소와 탈종교 현상으로 한국 불교도 힘든 상황을 맞고 있습니다. 이럴 때일수록 초심으로 돌아가 철저한 수행정진을 당부하는 이들이 많습니다. 그런 점에서 오등선원은 전국서 드물게 백 일 용맹정진을 하는 철저한 수행 도량으로 유명한데요. 그 중심에는 대원 큰스님의 승풍 진작을 향한 큰 원이 서려 있지 않나 생각됩니다. 2004년부터 근 12년 동안 이렇게 스파르타식 용맹정진을 고집하시는 이유가 무엇이신지요?

答_도솔천에 호명보살이 삼칠 일 용맹정진하고 난 뒤, 미륵부처님보다 42겁이 뒤떨어진 수행력이 용맹정진을 통해서 42겁을 더 뛰어나 앞서게 되어 사바세계 중생을 제도하려 이 중생처에 오시게 되었습니다. 서울을 가는 데 쉬지 않고 계속 가는 사람과 쉬어 가며 놀면서 가는 사람 중 누가 먼저 서울에 도달하겠습니까? 정진하시는 스님들 중에는 상당한 경지를 맛본 분도 있지만 여기서는 인정하지 않고, 확철대오하여 부처님과 조사스님처럼 완벽한 대각이 이뤄질 때까지 꾸준히 정진합니다. 용맹정진을 통해서만이 많은 진전과 성과가 있다는 믿음에서 비롯된 것입니다.

問_요즘 웬만한 교구본사 급 선원서도 안거 인원이 20명을 넘는 경우가 흔치 않다고 합니다. 그런데 오등선원은 다른 선원보다 고강도 수행을 요하는데도 방부를 들이는 인원이 꾸준히 늘어나는 것은 아무래도 진짜배기 공부를 하고 싶은 수행자들의 열망이 아닌가 싶습니다. 진짜배기 공부는 어떻게 하는 것입니까?

答_바로 보고, 바로 알아차려서 확철대오하여 계합하는 데 있습니다. 그렇지 못한 분은 철벽처럼 잡념이 스며들지 않게 큰 의심으로 철저하게 화두를 참구하셔야 됩니다. 순일무잡(純一無雜)한 의심이 독로해야 됩니다. 간화선은 닦는 것을 전제하지 않습니다. 간화선은 바로 보고, 바로 알아차리는 데 의미가 있지요. 결국 선의 요체는 말하기 전에 알아차리는 것입니다. 간화선은 말로 함축된 일구를 던지는 것인데 이는 말 속의 의미를 바로 바라보는 데 있습니다. 내가 누구인가를 바로 보면 지혜가 높아져 모든 것이 해결됩니다. 이것이 진짜배기 공부이지요.

問_언젠가 법문하시면서 "수행자에겐 아무리 짧은 잠이라도 허송세월이며, 수마를 조복 받고 나면 오히려 공부가 쉬워지고 자신감도 생긴다."는 말씀을 강조하신 게 기억이 납니다. 수좌로서의 철저함이 묻어나는 가르침이신데, 이에 덧붙여 평소 후학들에게 강조하시는 말씀이 있으시다면 부탁드립니다.

答_수마도 눈을 부릅뜨고 끊으려 노력한다면 결코 장애가 될 수 없습니다. 마음가짐이 가장 중요합니다. 알아차리겠다는, 그리고 깨닫겠다는 용맹스런 마음입니다. 백척간두의 천 길 벼랑서도 한 걸음 나아갈 수 있는 기백과 하늘땅을 밟고 홀로 뛰어오르려는 굳은 의지가 있어야 합니다. 또한 수행과 용심처를 둘로 보지 마시고 행해야 합니다. 이것도 중요하게 강조하는 말입니다.

問_오등선원에서는 수행자들을 수시로 점검하며 공부 상태도 일러 주고 또한 많은 선원에서 사라진 법거량 전통을 활성화시켰다고 들었는데, 그 이유는 무엇인지요?

答_법거량은 번거롭고 어렵다고 생각하는 이들이 많지만,

저희가 당대의 선지식들에게 가르침을 배울 때는 반드시 법거량을 통해 그동안의 공부를 점검받았습니다. 법거량은 큰 의심과 분심을 촉발하게 되고, 법거량이 큰 깨달음에 이르게 되는 좋은 기회가 되기 때문에 오등선원에서는 활성화시키고 있습니다.

問_조계종 전통 수행법인 '간화선'은 공부 단계가 단시일 내에 직접 나타나지 않아 일반인들에게 어렵다는 편견과 고정관념이 많이 배어 있습니다. 그래서 최근 저희가 조사한 바로는 위빠사나를 비롯해 기타 수행법이 일반인들에게 호응받고 있다고 합니다. 그래서 지난해에는 정선 강원랜드에서 간화선 대중화를 위한 참선법회가 열리기도 했는데, 간화선의 장점은 무엇입니까?

答_관법은 중생이 가지고 있는 육폐(六蔽), 즉 간탐(慳貪)·파계(破戒)·진에(瞋恚)·해태(懈怠)·산란(散亂)·우치(愚癡) 및 오욕, 재욕, 색욕, 식욕 등의 병이 있는데, 이것을 '번뇌망상'이라 합니다. 이 병이 가로놓여 대각의 진리를 깨닫기가 어려우니 먼저 이를 제거한 다음에 큰 깨달음의 세계에 도달하기 위한 공부, 즉 관법을 하는 것이 관법 수행입니다. 이 수행을 하면 마음이 고요해지고 쉬어져 편안하기는 합니다. 하지만 여기서 다시 뛰쳐나와 큰 깨달음의 길로 나아가야 하는데, 이 고요하고 편안한 마음을 버리기가 참으로 어려워 대각의 깨달음으로 진전되기 많이 힘들다고 합니다. 고요하고 편안한 데 머무른 이 마음을 버리기 위해 많은 애를 써야 하는데 이것도 오랫동안 수련 관법을 해야 하는 어려움이 있습니다. 대각 세존께서는 이와 같이 근기 미약한 중생에게 응병여약(應病與藥)으로 방편선을 가르친 것입니다. 간화선은 관법과 달리 일구로 번뇌망상을 단박에 잘라서 본래 진면목을 바로 가르쳐 언하에 깨닫게 해 마치게 하는 데 의의가 있습니다. 조주 스님이 "개에게도 불성이 있습니까? 없습니까?"에 "무(無)."라고 대답했습니다. 여기에 중생은 언어도단(言語道斷), 앞뒤 생각이 끊어지고 중생의 분별의식이 통하지 않는 데까지 도달하게 해서 조주 스님의 '무자(無字)' 의지를 바로 통해 깨닫는 동시에 자신의 진면목을 요달(了達)하게 되는 것입니다. 관법으로는 단박에 앞뒤 생각이 딱 끊어지게 하고 깨달음의 차원까지 하려면 몇 생을 해도 어렵습니다. 관법은 많은 시간을 요하고 간화 화두선은 돈오돈수로 빨리 해결하는 데 그 뜻이 있습니다. 오늘날 첨단 과학 시대, 빨리 이루고자 하는 이 시대에 간화선이 적합한 이유이지요.

問_큰스님께서는 재가자를 위한 시민선원도 열어 재가자 수행 진작을 위해서도 힘쓰고 계신데, 그동안 성과와 효과는 어떤 것이고, 재가자들의 반응은 어떠한지요?

答_큰 성과와 효과가 있다고 봅니다. 먼저 자신들의 행동이 달라지고 가정생활의 질이 달라집니다. 보다 높은 의식에서 생활하게 되기 때문에 공부하기 전과는 완전히 다른 모습을 보이게 됩니다. 그 핵심은 수행을 통해 바로 자신의 진면목, 참나를 보면서 마음의 변화를 일으키는 것입니다. 그래서 수행을 마치고 돌아간 재가자들이 감사의 인사를 많이 전합니다.

| 수행담 |

問_대원 큰스님께서는 반세기 동안 상원사, 동화사, 봉암사, 해인사, 불국사 등 제방선원에서 정진하시며 평생 존경받는 수좌로서 살아오셨으며, 효봉, 경봉, 전강, 향곡, 성철, 월산 스님 등 당대 내로라하는 선지식들로부터 가르침을 받으셨는데, 그 많은 향훈 중 지금까지도 가슴에 간직하고 계시는 가르침이 있으시다면요?

答_큰스님들께서는 한결같이 돈, 여자, 명예를 멀리하고 열심히 정진해 확철대오하라고 늘 강조하셨습니다. 부처님과 조사스님처럼 행을 하여 자비심으로 어려움에 처한 중생들을 구하고 어리석은 미혹한 중생을 교화해 깨닫게 하는 것이 부처님께 시주의 은혜를 갚는 길이라고 말씀하셨습니다. 지금도 항상 마음속에 간직하며, 후학들에게 역시 그 가르침을 전하고 있습니다.

問_어느 법문 때인가 청담 큰스님에 대한 존경과 기억을 피력하신 일이 기억이 납니다. 출가 사찰이신 상주 남장사와 수행 성지인 문경 봉암사 등에서 몇 차례 친견하시며 가르침을 받으신 걸로 아는데 이에 대한 말씀 좀 들려 주시지요?

答_청담 큰스님에겐 친견 당시 말로 형언할 수 없는 큰 법력을 느꼈습니다. 절 삼배 올리고 앉으니 "이 문중은 수행자가 밥 먹을 자격이 있지, 살아도 수행하는 비구가 살아야 한다."고 하시며 절대 대처승이 되어서는 안 된다고 강조하셨습니다. 또한 수행을 열심히 해서 일대사를 잘 해결하고 중생을 제도해야만 부처님의 은혜를 갚는다고 하시면서 그러려면 우선 돈과 명예를 멀리해야 하고, 특히 시주물건, 즉 삼보정재(三寶淨財)를 헛되이 사용하지 말아야 한다고 하셨습니다.

問_스님께서는 용성 대종사와 고암 대종사의 법맥을 이으셨는데요, 두 대종사의 큰 가르침 중 지금도 가슴에 새겨진 것들을 소개해 주신다면요?

答_용성 조사님께서는 선, 교, 율 및 계, 정, 혜가 원만구족하셨으며 직지인심, 견성성불하시고 대각교를 세우셨고, 나라를 독립하기 위해 힘쓰다 감옥에 가서도 중생을 위해 대자비심으로 부처님 경전을 번역하신 것이 가슴을 울립니다. 고암 큰스님께서는 용성 조사님의 법을 이으셨고 역시 직지인심, 견성성불하셔서 선과 교와 율, 자비를 실천하시고 중생을 제도하신 것이 기억에 남습니다. 그리고 고암 큰스님께서는 목전서 바로 척척 해결하는 번쩍하는 지혜의 눈을 떠야만 된다고 많이 강조하셨습니다.

問_큰스님의 '학산'이란 당호는 고암 대종사에게 전법게와 함께 받으신 걸로 아는데, 공부를 점검받고 인정받은 과정에 대해서 생생히 좀 들려 주세요.

答_1972년도 해인총림 방장 고암 스님께 참배하니 방장스님께서 "아직도 정전백수자 화두 참구하는가? 아직 해결이 안 됐으면 내 말을 들어 보시게. 잣나무 꼭대기서 한 걸음 나아갔을 때를 당하여 어떤 것이 그대의 본래면목인가?" 하시는 말씀에 제가 크게 깨달은 바가 있어서 박장대소했지요. 그러자 고암 스님께서 말하시길 "무슨 기특한 일이 있기에 그렇게 웃는가? 속히 일러라." 하시자 제가 답하길 "한 입으로 다 말할 수 없습니다." 했습니다. 고암 스님께서 다시 "아니다. 다시 말해 보라." 하니 제가 삼배 올리고 기립 차수해 말하기를 "설사 천언만구를 다 이른다 해도 이 속에 있어서 상신실명을 면치 못합니다." 하고 문밖으로 나갔다 다시 들어와 앉았지요. 고암 스님께서 다시 물으시길 "남전 스님께서 고양이 목을 자를 때 그 당시 그대가 있었다면 남전 스님께 뭐라 했겠는가?"라고 하시자, 저는 이렇게 답했습니다. "아이고, 아이고, 곡을 하고 나가겠습니다." 그러자 또 하문하시길 마조 원상에 대해서 말하셨습니다. "원상 안에 들어가도 서른 방, 나가도 서른 방이니 일러 보시게."라고요. 제가 깔고 앉은 좌복을 머리에 이고 서서 "이것이 안에 있습니까? 밖에 있습니까?" 하고 되물으니 "아니야." 하시면서 스님께서 주장자로 저를 치려고 하시는 찰나에 좌복을 스님 머리 위에 던지고 문밖으로 나가 버렸습니다.

잠시 후에 다시 들어와 앉으니 고암 스님께서 남전참묘(南泉斬猫) 공안에서 조주 스님이 신짝을 머리에 이고 나간 의지를 물으셨습니다. 제가 답하기를 "옥씨성평토(玉氏成平土)하니 김씨건고루(金氏建高樓)입니다. 즉 옥씨가 땅을 평평하게 하고 김씨가 평평하게 한 자리에 높은 누각을 지었습니다." 하니 고암 스님께서 눈 푸른 납자는 속이기 어렵다며 천칠백 공안을 두루 묻기에 저는 즉시 답했습니다. 이에 오도송 일구를 가져오라 하셔서 즉시 오도송을 지어 바쳤습니다.

忽聞栢頭手放語(홀문백두수방어)

廓然銷覺疑團處(확연소각의단처)

明月獨露淸風新(명월독로청풍신)

凜凜闊步毘盧頂(늠름활보비로정)

홀연히 잣나무 꼭대기서 손을 놓고 한 걸음 나아가라는 말을
듣고
확연히 의심 덩어리 녹아 깨달았네.
밝은 달은 홀로 드러나고 맑은 바람은 새로운데
늠름하게 비로자나 이마 위를 활보함이로다.

고암 스님께서 이를 보시고 흔연히 입실을 허락한 뒤 '학산'
이라는 법호와 다음의 전법게를 내리셨습니다.

佛祖傳心法(불조전심법)

不識又不會(불식우불회)

趙州茶一味(조주다일미)

南泉月正明(남전월정명)

불조가 전한 심법은
알지 못하고 알지 못함이라.
조주의 차 맛이 일미이거니

452

남전의 달은 정히 밝도다.

問_올해 2017년이 봉암사 결사 70주년을 맞는 뜻깊은 해입니다. 이런 때 한국불교 승풍 진작을 위한 결사 정신의 의미를 어떻게 바라봐야 하는지요.

答_봉암사 결사는 조계종을 새롭게 탄생시킨 원동력이 되었습니다. 한 번 결사로 끝낼 것이 아니라 계속 이어져야 할 결사라고 봅니다. 그런 의미에서 학림사에는 백 일 용맹정진을 꾸준히 시행하고 정진하고 있습니다.

| 우리 사회와 종단 |

問_지난해 해인총림 방장에 이어 올해 조계종 종정 후보로 하마평에 오르셨는데, 그만큼 종단 내에서 수행력과 지도력을 인정받으셨던 의미로 받아들일 수 있습니다. 특히 2014년에는 종단의 최고 지위인 대종사 법계도 품서하셨는데요. 지금 나라가 그 어느 때보다도 너무 혼란스럽습니다. 대통령의 지도력과 리더십 부재에서 비롯된 것인데, 종교단체를 비롯해 각 분야의 지도자가 갖춰야 할 덕목은 무엇이라고 생각하시는지요?

答_정치인은 수신제가 치국평천하(修身齊家 治國平天下), 즉 몸을 닦고 집안을 정제한 후에 나라를 다스리고 천하를 편안하게 해야 합니다. 정치인 공도부사 무주봉사 창조(政治人 公道不私 無住奉事 創造), 즉 정치인은 공평하고 바른길을 사사로이 쓰지 말고, 집착, 욕심 없이 봉사하고 크게 창조해야 합니다. 이것이 안 되어서 지금 나라가 혼란에 빠진 것입니다. 또한 종교인과 성직자는 세속의 모든 사람에게 정신적인 지도자가 되어야 합니다. 잘못된 길로 갈 때는 바른길로 갈 수 있도록 인도하는 스승이 되어야 합니다. 복과 덕과 지혜를 갖추어야 합니다. 이것이 종교단체뿐만 아니라 각 분야의 리더들이 반드시 갖춰야 할 덕목입니다.

問_지난해 10월 동화사 간화선 법회에서 지금 시대 상황과도 맞물린 '백척간두서 한걸음 나아가야 시방세계에 전체 몸이 몽땅 드러난다.'고 말하신 걸로 아는데 불교계 원로로서 현 국가의 난국을 타개할 수 있는 해법이 무엇이라고 생각하십니까?

答_민주주의에서는 폭력과 구속, 억압으로부터 벗어나 스스로 알아서 모든 질서와 화합을 이루고, 난국을 지혜롭게 무리 없이 해결하고 하나된 힘을 세계에 보이는 성숙한 높은 차원의 '의식'이 바탕이 되어야 합니다. 문명화된 문화 국민은 양극화 투쟁에서 벗어나 잘 알아서 화합의 지혜를 운용하고 이 땅에 평화와 행복을 정착시키고 살아갑니다. 자신의 생각만 관철하기 위해 밖으로 피켓이나 플래카드를 들고 나가 양극화 투쟁 시비를 표출하는 것은 사회가 더 혼란스럽고 파국으로 치닫게 하는 것입니다. 이것은 미숙하고 몽매한 의식에서 나온 것이라 진정한 민주주의의 모습이 아닌 하등 국민의 모습이고 결국 사회는 구속과 억압된 독재로 전락할 위험이 있습니다. 대통령은 백척간두서 용기를 갖고 한 걸음 나아가면 바로 보는 지혜의 눈이 열려 모든 것이 해결되고 천하가 태평할 것입니다. 백성, 국민은 두 가지 시비에 치우치지 말고 자신의 내면세계를 잘 살펴보면 거기에 수습의 길이 보이고 새롭게 창조할 수 있는 길이 나타납니다. 각자 나를 바로 보면 세상도 바로 보는 눈이 열려 속지 않고 멋진 화합된 세상을 살게 됩니다. 이 점을 명심한다면 해결의 실마리를 충분히 찾을 수 있으리라고 생각합니다.

問_아시겠지만 올해 2017년은 조계종 총무원장 선거가 있습니다. 그런데 아직도 선거법이 정해지지 않았습니다. 여론조사 결과 80퍼센트 이상이 직선제를 원하는데, 결론이 나지 않은 상황입니다. 이에 대한 스님의 개인적인 생각은 어떠신지요?

答＿직선제 선거는 종교계, 특히 우리 한국불교에는 맞지 않다고 생각합니다. 사미, 사미니에게까지 가서 절을 하고 한표 부탁하는 선거운동 풍토가 생기면 종단의 위계질서가 무너지고 재정 부담도 많아지므로 결국 망합니다. 저는 생각해봤는데 선원 대표, 강원 대표, 율원 대표, 각 교구본사 대표, 종회 대표, 총무원 대표, 원로 대표가 훌륭한 덕망과 안목이 있으며 이·사(理·事)를 갖춘 3인을 추천, 점검해 중앙종회와 원로회의에서 한 사람을 추대하면 마지막에 종정 스님이 임명하도록 하는 것이 바람직하다고 봅니다. 아울러 총무원장 연령 하한선 규정, 즉 '61세 이상'이라는 규정도 필요하다고 봅니다. 종교 지도자는 연륜에서 나오는 지혜가 반드시 필요하기 때문입니다.

問＿지난해는 정말 보기 드물게 국가적으로도 다사다난했는데 올 정유년 불자들에게 어떻게 살아야 하는지 덕담과 가르침 부탁드립니다.

答＿종단도 새롭게 발전해야 되고 불자나 온 국민이 의식을 드높이고 하나된 힘을 응집하여, 새로운 문화 정신을 세계에 알리고 전하는 화합의 모습을 만드는 한 해가 되길 바랍니다. 아울러 사부대중이 각각 선지식으로 살아갈 수 있도록 인물을 배출하는 인재 불사를 하는 것이 시급하다고 생각합니다.

이 불사가 올 한 해 원만히 성취되기를 발원합니다.

김주일, 〈현대불교신문〉, 2017. 1. 2

학산 대원 대종사 약력

1942년	경북 상주 출생(음력 3월 13일)
1956년(만 14세)	상주 남장사로 출가
	(은사: 고암 스님, 계사: 동산 스님)
	– 행자 시절 최초 오도(悟道)
1958년(만 16세)	사미계 수지
1962년(만 20세)	구족계 수지
1966년	일대시교(경전) 이수(고봉·성능·호경·혼해 스님 문하)
	– 혼해 스님 문하에서 두 번째 오도
이후 21년간	제방선원에서 정진
	(효봉·동산·고암·경봉·전강·향곡·성철·구산·월산 스님 회상)
1972년	고암 상언 대종사로부터 인가
	– '뜰 앞의 잣나무' 화두를 타파하고 세 번째 오도
1986년	고암 상언 대종사로부터 전법 부촉
	– 석가여래 제70세 법손(용성 진종-고암 상언-학산 대원)
	계룡산 옛 제석사 터에 학림사(鶴林寺) 창건

1995년	오등선원* 개원
	조실로 추대
2001년	오등시민선원 개원
2010년	대한불교조계종 전국선원수좌회 수석대표
2013년	해인총림 서당
	고암문도회 회주
	대한불교조계종 원로의원
2014년	대한불교조계종 대종사 법계 품서
2017년	대한불교조계종 종정 자문위원
	대한불교조계종 원로회의 수석부의장
	고암문도회 문장

● "오등선원" 명칭은 선승(禪僧)들의 전기를 모은 오등록(五燈錄)에서 유래하였다. '오등록'이란 전등록(傳燈錄), 광등록(廣燈錄), 속등록(續燈錄), 연등록(聯燈錄), 보등록(普燈錄)을 말한다.

학
산
대
원 대
종
사

수
행
이
력

1965년	산철 3개월	의정부	쌍용사(전강 스님 회상)
1965년	하안거	인천	용화사선원(전강 스님 회상)
1965년	동안거	오대산	상원사
1966년	3월부터	문경	김룡사(성철 스님 회상)
1967년	12월	군 복무 수도 경비사 경복궁 30대대	
		청와대 경호실 파견 근무	
1969년	동안거	부산	범어사선원
1970년	하안거	문경	봉암사
1971년	하안거	합천	해인총림선원
1971년	동안거	합천	해인총림선원
1972년	하안거	합천	해인총림선원
1972년	동안거	합천	해인총림선원
1973년	하안거	합천	해인총림선원
1973년	동안거	합천	해인총림선원
1974년	하안거	순천	송광사

1974년	동안거	양산	통도사 보광선원
1975년	동안거	대구	동화사
1976년	하안거	양산	극락암 호국선원
1977년	하안거	월래	묘관음사
1979년	하안거	하동	쌍계사선원
1979년	동안거	대구	동화사선원
1980년	동안거	양산	극락암 호국선원
1982년	동안거	대구	동화사선원
1983년	하안거	속리산	법주사 복천선원
1983년	동안거	경주	불국사선원
1984년	하안거	속리산	법주사 복천선원
1985년	동안거	속리산	법주사 복천선원

기타 안거 보내신 곳

	오대산	상원사
4철	문경	봉암사
	도봉산	망월사
2철	비슬산	도성암
	청암	수도암
	문경	대승사
	지리산	칠불사 칠불선원
1986년~현재	공주	학림사 오등선원 안거